湖北省公益学术著作出版专项资金

Hubei Special Funds for Academic and Public-Interest Publications

法治政府建设背景下
我国行政诉讼运行机制完善研究丛书

丛书总主编 / 林莉红

行政纠纷解决的理想与现实

——当事人选择行政纠纷解决途径的影响因素之实证研究报告

主　编　林莉红
副主编　蒋文峰

WUHAN UNIVERSITY PRESS
武汉大学出版社

图书在版编目（CIP）数据

行政纠纷解决的理想与现实：当事人选择行政纠纷解决途径的影响因素之实证研究报告／林莉红主编. -- 武汉 ：武汉大学出版社，2024.9. -- 法治政府建设背景下我国行政诉讼运行机制完善研究丛书. ISBN 978-7-307-24467-2

Ⅰ.D925.304

中国国家版本馆 CIP 数据核字第 2024BG6358 号

责任编辑:张　欣　　责任校对:汪欣怡　　版式设计:马　佳

出版发行： **武汉大学出版社**　（430072　武昌　珞珈山）

（电子邮箱：cbs22@ whu.edu.cn　网址：www.wdp.com.cn）

印刷:湖北金港彩印有限公司

开本:720×1000　1/16　印张:17.25　字数:280 千字　插页:2

版次:2024 年 9 月第 1 版　　2024 年 9 月第 1 次印刷

ISBN 978-7-307-24467-2　　定价:98.00 元

丛书总主编、本书主编简介

林莉红，武汉大学法学院教授，博士生导师，中国法学会行政法学研究会常务理事，湖北省法学会行政法学研究会副会长。研究方向为行政法、行政诉讼法、行政救济基本理论等。著有《行政诉讼法学》（第五版，武汉大学出版社）、《行政法治的理想与现实——〈行政诉讼法〉实施状况实证研究报告》（北京大学出版社，主编）、《行政诉讼法问题专论》（武汉大学出版社，合著）、《社会救助法研究》（法律出版社，合著）等著作，在《中国法学》《法学研究》等刊物发表论文90余篇。

本书副主编简介

蒋文峰，男，1991年生，湖南永州人，武汉大学诉讼法学博士，湖南师范大学法学院教师。主要研究方向为行政法与行政诉讼法、行政救济法、司法制度等。在《江汉论坛》《环境保护》《中国社会科学报》等期刊或报纸发表多篇论文。作为核心成员参与《当事人选择行政纠纷解决途径的影响因素之实证研究》《跨部门综合执法权配置与运行机制研究》等国家社科基金项目。

前　　言

有权利必有救济，因而，从行政权力产生时起，就有对行政权力侵犯公民权利实施救济，设置相应解决途径的必要。经过多年的努力，我国现已建立起以行政诉讼为主体，包含行政复议、行政调解、信访等途径在内的行政救济制度体系。然而随着时代的发展，现有制度中的一些问题逐渐凸显，制度运行面临着不小的挑战。行政纠纷解决，关涉社会和谐稳定，也是法治政府建设的内容之一。2014年10月23日中国共产党第十八届中央委员会第四次全体会议通过的《中共中央关于全面推进依法治国若干重大问题的决定》中，提出要"健全社会矛盾纠纷预防化解机制，完善调解、仲裁、行政裁决、行政复议、诉讼等有机衔接、相互协调的多元化纠纷解决机制"。"健全以人民为中心的诉讼服务制度体系，深化多元化纠纷解决机制改革"亦是司法体制综合配套改革的重要内容。① 习近平总书记在党的二十大报告中庄严宣告："从现在起，中国共产党的中心任务就是团结带领全国各族人民全面建成社会主义现代化强国、实现第二个百年奋斗目标，以中国式现代化全面推进中华民族伟大复兴。"② 习近平总书记还在同一报告中深刻指出："法治政府建设是全面依法治国的重点任务和主体工程。"③ 法治政

---

① 参见最高人民法院：《最高人民法院关于深化人民法院司法体制综合配套改革的意见——人民法院第五个五年改革纲要（2019—2023）》（法发〔2019〕8号），最高人民法院官网，http：//www. court. gov. cn/fabu-xiangqing-144202. html.（最后访问日期：2020年1月14日）。

② 习近平：《高举中国特色社会主义伟大旗帜　为全面建设社会主义现代化国家而团结奋斗——在中国共产党第二十次全国代表大会上的报告》，中国政府网，https://www.gov.cn/xinwen/2022-10125/content_5721685.htm.（最后访问日期：2024年1月5日）。

③ 习近平：《高举中国特色社会主义伟大旗帜　为全面建设社会主义现代化国家而团结奋斗——在中国共产党第二十次全国代表大会上的报告》，中国政府网，https://www.gov.cn/xinwen/2022-10125/content_5721685.htm.（最后访问日期：2024年1月5日）。

府既是中国式现代化的内容和必然要求，同时也是中国式现代化进程得以顺利推进的有力保障，是中国式现代化成功与否的决定性因素。现代化发展要求政府职能全面履行，市场主体关系和谐，社会资源配置科学，社会动员高效合理，社会矛盾处理妥善，一个职能科学、权责法定、执法严明、公开公正、廉洁高效、守法诚信的法治政府方能适应这一要求。而行政纠纷解决机制是法治政府建设的内容之一。在我国当今利益主体多元化、行政管理方式多样化、行政纠纷类型复杂化和沟通机制现代化的社会历史背景下，如何建立完整、无漏洞的多元化行政纠纷解决机制，实现救济对象的完整性、解决途径的全面性、责任方式的适当性和机制运作的可得性，① 成为时代赋予我们的课题。

得国家社科基金支持，我们于 2018 年开始进行当事人选择行政纠纷解决途径之影响因素的研究课题。希望通过实证研究，听取公民、法人和其他组织一方在亲历行政纠纷解决过程中的感受，了解当事人的诉讼意识，揭示影响当事人选择不同行政纠纷解决途径的因素，反映行政诉讼法实施状况以及行政诉讼与其他行政纠纷解决机制之间的关系，探讨在全面建设社会主义现代化国家的进程中如何完善行政纠纷解决制度，构建适合我国国情的多元化社会矛盾化解机制，为建设法治政府、坚持全面依法治国、推进法治中国建设贡献智识。

---

① 参见林莉红：《法治国家视野下多元化行政纠纷解决机制论纲》，载《湖北社会科学》2015 年第 1 期，《新华文摘》2015 年第 7 期全文转载。

目　录
CONTENTS

一、课题基本情况

（一）研究现状及目的

1. 研究现状

我国现已建立以行政诉讼、行政复议为主体，包括申诉、调解、信访等在内的行政纠纷解决机制。伴随着各项制度的出台以及实施，学界对于各项制度研究的深度和广度也在不断拓展。研究内容不仅涉及各种纠纷解决机制的目的、原则等基本理论，对各项制度的具体规定亦予以关注。此外，在构建和完善多元化行政纠纷解决机制的背景下，学界对各项救济途径的制度定位、衔接等问题也进行了热烈探讨，提出不少真知灼见，对各项纠纷解决机制之实践操作以及制度完善具有重要的指引作用。但在既有研究成果中，大部分是对制度的文本阐释或理论分析，或者是对单一途径的专门研究，而关于多元行政纠纷解决途径整体的实证研究成果并不多见。

国内学者对当事人关于行政纠纷解决途径的选择考量已有少量研究。部分研究从各纠纷解决途径的特征出发，探寻公民选择救济途径的行为逻辑。有学者以经济学上的"投入/产出"关系为分析工具，探讨了影响诉讼成本与诉讼效益的诸因素(如诉讼周期、费用、程序的繁简以及裁判结果的公正率)，并指出这些因素对当事人诉讼行为产生的影响。① 有学者对当事人选择行政纠纷解决途径所呈现出的"大信访、中诉讼、小复议"之现状展开批判，指出这是司法权威不足、

---

① 参见顾培东著：《社会冲突与诉讼机制》，法律出版社 2004 年版，第 90~99 页。

复议独立性与公正性缺失、立案政治学作祟、当事人存在实用主义倾向等因素共同作用的结果。① 有学者指出行政诉讼、行政复议和信访构成了一套多元的行政纠纷解决机制，但是该机制却没有形成功能上的互补，反而表现出功能的交叉和重叠，致使司法和非司法的界限模糊，产生机制多元而功能一元的问题，并对中国司法的多中心主义、司法信访化、司法程序外壳包裹下的非司法解决方式进行了阐释。在这一过程中，有学者部分回应了公民选择或执着于行政诉讼、行政复议及信访的目的和原因。② 有学者对我国行政纠纷多元化解决机制进行了较为全面的规范研究，对各纠纷解决途径的建立与完善提出了具体方案。③ 有学者探讨了公民在寻求权利救济时基于何种机制去选择司法救济或信访等非司法救济，通过三个个案分析，对信访以及行政诉讼两种救济途径进行了比较，并指出公民寻求司法救济中"价值理性"和"实用理性"兼备的二重理性。④

部分研究关注群体特征，总结不同社会群体选择具体纠纷解决途径的特点。有学者研究不同类型社会群体对行政纠纷解决途径的需求，通过调查卷入行政纠纷的社会群体特征、行政纠纷解决途径的选择、不同社会群体对行政纠纷解决途径的偏好及影响其决定的因素，指出不同社会群体对是否以及如何利用行政纠纷解决途径有不同的偏好，并在此基础上呼应了行政纠纷解决途径多元化的需求。⑤ 有学者探讨了"草根"阶层中，群体利益表达行动中选择司法救济还是非司法救济的原因。⑥ 有学者分析了农民法律意识及其在选择具体纠纷解决途径时存

---

① 参见汪庆华等编：《中国基层行政争议解决机制的经验研究》，上海三联书店 2010 年版。

② 参见汪庆华著：《政治中的司法：中国行政诉讼的法律社会学考察》，清华大学出版社 2011 年版。

③ 参见耿宝建著：《行政纠纷解决的路径选择》，法律出版社 2013 年版。

④ 参见应星、汪庆华：《涉法信访、行政诉讼与公民救济行动中的二重理性》，载吴敬琏、江平主编：《洪范评论（第 3 卷第 1 辑）》，中国政法大学出版社 2006 年版，第 191～221 页。

⑤ 参见程金华：《中国行政纠纷解决的制度选择——以公民需求为视角》，载《中国社会科学》2009 年第 6 期。

⑥ 参见应星：《草根动员与农民群体利益的表达机制——四个个案的比较研究》，载《社会学研究》2007 年第 2 期。

在的矛盾及原因。① 有学者以农村纠纷解决过程中公民的选择为切入点，认为农村居民在选择具体纠纷解决途径时兼受行为习惯和理性考量的影响，并指出大传统、小传统和国家法律三种规范共同制约当代农村公民的社会行为。② 有学者研究了城乡居民冲突产生的主要领域，以及其意向维权方式与实际维权方式的不同选择表现。③ 有学者指出在经济纠纷领域阻碍公民选择正式法律制度解决纠纷的具体原因，并分析了偏好使用正式法律制度的群体的特征。④ 有学者则说明了不同经济资本的私营企业选择行政纠纷解决途径的倾向，以及影响其策略选择的具体因素。⑤

而一些研究则从其他角度为探讨当事人选择行政纠纷解决途径的影响因素提供了启示。有学者指出公民的司法公正感与公民对司法的归属感以及对法律判决的可接受度息息相关，探讨了影响司法公正感的因素，并对我国公民司法公正感的现状展开了实证研究。⑥ 有学者得出农村居民对政府的信任程度与其行政纠纷解决途径的选择具有显著关联的结论。⑦ 有学者从律师角度考察，根据律师业务收费数据，证实了律师在择业地以及业务类型选择上的经济理性行为，其中，行政诉讼代理具有显著的不经济性，成为律师职业的边缘选择。但是，鉴于信息的有限性，律师的上述行为可能会导致律师职业的"市场失灵"，政府及其他公权

① 参见郑永流等：《中国农民法律意识的现实变迁——来自湖北农村的实证研究》，载《中国法学》1992年第1期。

② 参见郭星华、王平：《中国农村的纠纷与解决途径——关于中国农村法律意识与法律行为的实证研究》，载《江苏社会科学》2004年第2期。

③ 参见彭国胜、罗爱武：《城乡居民维权抗争方式比较研究——基于五省份2505名成年居民的实证调查》，载《南京农业大学学报（社会科学版）》2015年第2期。

④ 参见沈明明、王裕华：《中国农民经济纠纷解决偏好分析》，载《北京大学学报（哲学社会科学版）》2007年第3期。

⑤ 参见纪莺莺、范晓光：《财大气粗？——私营企业规模与行政纠纷解决的策略选择》，载《社会学研究》2017年第3期。

⑥ 参见马皑、李婕主编：《法律何以信仰——中国公民司法公正感实证研究》，中国政法大学出版社2017年版。

⑦ 参见彭国胜：《冲突应对方式与西南地区农村居民的政府信任——基于贵州和云南两省的实证调查》，载《南京农业大学学报（社会科学版）》2013年第6期。

力组织应承担起相关责任。① 同时，有学者用定量数据和实证方法说明国家、市场、社会对律师职业变迁的动态影响，指出国家干预仅是认识律师职业变迁中的一维，国家对律师职业的任何干预都会产生"牵一发而动全身"的效应。②

此外，一些学者对民事纠纷当事人选择纠纷解决途径的调研对我们的研究亦有重要的对比参考价值。有学者以实证研究结果为依据，其在文章中指出社会阶层、受教育程度以及性别对民事纠纷的解决有显著影响。③ 有学者基于支持理论，发现民事诉讼当事人对司法的信赖存在"特定支持"和"普遍支持"两个维度，负面的诉讼经历对两维度信赖的影响不同。同时，基于法律意识理论，其在文章中指出法律意识是当事人不信赖司法的根本原因，随着司法系统的日渐完善，法律意识强的当事人对司法的信赖有望日渐提升。④

域外从法社会学角度对纠纷解决机制进行理论分析的研究已有不少。有学者从社会学角度观察法庭审判，提出影响案件处理结果的不仅仅是案件事实和法律规范，一些重要的社会因素同样对案件的结果发生重大影响，如当事人以及律师之间力量对比的状况，第三方以及支持团体的作用，甚至各方在法庭上的表达方式，都可能导致歧视的结果。⑤ 有学者则更直接地在搭建纠纷解决过程理论框架的基础上，从审判过程、审判外的纠纷处理机关和纠纷处理过程、调解模式、审判面临的影响与压力、对审判的信任和审判利用行动、审判模式与司法的正当性等角度分析了纠纷的解决与审判制度之间的关系。⑥ 迈向回应型法的提出，也从

---

① 参见程金华：《中国律师择业理性分析——以业务收费为核心的实证研究》，载《法学》2012 年第 11 期。

② 参见程金华、李学尧：《法律变迁的结构性制约——国家、市场与社会互动中的中国律师职业》，载《中国社会科学》2012 年第 7 期。

③ 参见程金华、吴晓刚：《社会阶层与民事纠纷的解决——转型时期中国的社会分化与法治发展》，载《社会学研究》2010 年第 2 期。

④ 参见冯晶：《支持理论下民事诉讼当事人法律意识的实证研究》，载《法学研究》2020 年第 1 期。

⑤ 参见[美]唐·布莱克：《社会学视野中的司法》，郭星华等译，法律出版社 2002 年版，第 6~16 页。

⑥ 参见[日]棚濑孝雄：《纠纷的解决与审判制度》，王亚新译，中国政法大学出版社 2004 年版。

某种角度提供适应社会变革需要的多途径纠纷解决机制的法学理论。[1]

域外也有少量对我国行政纠纷解决途径的实证研究。有学者认为，中国行政信访的强势发展部分得益于其相对优势，[2] 而行政诉讼则受到过多束缚。[3] 也有外国学者言辞激烈地认为，中国行政诉讼已经成为控制公民而非国家的工具，法律曾明文禁止调解却在事实上出现协调，这极不利于保护弱势的公民一方。[4] 还有学者笼统地将诉讼途径与非诉途径之关系概括为"你中有我，我中有你"[5]。总的来说，既有域外研究基本停留在对制度层面的分析与评价上。

我们曾于2011年开展了一项行政诉讼法实施状况之全景式的实证研究，对我国17个省级区域（包括12个省份、3个直辖市和2个自治区）进行调查与分析。调研的核心是社会不同群体对行政诉讼法本身及其目的、功能、实施、修改、发展问题的认知与看法，以及行政诉讼法的规定在实际运行中被遵守与执行的状况。内容包括针对法官、民众、行政机关工作人员和律师四类群体进行的关于行政诉讼法实施状况的问卷调查和访谈调查，以及对部分法院行政裁判文书内容的分析。调研涉及全国东部、西部、南部、北部和中部的50余座城市，共发放调查问卷9600份，调查四类对象共计8155人次，其中法官1203人，行政机关工作人员2986人，律师1321人，民众2645人，共回收问卷8155份，其中有效问卷7669份，有效问卷回收率达79.9%。访谈法官、行政诉讼原告、行政机关工作人员和律师总计230人次。搜集到全国12个省级区域72个法院共计11532份行政裁判文书。对38家法院2767份一审行政裁判文书及8家法院3980份二审行政裁判文书的相关信息进行了统计分析。调研报告及相关成果汇集成

① 参见［美］P. 诺内特、P. 塞尔兹尼克：《转变中的法律与社会：迈向回应型法》，张志铭译，中国政法大学出版社2004年版，第106~116页。

② Laura M. Luehrmann, "Facing Citizen Complaints in China, 1951-1996", Asian Survey, Vol. 43, No. 5, 2003.

③ Stanley B. Lubman, "Bird in a Cage: Legal Reform in China After Mao", Stanford: Stanford University Press, 1999.

④ Michael Palmer, "Controlling the State? Mediation in Administrative Litigation in the People's Republic of China", Transnational Law & Contemporary Problems, Vol. 16, Fall 2006.

⑤ Kevin J. O'Brien & Lianjiang Li, "Suing the Local State: Administrative Litigation in Rural China", The China Journal, Jan. 2004.

《行政法治的理想与现实——〈行政诉讼法〉实施状况实证研究报告》一书并于2014年在北京大学出版社出版。本次调查聚焦当事人选择行政纠纷解决途径的影响因素，调查内容与方法与前次调查有诸多相同之处。为了进行比较研究以及行文简洁，本书将2011年开展的行政诉讼法实施状况调查简称"2011年调查"。

2. 基本概念

我们认为，作为一个学理上的概念，行政纠纷解决机制是指一系列具体法律制度所构成的、具有内在关联并表现为若干要素的系统。对系统要素的提炼和归纳即为我们理论研究中常用的范畴。范畴是反映事物本质和普遍联系的基本概念。基于对实然法的分析，同时建立在对应然法的考虑之上，我们提出纠纷解决机制的基本范畴为对象、途径和方式。从基本范畴出发进行的研究，可以更深入地理解和把握行政纠纷解决机制的含义和特点，从而构筑系统化的行政纠纷解决机制。①

行政纠纷解决对象，是指纠纷解决主体在解决纠纷时所要解决的问题和所针对的对象。可以分为行政纠纷解决机制所针对的对象和保护的对象，前者是引起纠纷的行政行为，后者为法律规定并被纳入解决机制所保护的权利。

行政纠纷解决途径，是指通过何种路径与渠道，经过什么程序追究行政主体的责任，实现行政纠纷解决的问题。解决行政纠纷的诸多途径中，行政复议、行政诉讼作为最为成熟的纠纷解决途径，在我国经过二十几年的实践已经得到广泛运用。信访、行政调解和行政仲裁也有适度运用。随着经济、社会和技术的发展，顺应社会管理创新的要求，实践中，行政机关还在探索新的解决途径。不少地方的市长公开电话在某种程度上也在解决行政纠纷。近年来，还出现了电视问政、微博问政等新的途径。这些新的途径尚在探索之中，能否成为法定的纠纷解决途径，尚有待进一步观察。

行政纠纷解决方式，是指纠纷解决最终的实现形式，即行政权力侵犯公民权利所承担责任的方式。救济方式的应用应当以将损害恢复到未受损害时的情形为目的。行政纠纷解决方式有些是程序上的，即对违法或不当的行政行为本身作出

---

① 参见林莉红主编：《行政诉讼法问题专论》，武汉大学出版社2010年版，第2~3页。

规定。具体方式有撤销、变更、责令补正、责令履行、确认违法或无效等。有些解决方式是实体上的，主要是指针对行政行为所造成的结果而实施的方式，即对行政行为造成的后果给予补救。它以损害的实际发生为前提，其方式主要是赔偿和补偿，此外也可以有返还原物、恢复原状、赔礼道歉等方式。

途径与方式的区分，是从系统化角度对行政纠纷解决机制进行深入剖析的需要。途径是实现纠纷解决需要或者可能经过的程序，方式则指经历过这些程序之后采取的补救手段或者说结果，这种结果可能包含对行政行为的处理、对当事人权利的补救等内容。实际上，从语义学角度说，方式、方法、办法、手段、途径、渠道、措施、形式等词有近似的含义。只是基于研究的需要，我们对途径和方式进行了如上之界定。而之所以这样界定，是因为：第一，《民法通则》在规定承担民事责任时使用了"方式"一词，《民法典》沿用了这一表达。即"方式"表示承担法律责任的形式。对行政救济的研究可继续在"承担法律责任的形式"意义上使用该词。第二，途径、路径、渠道（也有人用径路、管道等）近似，但途径比较通俗、直观，在我们的研究中，表示达致承担责任之方式需要经过的某种程序路径。换言之，使用途径一词，表示需要经过哪些"途"，可能走过哪些"径"，方能够追究责任，实现救济。

在行政纠纷解决机制诸范畴中，只有途径是可以由当事人进行选择的。行政纠纷解决的对象表述的是纠纷本身，而方式是在某种途径之中经由立法设置并由纠纷的裁决者选择确定的。理论上，我们认为行政纠纷解决系统化思路下，行政纠纷解决途径和方式应当与对象相适应，但这一原则是对立法和司法的要求。当事人对途径的选择，是行政纠纷解决机制启动的第一步，影响着制度的实施与运行。当事人选择何种途径，什么因素是当事人在选择解决途径时会加以考虑的，如何进行选择，尚缺乏专门的实证研究。尤其是 2014 年《行政诉讼法》的施行对当事人选择行政纠纷解决途径的影响，值得付诸调查实践。

另外一个需要作出说明的相关概念是调解。如果从纠纷解决机制角度加以考察，可以发现，人们在使用调解一词时，是有多重所指的。调解有时候是指解决纠纷的途径，如人民调解和行政调解。有时候，调解是指在其他纠纷解决途径如诉讼途径、仲裁途径中运用的结案方式，即在纠纷处理过程中双方达成调解协议从而以调解方式结案。有时候，调解也指在诉讼、仲裁等纠纷解决途径中所使用的方法，比如我们说案件审理过程中法官进行了调解，但未成功，进而作出了判决。我们认为，我国目前不存在作为行政救济途径的行政调解。尽管行政机关在日常的行政管理活动中也可能对投诉、举报下级行政机关的当事人进行一定的劝解、说服工作，在行政复议等途径中也会主持进行调解，但这些都不属于作为纠纷解决途径的范畴。基于此，虽然本课题仍然考察实践中行政机关对调解手段的运用，但没有将行政调解作为一种行政纠纷解决途径。①

3. 研究目的

经过多年的探索和努力，多元化行政纠纷解决机制在我国已具雏形。行政诉讼和行政复议制度在现实中发挥了解决行政纠纷的重要作用。而当代社会中科技的发展与网络运用的普及，在提供便利的同时也提出了社会管理创新的要求。为此，我国不少地方政府在积极探索应对和解决行政纠纷的新途径、新方法，市长热线、网络问政等新的手段应运而生。本项研究希望通过社会调查的方法，从行政纠纷当事人选择解决纠纷途径之视角，了解当事人对各解决途径的知晓程度，探知其看法与需求，反映现有纠纷解决途径之运行状况，并进而揭示当事人之主观心理、认知与选择纠纷解决途径之关系。

---

① 作为民事救济途径的行政调解依然在某些领域保留。比较典型的是《治安管理处罚法》，该法第 9 条规定："对于因民间纠纷引起的打架斗殴或者损毁他人财物等违反治安管理行为，情节较轻的，公安机关可以调解处理。经公安机关调解，当事人达成协议的，不予处罚。经调解未达成协议或者达成协议后不履行的，公安机关应当依照本法的规定对违反治安管理行为人给予处罚，并告知当事人可以就民事争议依法向人民法院提起民事诉讼。"2017 年修正的《水污染防治法》也保留了类似规定，该法第 97 条规定："因水污染引起的损害赔偿责任和赔偿金额的纠纷，可以根据当事人的请求，由环境保护主管部门或者海事管理机构、渔业主管部门按照职责分工调解处理；调解不成的，当事人可以向人民法院提起诉讼。当事人也可以直接向人民法院提起诉讼。"这都是作为民事纠纷解决机制的行政调解的立法例。不过，总体来说，授权行政机关居间对民事纠纷进行调解的立法例在减少。如 1983 年 9 月 2 日通过的《海上交通安全法》第 46 条规定："因海上交通事故引起的民事纠纷，可以由主管机关调解处理，不愿意调解或调解不成的，当事人可以向人民法院起诉。"该规定于 2018 年修正时被取消。类似的规定还有如 2000 年修订的《大气污染防治法》第 62 条，2004 年修订的《固体废物污染环境防治法》第 84 条，该几部法律现都已取消了相关规定。

（1）揭示民众对行政纠纷解决途径的认知以及法律意识之真实状况

我国于 2011 年宣告中国特色社会主义法律体系已经形成，作为主要法律部门之一的行政法亦已基本完善。行政权涉及社会生活的方方面面，在实施中难免会发生行政机关与相对人之间的矛盾，为此，在法律制度上已建立有行政诉讼、行政复议等途径，并在实践中提供了包括信访在内的非正式法律途径。在此背景下，民众如何看待行政纠纷，如何选择行政纠纷解决途径，对各项解决途径制度的了解以及参与程度如何，对此进行研究，不仅可以展现各项制度的实际运行情况和效果，而且也能从当事人需求层面对制度的进一步完善和发展提出要求。此外，了解当事人对行政纠纷解决途径的看法可以揭示公众的法律意识状况，这关系到整个行政法律规范体系之设置，更关涉到法律制度是否能够得以顺利实施。

（2）检验行政纠纷多元化解决机制的学理和学术主张

多年来，我国学界和实务部门对于行政诉讼、行政复议、信访等各项具体制度的定位、功能，以及制度间的衔接等提出了若干设想与建议。这些理论学说和制度设想是否能够得到行政纠纷当事人的现实回应和支持，亟待实证研究。例如，2014 年修改后的《行政诉讼法》增加或修改的内容，对于当事人选择行政纠纷解决途径的影响如何；与行政诉讼法紧密关联的行政复议法，在前者修改后是否要与之同步；其他行政纠纷解决机制如信访制度之改革走向，其他非制度化纠纷解决途径是否需要纳入国家法治建设的总体设计等。本课题的实证研究成果将展示各行政纠纷解决途径在实践中的作用和效果，为我国多元化行政纠纷解决机制的衔接、互补及其功能合力的最大化贡献智识。

（3）促进依法维权与依法治国理念的同步深化

全面推进依法治国、建设社会主义法治国家是国家治理体系和治理能力现代化的必然要求，为此，民众如何实现依法维权，如何实现依法维权与依法治国理念的同步深化，需要深入研究对策。在社会转型和现代化的过程中，政府管理方式也在不断创新，除传统方式外，一些新的做法如网络问政、电视问政等，也具有纠纷解决的功能与效果。而传统观念下民众仍有"青天意识"，"拦轿喊冤"现象时有发生。此种多元碰撞格局一时恐难以消减。故而，本课题通过考察当事人选择行政纠纷解决途径之影响因素，不仅探讨如何引导民众通过适当途径进行维权，还可能"倒逼"行政纠纷解决机制的改革与创新。

（4）丰富研究方法

本课题运用实证调查方法全面考察我国多元行政纠纷解决途径的实施状况，展示参与纠纷解决之当事人的主观认知，以此形成各种途径运行状况之数据库，并对数据进行法学、社会学以及心理学等跨学科的多面向分析，推动多元化行政纠纷解决途径理论研究向纵深发展。

（二）课 题 设 计

本课题旨在研究多元化行政纠纷解决机制背景下当事人选择不同解决途径的影响因素。考虑到已经与行政机关发生行政纠纷并正在寻求纠纷解决的当事人的切身体验最能够反映这一点，项目选择两到三个基层法院、一个设区的市政府法制办（后因机构改革调整为市司法局）、两个区人民政府，对一段时间内（计划为两个月）到访的当事人（含未获立案的当事人）进行全抽样的问卷调查和部分的访谈调查，形成本项目的数据库，在此基础上进行数据分析，得出调查结论，并提出相应的对策建议。项目获批后在实施过程中，调查范围有所扩大，方式上亦增加了网络调查。

1. 调查方法

本项研究主要采取问卷调查，并辅以访谈调查的方式进行。问卷调查，最初设计的是实地调查方式，随着调查活动的开展增加了网络调查的方式。

2. 调查内容

当下，我国行政纠纷的解决途径主要是行政诉讼、行政复议。当事人向有关机关提出的信访，行政机关主持进行的调解，以及其他非正式的申诉、投诉也在一定程度上实现了纠纷解决的功能。随着经济、社会和科学技术的发展，社会管理方式不断创新,出现了市长热线、网络问政等新兴的未制度化的纠纷解决途径,这些都将被纳入我们的研究范围。就具体的调查问题而言,主要围绕行政纠纷解决途径的法律规定进行设计,同时考虑了实践中推行的各项创新性举措,以及学界所提出的相关学术主张。

3. 调查对象

调查对象为正在寻求行政纠纷解决的公民、法人和其他组织一方,以及行政纠纷的潜在当事人即普通公众。正在寻求行政纠纷解决的当事人,包括行政复议申请人、行政诉讼原告、在复议机构和各级法院咨询与争取立案的当事人,以及通过非正式途径申诉、信访、反映情况的人员。这部分人员既是我们实地调查的调查对象也是网络调查的调查对象。社会公众作为行政纠纷的潜在当事人,通过网络方式进行调查。网络调查时,行政复议当事人、行政诉讼当事人和普通公众三类对象根据其填答的相应选项予以区分。

在调查对象的确定方面,有两点事项需要作出说明。

第一,按照项目设计,通过对到访复议机关和法院的当事人进行实地调查,采取填答问卷和进行访谈的方式进行。但在实地调查开展后,我们发现,即便我们在超出项目设计数量的法院和复议机构开展实地调查,仍然存在样本数量不足的问题。而在很难做到随机抽样情况下开展的社会调查,样本数量至关重要。考虑到网络调查具有一定的便利性,有可能获得较大数量的样本,我们决定在实地调查之后,开展网络调查。网络调查的调查对象既包括正在寻求行政纠纷解决的当事人,也包括并未与行政机关发生纠纷以及并未寻求行政纠纷解决的人员,也就是普通社会公众。由于现代社会行政管理的广泛性,每个人都无可避免地会与行政机关打交道,因而也会与行政机关发生纠纷,故普通社会公众实际上也是潜在的当事人。

第二,正在寻求行政纠纷解决的当事人,既包括公民个人,也包括法人和其他组织。不过,调查问卷的对象是个人,在实施调查的过程中,遇有当事人是法人和其他组织的情况,是由其代表,可能是代表人,也可能是代理人接受问卷调查和访谈。

（三）课 题 实 施

自 2018 年 8 月课题启动至 2019 年 8 月，课题主持人带领武汉大学法学院博士研究生、硕士研究生以及相关单位参与课题的研究人员共 20 余人，先后在湖北省、广东省和广西壮族自治区 3 个省级行政区划内的 5 座城市开展了实地调查。随后，从 2019 年 9 月至 2019 年 12 月，开展了网络调查。本项研究中实地调查、访谈与网络调查在对象和方式上存在差异，在此就各项研究的实施状况予以详细说明。

1. 问卷和访谈提纲设计

（1）实地调查问卷的设计

实地调查问卷包括行政诉讼当事人卷和行政复议当事人卷，分别针对在法院提起行政诉讼、向行政复议机关申请行政复议的当事人以及到访咨询立案的人员。由于各行政纠纷解决途径彼此相互关联并具有可选择性，为了解当事人解决行政纠纷的真实情况，内容实际涉及制度化和非制度化的各类纠纷解决途径。因此，两卷的内容设计存在着较大的关联性，部分题目在两卷中均有出现，这样有利于对调查结果进行比较分析。同时，针对行政诉讼和行政复议制度的各自特点也有所区别和侧重。行政诉讼当事人卷和行政复议当事人卷共有的问题有 21 道，除了供研究者在调查结果中作背景分析的有关受访者的性别、年龄、学历、从业状况以及与行政机关打交道（如办事、办证等非私人间交往）的情况等题目相同外，还包括：①是否通过或尝试通过都市（市长）留言板、市长热线（市长公开电话）、上访（信访）以及网络等形式解决纠纷；②结果公正和程序简便快速对于当事人选择解决途径的影响；③对争议处理的满意度、对相关部门总体印象的变化以及对当事人心中关于"包青天"的看法等纠纷解决情况以及满意度的题目；④有关公民意识的题目等。此外，两类问卷中均设计了一道开放性问题，即"关于本次调查，以及您寻求行政纠纷解决的经历，您想告诉我们的任何想法"，受访者可以选择是否回答以及自由书写回答内容，以弥补封闭式问题的不足。

行政诉讼当事人卷共设计 45 道问题。除了上述两类问卷共有的 21 道题之外，其余 24 道题目全部为选择题，主要围绕《行政诉讼法》的规定，同时结合司法实践中的问题、相关理论研究等进行设计。题目涉及当事人选择行政诉讼的考虑因素、对行政诉讼制度（特别是 2014 年《行政诉讼法》新增的制度）了解程度、对具体或整个行政诉讼制度的看法、当事人及案件的基本情况、当事人参与诉讼过程的感受等方面，力图展现受访当事人对《行政诉讼法》的了解、接触、感受、评价等情况。此外，为了进行比较研究，我们在问卷中放入了我们团队"2011 年调查"的部分原题，即对我国行政诉讼制度的了解程度，对我国法官队伍的总体评价，行政诉讼中法院对老百姓与对行政机关的态度是否有差别，对行政诉讼中胜诉情况的看法，行政诉讼是否能保护老百姓的合法权益，行政诉讼法规定对被诉行政行为的合法性由哪一方负责举证，及在老百姓有理的前提下想要告赢政府最重要的因素共计 7 道题。

行政复议当事人卷则有 39 道题目。除前述 21 道共有题目外，其余 18 道题则主要根据《行政复议法》的具体规定和内容以及实践中的改革问题进行设计如行政复议机构改革。具体涉及复议申请人的基本情况，选择行政复议的考虑因素，对复议制度的了解和看法以及参与过程的满意度等方面。其中一道题采用了前述"2011 年调查"行政机关工作人员卷的原题，即怎么看待行政复议解决行政纠纷的效果。

调查问卷的设计历时 9 个月，从 2018 年 9 月项目启动至 2019 年 5 月底定稿。2018 年 9 月，项目组开始搜集资料并进行问卷初稿设计。2019 年 3 月开始，项目组成员多次就问卷初稿开展座谈讨论，并就问卷设计专门召开了专家论证会。此外，为尽可能避免问卷中存在的错误和不足，在调查问卷设计较为成熟的基础上进行了小范围的预调查。在听取各方意见和建议后，本项研究调查的实地调查卷于 2019 年 5 月底形成最终版本。

（2）网络调查问卷的设计

2019 年 6 月，实地调查开始实施。实施中发现实地调查回收的问卷数量不甚理想，课题组决定开展网络调查。经过 3 个月的讨论、修改，在考虑与实地调查的关联性以及网络调查的特殊性的基础上，课题组最终在实地调查问卷的基础上调整形成网络问卷。与实地调查能够直接针对行政复议、行政诉讼的当事人不同，网络调查中接受调查的对象大多数可能并非正在发生行政纠纷的当事人，故我们专门设计了针对普通公众的调查问卷，称之为民众卷。民众卷设计的初衷是了解除行政纠纷当事人以外的其他普通社会公众的情况，其虽非本课题在国家社科基金立项时的最初设计内容，但扩大调查范围应当是社科基金乐于见到的课题实施情况。由于社会公众可以算作潜在的行政纠纷的当事人，其仍然属于课题的研究内容。更为重要的是，我们认为，本课题社会公众的调查数据，对课题研究可以起到重要的参考作用，具有非常重要的调查研究价值。

网络调查软件方便适用，问卷设计比实地调查的纸质版问卷更为灵活，可以通过提问和跳转问题答案的方式甄选出不同背景的调查对象。使用网络调查软件时，我们发布出去的网络链接是一个网址，但实际上是三套调查问卷，即行政诉讼当事人卷、行政复议当事人卷和民众卷。调查对象在打开调查问卷的网络连接时并不一定意识到这一点。问卷的前五问是相同的，都是关于调查对象的背景信息，在第六问"请问您是否有寻求解决行政纠纷的经历"这里，对不同选项的回答跳转至不同的位置，从而形成不同的问卷。网络调查卷和实地调查卷多数题目重合，两种方式获得的数据既可以结合也可以对比使用。如网络调查卷中的行政诉讼卷共有46道题目，除增加了"请问您是否有寻求解决行政纠纷的经历"题目外，其余45道题目与实地调查卷中行政诉讼当事人卷相同，但题目顺序有所调整。行政复议卷也是如此，共有43道题目，相较于实地调查卷增加了"请问您是否有寻求解决行政纠纷的经历"以及对"上法院是解决争议最公平的方式"的看法等3道公民意识题目。合并后的网络调查卷共有101道题目，实际包含了行政诉讼、行政复议和民众三卷，三卷的问题数目分别是，行政诉讼卷46道题目，行政复议卷43道题目，民众卷28道题目。

根据对行政纠纷解决机制的熟悉程度，民众卷调查对象又细分为"有一定的了解"和"不了解"两类，调查对象根据自己的情况填答后系统会跳转至相应的题目。除网络调查卷共有的8道题之外，民众卷其余仍然使用实地调查卷的题目。此外，有1道题目使用"2011年调查"的原题，即不服行政机关处罚的选择。

网络调查同样在每套问卷中保留开放性问题作为最后一道题，即行政诉讼卷和行政复议卷的"关于本次调查，以及您寻求行政纠纷解决的经历，您想告诉我们的任何想法"，民众卷则略修改为"关于本次调查以及行政纠纷解决途径调研课题，您想告诉我们的任何想法"。

因此，本次调查共设计并使用五套问卷，分别是实地调查行政诉讼卷、实地调查行政复议卷、网络调查行政诉讼卷、网络调查行政复议卷和民众卷。五套问卷的名称是研究者在调查开展和报告写作时使用的。实际开展调查时，为避免调查对象先入为主以及可能产生的不必要联想，我们对实地调查纸质版问卷，使用的"问卷一""问卷二"的名称指代行政诉讼卷和行政复议卷，网络调查中则未使用名称，直接以卷首语交代调查目的和要求等事项。

在问卷回答各选项的摆放顺序上，研究者在设计时特意把比较清楚或比较正面、积极的回答放在各题目选项的前面，而把内容相对负面以及"说不清楚"等选项放在后面。这样的次序安排的用意在于，如果受访者选择后面的选项，通常来说可以认为受访者对全部选项都进行了仔细阅读。同时，问卷设计时也考虑到了受访民众的文化程度和法律素养，在问卷中尽量通过通俗易懂的语言来表述调查问题。

（3）访谈提纲设计

对当事人法律意识和诉讼意识的研究要求对该群体在自然情景下的态度、行为以及背景等因素进行系统了解。[①] 法律意识是人们关于法律和法律现象的思想、观点、知识和心理的总称，对其不能仅满足于孤立、静态地考察，更应将其放置在社会文化的宏观背景下。[②] 访谈调查有着问卷调查所不具有的完成比率高、适用于调查较复杂问题、可观察受访者的反应等优势。[③] 因此，本项调查在实地调查的过程中不仅开展了问卷调查也采取了针对不同当事人类型的访谈调查。

访问调查提纲的设计相对简单。访问提纲共包括 9 项内容，主要涉及当事人

---

① 参见［美］艾尔·芭比：《社会研究方法》，邱泽奇译，华夏出版社 2009 年版，第 286 页。

② 参见刘旺洪：《法律意识论》，法律出版社 2001 年版，第 35、54 页。

③ 参见［美］艾尔·芭比：《社会研究方法》，邱泽奇译，华夏出版社 2009 年版，第 275 页。

案件类型、状况(双方、有无第三方、人数),经历纠纷解决的过程(复议、信访等)等基本情况;对法律的了解情况;有无律师帮助以及对律师的看法;打官司(包括复议)难不难以及哪个环节难;为什么选择复议(诉讼);对法院、复议机构是否有信心;经历纠纷后对法院、复议机构的满意度(对人的评价、认识、想法);对相关法律规定的评价和满意度(对程序的评价、认识、想法);对完善行政纠纷解决机制的任何想法、建议和意见等。

在坚持科学访谈调查原则的基础上,研究人员在设计访谈调查提纲时主要考虑了以下因素:一是访谈以不具名的形式进行,研究者可以直接引用受访者提供的信息,但不得透露信息源,以打消受访者的顾虑。二是访谈调查的目的是倾听受访者的要求和呼声,了解他们参与纠纷解决途径中的具体情况,发现实践中的新情况和新问题,从而共同探索解决的办法。三是研究者在与某地调查对象访谈前一般应事先了解该地经济、社会、文化等基本情况,尤其是当地法院和司法行政机关的状况,对当地行政审判或行政复议面临的综合环境有基本认识,以便访谈时能够有的放矢地提出问题,获取信息。

2. 实地调查的开展

样本选择以及样本确定后调查的实施是在社会科学领域尚未建立社会调查系统的我国开展此类研究时普遍会遇到的困难,需要课题设计的科学性和组织者良好的人际关系。考虑到我国的现实情况,要做到随机抽样几无可能。与以往开展的调查类似,这次调查仍然依靠我们的学生、朋友等"关系户"作为合作单位开展。同样,为了增强样本的代表性,我们在确定合作单位时考虑了地域和级别因素,尤其是争取到了实行行政案件集中管辖的几个代表性法院的支持,并尽可能地做到对在我们调查期间到访的当事人进行全抽样的问卷调查和部分的访谈调查。

实地调查主要通过向我们的合作单位派驻实习生作为调查员的方式进行。2019年暑期,我们向一个市中级人民法院、两个铁路运输中级法院、两个基层法院、一个铁路运输法院以及一个市司法局等合作单位发放调查问卷,多数合作单位都有我们的派出学生在立案庭或行政庭实习并负责接待当事人填答问卷。个别地方则委派合作单位的相关工作人员将问卷提供给前来解决纠纷的当事人进行调查并跟踪收回。为了保证调查的质量，我们对参与调查实施人员和相关部门工作人员进行了培训，对问卷题目逐一解释，并详细讲解问卷的操作过程与注意事项。

在充分考虑样本代表性和调查可行性的基础上，与实地调查问卷相同，访谈调查也主要采取了偶遇抽样的方法。由于相关的工作需要专门的人员进行开展，因此访谈调查主要限于派驻专门调查人员的调研单位。派驻到各单位的课题组成员利用一切可能的机会就前来解决行政纠纷的当事人展开访谈。在调查期间，课题组成员先后到访发放问卷的法院和司法局等单位，除了就当事人开展访谈外，还召开有行政审判法官或行政复议工作人员的座谈会，了解有关情况。

实地问卷和访谈调查的样本采集时间主要为 2019 年 6 月至 2019 年 8 月。至 2019 年 12 月底，共陆续回收实地调查问卷 593 份，其中行政诉讼当事人卷 466 份，行政复议当事人卷 127 份。

3. 网络调查的开展

网络调查借助专门开展问卷调查的软件"问卷星"进行。课题组将问卷内容录入"问卷星"后，于 2019 年 11 月 25 日发布，并通过微信朋友圈、微信群、QQ 群等网络空间不断扩散。由于面向整个网民群体，网络调查具有随机性，填答人未必就是曾经或正在经历行政纠纷的当事人，更多的可能是一般民众。此外，考虑到课题组成员均为法律专业背景，在发布问卷信息时，课题组尽量通过微信和 QQ 群等方式将调查信息发布到人员背景混合的群体，如老乡群、亲友群、球友群、户外群等互联网群组中去。

至 2019 年 12 月 13 日网络调查截止，共回收有效电子问卷 3193 份。我们通过"请问您是否有寻求解决行政纠纷的经历?"这道题来筛选、甄别不同的调查对象，并将填答"申请过行政复议(含正在进行)""提起过行政诉讼(含正在进行)"的调查对象的问卷分别跳转至行政复议或行政诉讼当事人卷的题目。调查结果显示，"申请过行政复议(含正在进行)"的共有 81 人，占全部问卷数的 2.5%，此即网络调查行政复议卷。"提起过行政诉讼(含正在进行)"的有 95 人，占比 3%，此即网络调查行政诉讼卷。"跟行政机关发生过纠纷，正在想怎么办"的共计 81 人，占比 2.5%，其余为填答"没有"寻求解决行政纠纷经历的 2936 份，占比

92%。后两项共计3017份，占比94.5%，此即网络调查民众卷。民众卷中，"对行政诉讼或行政复议制度有所了解的"为1636份，对"行政诉讼或行政复议制度不了解的"为1381份。

有意思的是，回收的网络问卷显示调查对象的IP地址除来源于我国大陆31个省级行政区划外，还有台湾地区3份、香港特别行政区3份(无澳门特别行政区)以及美国、德国、日本、韩国、泰国、俄罗斯、荷兰、英国、以色列、孟加拉等国家或地区79份。这些问卷除1份IP地址显示为德国的属于网络调查行政复议卷外，全部是民众卷。其中1份IP地址显示为韩国的问卷，在"请问您是否有寻求解决行政纠纷的经历"一题时选择的是"跟行政机关发生过纠纷，正在想怎么办"，其余则是没有过寻求解决行政纠纷经历的，且大部分是自认为对"行政诉讼或行政复议制度不了解的"的调查对象。这种情况的出现，我们猜想原因可能是由在外访问交流的学生、学者或华侨等填写，也有可能是IP地址显示有误。我们特地调出这些问卷，尤其是对最后一道开放式问题单独研读，没有发现特别之处，故未对其做特别分析。

(四)数据研读及调查报告写作

至2019年12月份止，项目组共计回收实地调查行政诉讼当事人卷466份，行政复议当事人卷127份。网络调查共回收有效电子问卷3193份，其中行政复议当事人卷81份，占全部问卷数的2.5%；行政诉讼当事人卷95份，占比3%；民众卷3017份，占比94.5%。课题组成员对调查问卷按照编号进行了分类整理，对题目、选项等内容进行赋值编码，然后将调查问卷的结果逐份输入或导入计算机，最后通过SPSS软件进行统计分析。

各类调查对象对问卷开放式问题的回答，依照问卷编号以"原貌"的形式输入或导入计算机形成电子版。其中，实地调查中，行政诉讼卷139人，行政复议卷20人，网络调查中，行政诉讼卷67人，行政复议卷57人，民众卷1732人，对开放式问题做了回答，填写了自己的看法。

在撰写调查报告的过程中，我们对是否合并实地调查和网络调查的数据有过犹豫。由于项目最初设计的是进行实地调查，而且实地调查问卷发放、回收都有课题组人员参与，符合我们保证问卷质量的要求，同时也可以与网络调查情况进行对比，因此，最后决定在调查报告中同时保留实地调查与网络调查的统计情况。这样，我们的数据表就可能出现实地调查行政诉讼卷(除民众卷外，调查对象都是当事人，故名称中省略"当事人"，以下同)、实地调查行政复议卷、网络调查行政诉讼卷、网络调查行政复议卷和民众卷(民众卷只有网络调查，故无需赘文写成网络调查民众卷，后文将直接以民众卷称之)五种情况。虽然篇幅上略显冗长，但也更为直观，以及更显对国家社科基金支持的尊重。对一些较为直观的问题，我们有时也会省略网络调查的数据表而直接以文字表达。

二、分析框架和理论假设

（一）分 析 框 架

本书呈现之报告主要采取实地调查问卷和网络调查问卷的定量分析，同时通过访谈调查的定性分析考察我国行政纠纷当事人选择纠纷解决机制的影响因素。分析框架为：考察行政纠纷当事人对行政诉讼、行政复议等制度的知晓、了解和接受程度；展示纠纷当事人所参与的程序和采取的行动策略；纠纷解决效果情况以及当事人对司法以及相关制度的主观意识，分析行政纠纷当事人选择纠纷解决途径的心理因素和选择意向；当事人认知、行动、制度效果之间的关系，从而在实证层面展示各种行政纠纷解决途径在现实社会生活中的作用和效果，为我国多元化行政纠纷解决机制的衔接、互补及其功能合力的最大化贡献智识。在此基本思路基础上，分析框架有两个角度。

其一是纠纷解决途径角度。本项研究的对象是现代社会在行政行为多元化背景下的多元行政纠纷解决机制，聚焦当事人选择行政纠纷解决途径的影响因素。就多元化的行政纠纷解决途径而言，其可分为制度化途径与非制度化途径。制度化的纠纷解决途径包括行政复议和行政诉讼。而非制度化的解决途径是指一些地方政府为顺应社会管理需求而创造出的市长热线、网络问政等应对和解决社会矛盾的新方法。后者并未上升为法律层面的具体制度，因此本书统称之为未制度化行政纠纷解决途径。而信访，我们认为是介于制度化与非制度化之中的一种不完全的纠纷解决机制。

当然，行政纠纷解决途径也可分为司法途径与非司法途径。司法途径是多元化行政纠纷解决途径之一元。但鉴于司法途径即行政诉讼，行政复议属于非司法途径,而行政复议又与其他非制度化的纠纷解决途径区别很大,我们的分析思路是当事人对主要的制度化的纠纷解决途径的看法,兼及其他非制度化纠纷解决途径,故未从司法途径与非司法途径之角度加以区分和研究。

如前述,我们的分析思路是当事人对主要的制度化的纠纷解决途径的看法与选择,同时考察随着现代社会的发展,其对于新兴的解决途径,以及传统的信访途径,是何态度,有何期待。不同背景的当事人和社会公众如何看待不同的解决途径,如何看待制度化与非制度化途径之间的关系,以及如何作出选择,是我们分析的重点。

其二是问卷与调查所得数据角度。根据我们调查实施的情况,调查问卷分为实地调查行政诉讼卷、实地调查行政复议卷、网络调查行政诉讼卷、网络调查行政复议卷以及民众卷。在各个问卷的定位中,我们以实地调查问卷为基本分析对象,以网络调查卷和民众卷为对照。因为实地调查中有团队工作人员的协助说明,调查结果应当更为真实有效。将网络调查卷作为对照的原因在于,实地调查问卷的数量有限,需要以网络调查卷的结果加以印证,若网络调查与实地调查的结果一致或相近,则说明实地调查的结果具有代表性。将民众卷作为对照的原因在于,可以考察行政纠纷当事人与民众对于行政纠纷解决途径认知是否存在不同,结果不同的数据可以帮助我们探寻行政纠纷解决途径的现实发展与传统印象间的差距,结果相同的数据可以反映社会对行政纠纷解决途径的普遍认知。

(二)理 论 假 设

理论假设决定实证调查的方向和内容。其恰当性和周全性是实证研究获得成功的基础。高质量社会调查的前提之一是研究者对所调查领域内容的熟悉与问题意识的具备。就本书所涉课题而言,研究者对纠纷解决机制要有全面了解,对现实状况有深刻认识,方能设计出符合基本理论和现实国情的问卷,作出科学的分析和准确的判断。基于我们对多元化行政纠纷解决机制实际运行状况的观察和现有的专业经验,本项研究有若干理论假设。

1. 个人及案件背景对当事人选择行政纠纷解决途径会产生影响

设置多元化行政纠纷解决机制的目的之一在于针对不同类型案件适用不同途

径，从而达到高效、完整、彻底解决纠纷的目的。因此当事人个人背景以及案件本身的情况可能成为当事人在选择行政纠纷解决途径时的重要影响因素。如当事人性别、年龄、受教育程度及职业，自然人、法人、企业与行政机关等不同当事人类型，本人是否有过诉讼、复议、信访的经历等当事人背景以及案件性质、案件的社会影响程度、案件争议双方社会背景的差异性等案件状况可能对当事人在选择行政纠纷解决途径时存在影响，呈现不同的选择倾向。

2. 制度设置与运行效果会影响当事人选择行政纠纷解决途径

为合理分流社会转型期间日益增加的行政纠纷，我国设置了多元化的行政纠纷解决机制予以应对，并随着实践的发展对各途径不断地进行完善和调整。如2014年《行政诉讼法》新增立案登记制、调解、一并解决相关民事争议、变更判决适用范围扩大、对行政机关拒不履行法院判决增设公告措施等制度。上述新规定，体现出新法对立案、审理与执行"三难"的应对。这些新规定是否为当事人所知晓，对当事人选择行政纠纷解决途径有无影响，若有影响，又是如何影响的，是需要研究和关注的。

在各纠纷解决途径中，行政诉讼和行政复议是最为重要的，也是传统的较为成熟的途径。作为一种个别的和事后的解决机制，其法律效果仅针对当事双方，结果较为单一，在多元化行政纠纷解决机制中，特征鲜明，定位明确。然而，不可否认的是行政复议和行政诉讼并不是万能的，其有限的受案范围并不能解决所有的行政纠纷；相对复杂的程序导致效率低下，不能完全适应现代社会在公正之外对迅速、高效解决纠纷的要求。无论在何种审判制度下，总以某种方式将"适合于审判的纠纷"和不适合于审判的纠纷区别开来。[1] 被审判制度关在门外的纠纷或者就此消失，或者通过其他各种可能利用的手段——有时是通过诉诸暴力——在诉讼外得到解决。[2] 正因为如此，20世纪90年代ADR运动兴起，对行政机关也产生了影响。如在美国，"1990年的《替代争议解决法》引起了替代性纠

---

[1] 参见棚濑孝雄：《纠纷的解决与审判制度》，王亚新译，中国政法大学出版社1994年版，第2页。

[2] 参见棚濑孝雄：《纠纷的解决与审判制度》，王亚新译，中国政法大学出版社1994年版，第12页。

纷解决方式在行政裁决领域应用的尝试。在90年代调解变得如此流行，尤其在反对联邦政府有关平等就业机会的诉求中"[①]。

因此，当事人对不同解决途径的认知以及对包括周期、费用、程序的繁简、结果的公正率等各行政纠纷解决途径运用效果的了解，以及由于其对各种解决途径解决纠纷的预期不同而影响当事人的选择。此外，行政纠纷当事人对包含市长热线、网络问政等尚未制度化的新兴行政纠纷解决途径的认识同样可能对其选择有影响。因此，多元化行政纠纷解决制度的设置是否合理以及运行状况是否良好也可能在一定程度上影响当事人选择行政纠纷解决途径。

3. 舆论、法律服务等其他因素在一定程度上会影响当事人选择纠纷解决途径

除对制度及运行情况的认知外，身处行政纠纷中心的当事人在选择解决途径时需要考量的因素可能还来自纠纷解决制度之外的多个方面，如媒体宣传与社会舆论导向、法律服务的专业性与可得性、法律援助的质量与可能性等。这些因素有可能对当事人选择行政纠纷解决途径产生一定的影响。

4. 诉讼意识及权利意识与纠纷解决途径运行具有一定的关联性

"徒法不足以自行"，公众的法律意识是法律制度得以实施的基础。诉讼意识是法律意识的重要内容，关涉整个法律体系之设置。特别是针对正在寻求解决行政纠纷的当事人，诉讼意识、权利意识直接体现在对于法律制度的知晓、了解以及运用上。假如当事人具备前述条件并且在寻求解决纠纷的途径中运用法律制度，在合理、合法的范围内解决其纠纷的可能性就更大，纠纷解决途径的运行效果也就更好。反之，当事人很可能无法"掌控"纠纷解决的过程，不仅不能达成自己的预期目的，还会对纠纷解决途径的设置持否定性的评价。

---

① Jonathan D. Mester, Administrative Dispute Resolution Act of 1996: Will the New Era of ADR in Federal Administrative Agencies Occur at the Expense of Public Accountability? Ohio State Journal on Dispute Resolution, Fall, 1997, Vol. 13(1): 169.

三、调查结果与分析

（一）调查对象及所涉纠纷基本信息

1. 调查对象基本信息

实证研究中，受访对象基本信息的调查是工作开展的始点。其作用不仅在于了解基本情况，而且对调查所涉诸多现象后续的分析也会起到重要的作用。当然，调查对象的背景因素是多样的，我们根据本项目的需要对受访对象的性别、学历状况以及从业情况等进行了数据采集。

（1）调查结果

表1　　　　　　　调查对象基本信息表①（实地调查行政诉讼卷）

	样本总数	性　别		学 历 状 况				
		男	女	初中及以下	高中、中专	大专	本科	研究生及以上
人数	466	308	142	90	104	51	157	43
有效百分比	100	68.4	31.6	20.2	23.4	11.5	35.3	9.7

---

① 在使用 SPSS 软件进行统计时，为简洁起见，所有数据取小数点后一位。由于软件在自动生成统计数据时，要进行四舍五入，故在统计百分比时，可能出现 0.1% 的误差，即分项相加后的百分比出现 100.1% 或 99.9% 的情况。为统一表述，我们在分项统计里保留 0.1 的误差，但总的百分比仍然以 100% 显示。全书数据表同此。

	样本总数	从 业 状 况						
		党、政、司法等机关	企、事业单位	个体工商户	务农	在读学生	未就业	其他
人数	466	18	87	42	51	0	25	220
有效百分比	100	4.1	19.6	9.5	11.5	0	5.6	49.7

表2　　　　　　　　**调查对象基本信息表（网络调查行政诉讼卷）**

	样本总数	性　　别		学 历 状 况				
		男	女	初中及以下	高中、中专	大专	本科	研究生及以上
人数	95	59	36	3	3	7	38	44
有效百分比	100	62.1	37.9	3.2	3.2	7.4	40.0	46.3

	样本总数	从 业 状 况						
		党、政、司法等机关	企、事业单位	个体工商户	务农	在读学生	未就业	其他
人数	95	15	32	6	0	5	1	36
有效百分比	100	15.8	33.7	6.3	0	5.3	1.1	37.9

　　总体而言，在我们调查的行政诉讼当事人中，男性多于女性，学历状况多为本科及以上。具体而言，在性别方面，实地调查与网络调查中的男女比例基本相同，大致为13∶7；在学历状况方面，网络调查卷的当事人总体学历状况要高于实地调查当事人。网络调查卷中本科及以上的当事人占86.3%，而实地调查卷中相应的比例仅为45%，研究生及以上学历在网络调查和实地调查行政诉讼卷中占总样本数的比例分别是46.3%和9.3%，相差也很大，原因大概还是网络调查对象的特殊性。在从业情况中，调查对象选择"其他"的比例最高，为37.9%，比例次高的为企、事业单位工作人员。

表3　　　　　　　　调查对象基本信息表（实地调查行政复议卷）

	样本总数	性　别		学 历 状 况				
		男	女	初中及以下	高中、中专	大专	本科	研究生及以上
人数	127	84	42	16	26	12	54	17
有效百分比	100	66.7	33.3	12.8	20.8	9.6	43.2	13.6

	样本总数	从 业 状 况						
		党、政、司法等机关	企、事业单位	个体工商户	务农	在读学生	未就业	其他
人数	127	12	37	11	5	0	14	42
有效百分比	100	9.9	30.6	9.1	4.1	0	11.6	34.7

表4　　　　　　　　调查对象基本信息表（网络调查行政复议卷）

	样本总数	性　别		学 历 状 况				
		男	女	初中及以下	高中、中专	大专	本科	研究生及以上
人数	81	50	31	1	4	5	44	27
有效百分比	100	61.7	38.3	1.2	4.9	6.2	54.3	33.3

	样本总数	从 业 状 况						
		党、政、司法等机关	企、事业单位	个体工商户	务农	在读学生	未就业	其他
人数	81	11	28	4	1	16	2	19
有效百分比	100	13.6	34.6	4.9	1.2	19.8	2.5	23.5

　　行政复议当事人的基本信息情况与行政诉讼当事人大概一致，即男性多于女性，本科及以上学历背景者居多，其他从业状况者占比例较高。但是，与行政诉讼当事人情况不同，企、事业单位从业人员在行政复议案件中占比颇高，其比例超越或与其他从业人员基本持平，分别为30.6%以及34.6%。

　　在受访的行政诉讼和行政复议当事人中，相较于其他职业，在"企、事业单位"工作的当事人占比较为突出，这一特点在实地调查卷和网络调查卷中均有所体现。其原因最主要的可能是由于在整个社会的就业人员分布中，企、事业单位是吸纳就业最多的，自然在我们的调查中占比也较多。此外，也有可能相较于个体工商户、务农等从业者，在企、事业单位工作的人员接触的社会资讯比较多，更为清楚可以采取法律手段维护自身权益；而相较于党、政、司法等机关工作人员，企、事业单位职工的维权顾虑更低，更勇于尝试采用法律手段进行救济。

表5　　　　　　　　　　调查对象基本信息表(民众卷)

| | 样本总数 | 性　　别 | | 学 历 状 况 | | | | |
		男	女	初中及以下	高中、中专	大专	本科	研究生及以上
人数	3017	1211	1806	51	200	169	1737	860
有效百分比	100	40.1	59.9	1.7	6.6	5.6	57.6	28.5

| | 样本总数 | 从 业 状 况 | | | | | | |
		党、政、司法等机关	企、事业单位	个体工商户	务农	在读学生	未就业	其他
人数	3017	399	751	83	19	1395	61	309
有效百分比	100	13.2	24.9	2.8	0.6	46.2	2.0	10.2

民众卷中，男女比例大致为4∶6，本科及以上学历者占比86.1%，从业状况中以在读学生为多。民众卷的调查结果基于网络，这说明我们通过问卷星发布问卷时，虽然尽力扩散到社会中去，但实际上仍然非常局限，使得较多的学生参与到了问卷调查之中。然而这并不影响民众卷在以下两方面的功能，一是作为对照组，验证基于网络调查的行政诉讼卷和行政复议卷数据结果的真实性，及其与实地调查结果表现出一致趋向的可靠性；二是可以考察普通民众，尤其是在读学生当下的法律意识。

（2）小结

由上述数据分析可以得出，在性别影响因素中，男性当事人多于女性。其原因可能是男性更倾向于提起行政诉讼或行政复议，也可能是男性代表家庭出面解决纠纷的比例更大，但此推测是否成立，本次调查未有验证。在学历状况中，学历对行政纠纷当事人选择纠纷解决途径的影响不甚明确。整体而言，本科及以上学历者选择通过行政诉讼及行政复议解决行政争议的可能性更大，但是，实地调研中，本科及以上学历者以及本科以下学历者比例大致相同。基于网络调查受众的局限性，无法得出学历对当事人的确切影响。在从业状况中，行政纠纷当事人以其他从业人员为主，同时企、事业单位从业人员也占据了较多比例。①

除前述整体情况的数据总结，以下方面的数据需要特别提及。

一是关于务农人员。行政诉讼和行政复议当事人中，实地调查卷中"务农"人员(分别是11.5%和4.1%)明显多于网络调查卷(分别是0%和1.2%)，而民众卷中调查对象从业状况为"务农"的人员比例也非常之低(19人，占比0.6%)。总体来说，可能受到教育程度和网络运用能力的影响，本次调查，网络卷调查对象中无论是行政诉讼卷、行政复议卷还是民众卷，农民的比例非常低。

二是关于"其他"从业状况人员。在实地调查行政诉讼卷、实地调查行政复议卷、网络调查行政诉讼卷中，当事人从业状况为"其他"类别的比例分别为49.7%、34.7%、37.9%，已占到1/3甚至一半之比重，均为从业状况各类别中最大比例者。网络调查行政复议卷中，当事人从业状况为"其他"类别的比重虽不是最大比例者，亦占据23.5%，排位第二。不管是实地调查或网络调查，行政诉讼卷与行政复议卷针对的是提起过或者正在提起行政诉讼的当事人和向行政复议机关申请行政复议的当事人。反观从业状况选项的设置，"党、政、司法等机

---

① 将本次调查数据中性别与受教育程度与我国总人口统计数据进行对比，还是有一定差别的。"大陆31个省、自治区、直辖市和现役军人的人口中，男性人口为686852572人，占51.27%；女性人口为652872280人，占48.73%。""大陆31个省、自治区、直辖市和现役军人的人口中，具有大学(指大专以上)文化程度的人口为119636790人；具有高中(含中专)文化程度的人口为187985979人；具有初中文化程度的人口为519656445人；具有小学文化程度的人口为358764003人(以上各种受教育程度的人包括各类学校的毕业生、肄业生和在校生)"，"文盲人口(15岁及以上不识字的人)为54656573人"，按此数据，大学、高中、初中、小学文化程度和文盲人口占总人口(包括学龄前儿童)的比例分别为8.92%、14.03%、38.78%、26.78%和4.07%，数据来自国家统计局2010年第六次全国人口普查主要数据公报(第1号)，http：//www.stats.gov.cn/tjsj/tjgb/rkpcgb/qgrkpcgb/201104/t20110428_30327.html，2021年4月2日访问。

关、企、事业单位、个体工商户、务农、在读学生、未就业"这些选项几乎已涵盖大部分从业可能，然而受调查者选择"其他"选项的比例仍然最大，是否仍有某些从业状况未被包含，而正好是行政纠纷多发领域？例如已退休人员等，或是当事人不愿透露自己的从业状况，或者当事人不清楚自己应属哪一类而选择了"其他"，值得深思。农村进城务工人员过去俗称农民工，实际上属于企业单位，由于多方面原因，有可能这类人员内心还并没有认同自己与其他人一样属于企业员工的职业身份。推测来说，受调查者并没有必要刻意隐瞒从业状况。从业状况涉及社会变迁，或许未来可以对此做进一步的细致研究。

三是关于性别。当事人中男性比例明显高于女性。实地调查行政诉讼卷男女比例为 68.4∶31.6，实地调查行政复议卷男女比例为 66.7∶33.3。在网络调查之正在寻求行政纠纷解决的调查对象（包括行政诉讼与行政复议）中，这个比例在降低，但男性比例仍然明显高于女性，网络调查行政诉讼当事人男女比例为 62.1∶37.9，网络调查行政复议当事人男女比例为 61.7∶38.3。由此可以看出，在实际行政纠纷中，男性当事人要比女性当事人多出一倍左右。而民众卷调查对象则出现"反转"，女性比例高于男性，男女比例为 40.1∶59.9。从中国互联网络信息中心发布的统计数据来看，不存在女性更习惯上网的现象，[①] 那么，是占网络卷将近50%的调查对象的在读学生中女性比例高于男性？或有着某些其他原因？暂未可知。

四是关于调查对象的身份，主要是参与行政纠纷解决的调查对象的身份。问卷和访谈调查的对象只能是个人，这一点已如前述。但参与行政诉讼和复议的当事人身份可能是公民个人，也可能是法人或其他组织，对此我们问卷设计中就有一题了解这一情况，并希望可以借此进行相关分析。

五是关于调查对象的年龄。对于调查对象年龄的提问，我们采取了调查对象自填的方式，问卷中以"您的年龄：_____"表现。该题数据较为分散，而且实地调查中存在较多缺失。从年龄的整体结构来看，参与网络调查的对象年龄结构

---

① 2021 年 2 月，中国互联网络信息中心（CNNIC）发布的第 47 次《中国互联网络发展状况统计报告》显示，截至 2020 年 12 月，我国网民男女比例为 51.0∶49.0，男性网民占比略高于整体人口中男性比例（51.0%）。

要比实地调查对象年轻。有效数据中，30 岁以下的调查对象，实地调查行政诉讼和行政复议卷分别为 20.5%、10.9%，网络调查行政诉讼和行政复议卷分别为 30.5%、40.7%，最高的是民众卷，达 63.4%。而行政纠纷当事人中，31—50 岁年龄段的比例最高，分别是实地调查行政诉讼和行政复议卷的 49.0%、58.4%，网络调查行政诉讼和行政复议卷为 60.0%、47.0%。

2. 调查对象相关信息

如果说前述调查对象基本信息反映的是调查对象个人背景情况的话，那么这里所说的相关信息则反映作为行政纠纷当事人的情况。本部分的设计目的在于考察调查对象与行政纠纷相关的一些信息，如行政纠纷当事人对行政机关及办事程序（制度）以及对行政诉讼、行政复议制度的了解程度，调查对象与行政机关打交道的情况等。常理来说，与行政机关打交道较多，或者有过行政诉讼、行政复议经历的当事人，对相关制度会更加了解。

（1）调查结果

表6　　您跟行政机关打交道（如办事、办证等非私人间交往）的情况如何？

（实地调查行政诉讼卷）

选　　项		回答人次	百分比	有效百分比
有效回答	经常打交道	142	30.5	31.6
	偶尔打交道	220	47.2	49.0
	没打过交道	87	18.7	19.4
	总　　计	449	96.4	100.0
缺　　失		17	3.6	
总　　计		466	100.0	

在实地调查中，行政诉讼当事人大多都与行政机关有过打交道的经历，占比为 80.6%。其中，仅与行政机关有过偶尔交往的当事人占比最高，大致为调查对象人数的一半。

表7　　您跟行政机关打交道（如办事、办证等非私人间交往）的情况如何？

（实地调查行政复议卷）

	选　　项	回答人次	百分比	有效百分比
有效回答	经常打交道	59	46.5	46.5
	偶尔打交道	62	48.8	48.8
	没打过交道	6	4.7	4.7
	总　　计	127	100.0	100.0

　　实地调查中，绝大多数行政复议当事人有与行政机关打交道的经历，具体占比95.3%。与行政诉讼当事人的情况相比，行政复议当事人的数据差异主要体现在经常与行政机关打交道的人数，行政复议当事人的在这一选项的人数比例要比行政诉讼当事人多出14.9%。

　　相比实地调查而言，网络调查行政诉讼卷和行政复议卷中行政纠纷当事人与行政机关打交道的频率更高，选择上述各项的比例分别是68.4%、29.5%、2.1%和56.8%、39.5%、3.7%。值得注意的是，网络调查行政诉讼当事人"经常打交道"的情况多于行政复议当事人，显示这个背景情况的差异可能具有偶然性。

表8　　您跟行政机关打交道（如办事、办证等非私人间交往）的情况如何？

（网络调查行政诉讼卷）

	选　　项	回答人次	百分比	有效百分比
有效回答	经常打交道	65	68.4	68.4
	偶尔打交道	28	29.5	29.5
	没打过交道	2	2.1	2.1
	总　　计	95	100.0	100.0

表 9　您跟行政机关打交道(如办事、办证等非私人间交往)的情况如何?

(网络调查行政复议卷)

	选　项	回答人次	百分比	有效百分比
有效回答	经常打交道	46	56.8	56.8
	偶尔打交道	32	39.5	39.5
	没打过交道	3	3.7	3.7
	总　　计	81	100.0	100.0

表 10　您跟行政机关打交道(如办事、办证等非私人间交往)的情况如何?

(民众卷)

	选　项	回答人次	百分比	有效百分比
有效回答	经常打交道	543	18.0	18.0
	偶尔打交道	1783	59.1	59.1
	没打过交道	691	22.9	22.9
	总　　计	3017	100.0	100.0

与行政纠纷当事人相比,普通民众与行政机关打交道的经历更少,频率更低一些。数据显示,民众与行政机关有偶尔打交道的经历,占比 59.1%。

表 11　您作为原告,提起过几次行政诉讼? (实地调查行政诉讼卷)

	选　项	回答人次	百分比	有效百分比
有效回答	1 次	231	49.6	53.8
	2 次	70	15.0	16.3
	3 次及以上	128	27.5	29.8
	总　　计	429	92.1	100.0
缺　失		37	7.9	
总　　计		466	100.0	

表12　　您作为申请人，申请过几次行政复议？（实地调查行政复议卷）

	选　　项	回答人次	百分比	有效百分比
有效回答	1 次	25	19.7	34.2
	2 次	13	10.2	17.8
	3 次及以上	35	27.6	47.9
	总　　计	73	57.5	100.0
缺　　失		54	42.5	
总　　计		127	100.0	

数据显示，实地调查中有过行政诉讼和行政复议经历的当事人比例分别为46.1%（16.3%＋29.8%）和65.7%（17.8%＋47.9%）。行政诉讼卷中约一半比例（53.8%）作为原告只提起过 1 次行政诉讼（也即参与调查时第 1 次提起行政诉讼），16.3%和29.8%的提起过 2 次或 3 次及以上。在实地调查行政复议卷中，申请过行政复议比例最高的是 3 次及以上的（47.9%），而申请 1 次的占34.2%。

需要说明的是，上述题目的缺失值较高，原因可能在于问卷题量较多，而两题均在问卷的最后部分，填答人已有不耐烦情绪而未做选择。虽然实地调查都有调查人员协助，但也很难"监督"调查对象对每道题逐一作答。

网络调查行政诉讼卷和行政复议卷选择上述各项的比例分别是 57.9%、22.1%、20.0%和70.4%、11.1%、18.5%。需要注意的是，参与网络调查的行政复议当事人大多数是第一次提起行政复议，之前没有行政复议的相关经历。

表13　　您作为原告，提起过几次行政诉讼？（网络调查行政诉讼卷）

	选　　项	回答人次	百分比	有效百分比
有效回答	1 次	55	57.9	57.9
	2 次	21	22.1	22.1
	3 次及以上	19	20.0	20.0
	总　　计	95	100.0	100.0

表 14　　　您作为申请人，申请过几次行政复议？（网络调查行政复议卷）

选　　项		回答人次	百分比	有效百分比
有效回答	1 次	57	70.4	70.4
	2 次	9	11.1	11.1
	3 次及以上	15	18.5	18.5
	总　　计	81	100.0	100.0

（2）小结

首先，行政纠纷当事人比起一般民众具有更多与行政机关打交道的经历。这意味着行政纠纷当事人对行政机关及其办事程序更为熟悉。但我们很难得出与行政机关打交道较多的当事人更容易产生行政纠纷的结论。因为在实践中，很多当事人是在行政纠纷产生后，多次与行政机关交涉无果后，才提起行政诉讼或申请行政复议，因此，他们也有了更多的与行政机关打交道的经历。

其次，当事人中多次提起行政诉讼和申请行政复议的占比不小，显示有过行政诉讼或者行政复议经验的当事人会倾向于再次选择同种纠纷解决途径。这可能表明行政纠纷当事人对纠纷解决途径的了解程度会影响其选择解决纠纷的方式。同时也从侧面证实，行政诉讼及行政复议有助于纠纷的解决。当然，也不排除行政诉讼中有"诉讼专业户"的情况，尤其在申请政府信息公开的案件中。但是，网络调查中的行政复议当事人多为第一次提起行政复议，这一点与上述结论不甚符合。或许是受网络调查受众群体的影响，又或许是受复议维持后复议机关需要作为共同被告的制度设计影响，行政复议的实效性得到提高，越来越多的人开始尝试通过行政复议解决问题。

3. 所涉纠纷背景信息

这部分涉及的是当事人所参与的纠纷的背景信息，即当事人当下正在寻求解决的行政案件的情况。与调查对象背景信息一样，对行政案件基本信息的搜集不仅反映的是法院、复议机构所受理案件的主要情况，更是对行政纠纷当事人选择解决途径进行了解的基础。所涉纠纷背景情况可以真实地反映影响当事人选择纠纷解决途径的现实因素，有助于我们分析和总结其中的规律。

（1）调查结果

表 15　　　　　**您这一方目前是以何种身份参与行政纠纷解决过程的？**

（实地调查行政诉讼卷）

选　项		回答人次	百分比	有效百分比
有效回答	自然人	354	76.0	79.6
	法人	65	13.9	14.6
	其他组织	26	5.6	5.8
	总　　计	445	95.5	100.0
缺　　失		21	4.5	
总　　计		466	100.0	

表 16　　　　　**您这一方目前是以何种身份参与行政纠纷解决过程的？**

（实地调查行政复议卷）

选　项		回答人次	百分比	有效百分比
有效回答	自然人	115	90.6	90.6
	法人	9	7.1	7.1
	其他组织	3	2.4	2.4
	总　　计	127	100.0	100.0

网络调查行政诉讼卷中"自然人""法人""其他组织"的上述比例分别是63.2%（60人）、15.8%（15人）、21.1%（20人），行政复议卷的比例分别是63.0%（51人）、23.5%（19人）、13.6%（11人）。

表 17   您这一方是以何种身份参与行政纠纷解决过程的？

（网络调查行政诉讼卷）

选 项		回答人次	百分比	有效百分比
有效回答	自然人	60	63.2	63.2
	法人	15	15.8	15.8
	其他组织	20	21.1	21.1
	总 计	95	100.0	100.0

表 18   您这一方是以何种身份参与行政纠纷解决过程的？

（网络调查行政复议卷）

选 项		回答人次	百分比	有效百分比
有效回答	自然人	51	63.0	63.0
	法人	19	23.5	23.5
	其他组织	11	13.6	13.6
	总 计	81	100.0	100.0

在调查样本中，无论是实地调查还是网络调查中，以"自然人"的身份提起行政诉讼或申请复议的比例都是最高的，均超过了60%。在其他身份的当事人之中，"法人"的比例高于"其他组织"。

表 19 您的行政纠纷中，您这一方的人数情况？（实地调查行政诉讼卷）

选 项		回答人次	百分比	有效百分比
有效回答	就我单独一个案子	186	39.9	42.2
	还有和我同类型纠纷的人在法院打官司	153	32.8	34.7
	还有和我同类型纠纷的人在观望	53	11.4	12.0
	不知道	49	10.5	11.1
	总 计	441	94.6	100.0
缺 失		25	5.4	
总 计		466	100.0	

表20　　您的行政纠纷中，您这一方的人数情况？（实地调查行政复议卷）

	选　项	回答人次	百分比	有效百分比
有效回答	就我单独一个案子	60	47.2	48.0
	还有和我同类型纠纷的人在申请复议	50	39.4	40.0
	还有和我同类型纠纷的人在观望	10	7.9	8.0
	不知道	5	3.9	4.0
	总　计	125	98.4	100.0
缺　失		2	1.6	
总　计		127	100.0	

　　与行政纠纷当事人身份相关联的是原告或申请人一方的人数情况。设计本题的目的不仅在于了解行政纠纷原告或申请人一方人数的基本情况，同时也反映了行政纠纷的社会影响程度。

　　行政诉讼卷与行政复议卷的调查结果均显示出，同类型纠纷的其他当事人的选择会影响当事人对纠纷解决途径的选择。虽然行政纠纷当事人处于单独提起行政诉讼或行政复议的状态的人数最多（大致为总人数的一半），但是"还有和我同类型纠纷的人"选择同种救济方式的人数比例也不容忽视，在行政诉讼卷和行政复议卷中的占比分别为34.7%和40%。

表21　　您的行政纠纷中，您这一方的人数情况？（网络调查行政诉讼卷）

	选　项	回答人次	百分比	有效百分比
有效回答	就我单独一个案子	52	54.7	54.7
	还有和我同类型纠纷的人在法院打官司	25	26.3	26.3
	还有和我同类型纠纷的人在观望	12	12.6	12.6
	不知道	6	6.3	6.3
	总　计	95	100.0	100.0

表22　　您的行政纠纷中，您这一方的人数情况？（网络调查行政复议卷）

	选　项	回答人次	百分比	有效百分比
有效回答	就我单独一个案子	34	42.0	42.0
	还有和我同类型纠纷的人在申请复议	18	22.2	22.2
	还有和我同类型纠纷的人在观望	16	19.8	19.8
	不知道	13	16.0	16.0
	总　计	81	100.0	100.0

　　网络调查的结果与之类似。网络调查行政诉讼卷在"您这一方人数情况"中选择"就我单独一个案子""还有和我同类型纠纷的人在法院打官司""还有和我同类型纠纷的人在观望"和"不知道"的比例分别是54.7%、26.3%、12.6%、6.3%，网络调查行政复议卷为42.0%、22.2%、19.8%、16.0%。可以发现，参与网络调查的当事人之中，在观望的同类型纠纷其他当事人的比重较高。

　　与原告或申请人人数相对应的是行政机关的情况。作为反映行政纠纷双方的背景的因素之一，涉及原告是与行政机关"单打独斗"还是面对多个被告的现实压力。

表23　　您的行政纠纷中，作为对方当事人的行政机关有几个？
（实地调查行政诉讼卷）

	选　项	回答人次	百分比	有效百分比
有效回答	1个	197	42.3	43.8
	2个	172	36.9	38.2
	3个及以上	41	8.8	9.1
	不清楚	40	8.6	8.9
	总　计	450	96.6	100.0
缺　失		16	3.4	
总　计		466	100.0	

表24　　　　您的行政纠纷中，作为对方当事人的行政机关有几个？

（实地调查行政复议卷）

	选　项	回答人次	百分比	有效百分比
有效回答	1个	42	33.1	33.9
	2个	61	48.0	49.2
	3个及以上	10	7.9	8.1
	不清楚	11	8.7	8.9
	总　　计	124	97.6	100.0
缺　失		3	2.4	
总　计		127	100.0	

实地调查结果显示，作为对方当事人的行政机关主要为"1个"和"2个"，二者比例相差不大。在行政诉讼卷中，仅有一个行政机关作为被告的案件数量最多，占比43.8%；在行政复议卷中，有两个行政机关作为被申请机关的案件数量更多，占比49.2%。

表25　　　　您的行政纠纷中，作为对方当事人的行政机关有几个？

（网络调查行政诉讼卷）

	选　项	回答人次	百分比	有效百分比
有效回答	1个	51	53.7	53.7
	2个	34	35.8	35.8
	3个及以上	3	3.2	3.2
	不清楚	7	7.4	7.4
	总　　计	95	100.0	100.0

表26　　　　您的行政纠纷中，作为对方当事人的行政机关有几个？

（网络调查行政复议卷）

	选　项	回答人次	百分比	有效百分比
有效回答	1个	48	59.3	59.3
	2个	15	18.5	18.5
	3个及以上	5	6.2	6.2
	不清楚	13	16.0	16.0
	总　　计	81	100.0	100.0

网络调查结果中，行政诉讼卷的结果与实地调查相差不大。在"作为对方当事人行政机关有几个"的选项中，网络调查行政诉讼卷选择"1个""2个""3个及以上"和"不清楚"中的比例为53.7%、35.8%、3.2%、7.4%。

但是，行政复议网络调查卷的结果与实地调查有所出入，存在两个被申请行政机关的数量显著下降。行政复议网络调查卷中四个选项的比例分别为59.3%、18.5%、6.2%、16.0%。可见，"作为对方当事人的行政机关有2个"的选项比例仅有18.5%。与此同时，不清楚对方当事人中有几个行政机关的比例有所上升，为16%。

实地调查行政诉讼卷和行政复议卷均有8.9%的调查对象表示"不清楚"对方当事人的数量，网络调查行政诉讼卷和行政复议卷中表示"不清楚"的比例分别为7.4%和16.9%。为什么会出现比例并不算很低的提起了行政诉讼和申请了行政复议却不清楚对方当事人究竟是一个还是几个行政机关的情况？这有点让人费解。分析起来，有可能是因为这部分当事人觉得行政机关都是一家的，而没有去关注究竟是一个机关还是几个机关，也可能是在填答问卷时不想去深究选项而归到了"不清楚"这一项。

以上数据说明几个问题：第一，在行政诉讼和行政复议中，都有超过40%的受访者表示还有"和我同类型纠纷的人"在诉讼（复议）或观望，意味着这些案件都并非是孤立案件，引起纠纷的该行政行为涉及当事人人数众多；第二，根据实地调查卷，有38.2%和49.3%的当事人在纠纷解决过程中，面对着两个行政机关，当事人在纠纷解决时力量悬殊较大；第三，在实地调查卷中，有近10%的当事人表示不清楚需要应对几个行政机关，表明这部分群体尚需法律知识和能力上的帮助。

是否聘请律师参加纠纷解决的过程，也属于所涉纠纷的背景信息。为了问卷简洁及压缩问题数量，我们在设计该题时，除了询问是否聘请律师这一情况外，还顺带了解了聘请或没有聘请律师的原因。但在以是否聘请律师作为纠纷背景情况与下文各题进行交叉分析时，我们会合并选项，即以"请了律师"和"没有请律师"两类合并后的数据来进行分析。

表27　在行政纠纷解决过程中，请问您有没有请律师(含法律服务工作者)
从法律知识方面帮助您？(实地调查行政诉讼卷)

	选　　项	回答人次	百分比	有效百分比
有效回答	请了律师，律师帮助很大	234	50.2	52.9
	请了律师，没用	32	6.9	7.2
	没有请律师，因为不想花钱请律师	52	11.2	11.8
	没有请律师，请律师的费用还是有的，但是觉得请律师没用	13	2.8	2.9
	没有请律师，我属于经济困难人员，想申请法律援助，不知道如何申请	19	4.1	4.3
	没有请律师，我属于经济困难人员，想申请法律援助，没有申请到	12	2.6	2.7
	没有请律师，但是请了亲朋好友帮助	19	4.1	4.3
	没有请律师，其他原因	61	13.1	13.8
	总　　计	442	94.8	100.0
缺　　失		24	5.2	
总　　计		466	100.0	

表28　在行政纠纷解决过程中，请问您有没有请律师(含法律服务工作者)
从法律知识方面帮助您？(实地调查行政复议卷)

	选　　项	回答人次	百分比	有效百分比
有效回答	请了律师，律师帮助很大	61	48.0	48.4
	请了律师，没用	10	7.9	7.9
	没有请律师，因为不想花钱请律师	16	12.6	12.7
	没有请律师，请律师的费用还是有的，但是觉得请律师没用	4	3.1	3.2
	没有请律师，我属于经济困难人员，想申请法律援助，不知道如何申请	9	7.1	7.1
	没有请律师，我属于经济困难人员，想申请法律援助，没有申请到	2	1.6	1.6
	没有请律师，但是请了亲朋好友帮助	7	5.5	5.6
	没有请律师，其他原因	17	13.4	13.5
	总　　计	126	99.2	100.0
缺　　失		1	0.8	
总　　计		127	100.0	

表29　　在行政纠纷解决过程中，请问您有没有请律师(含法律服务工作者)
从法律知识方面帮助您?（网络调查行政诉讼卷）

	选　项	回答人次	百分比	有效百分比
有效回答	请了律师，律师帮助很大	51	53.7	53.7
	请了律师，没用	9	9.5	9.5
	没有请律师，因为不想花钱请律师	5	5.3	5.3
	没有请律师，请律师的费用还是有的，但是觉得请律师没用	3	3.2	3.2
	没有请律师，我属于经济困难人员，想申请法律援助，不知道如何申请	4	4.2	4.2
	没有请律师，我属于经济困难人员，想申请法律援助，没有申请到	1	1.1	1.1
	没有请律师，但是请了亲朋好友帮助	3	3.2	3.2
	没有请律师，其他原因	19	20.0	20.0
	总　　计	95	100.0	100.0

表30　　在行政纠纷解决过程中，请问您有没有请律师(含法律服务工作者)
从法律知识方面帮助您?（网络调查行政复议卷）

	选　项	回答人次	百分比	有效百分比
有效回答	请了律师，律师帮助很大	32	39.5	39.5
	请了律师，没用	14	17.3	17.3
	没有请律师，因为不想花钱请律师	8	9.9	9.9
	没有请律师，请律师的费用还是有的，但是觉得请律师没用	3	3.7	3.7
	没有请律师，我属于经济困难人员，想申请法律援助，不知道如何申请	1	1.2	1.2
	没有请律师，我属于经济困难人员，想申请法律援助，没有申请到	0	0.0	0.0
	没有请律师，但是请了亲朋好友帮助	6	7.4	7.4
	没有请律师，其他原因	17	21.0	21.0
	总　　计	81	100.0	100.0

首先，大多数当事人在纠纷解决过程中会选择聘请律师。网络调查以及实地调查的结果均显示，一半左右的当事人会选择聘请律师参与纠纷解决，且认为"律师帮助很大"。其中，行政诉讼当事人选择聘请律师的比例更高，实地调查以及网络调查的结果分别为60.1%以及63.2%，不过其中也有一定比例的当事人虽然请了律师，但认为"没用"（占全部调查对象的比例为实地调查的7.2%和网络调查的9.5%）。与之对应，没有请律师且认为请律师没用的当事人占比很小，具体表现为实地调查行政诉讼卷2.9%、行政复议卷3.2%，网络调查行政诉讼卷3.2%、行政复议卷3.7%。可见，经过多年发展，律师已成为我国提供法律服务的主要群体，也是民众获取法律服务资源的主要来源。

其次，律师费用是当事人选择不聘请律师的主要原因。在明确回答了未聘请律师的原因的当事人之中，碍于花费问题的当事人占比最高。① 但是，在不聘请律师的当事人之中，选择其他原因的比例稍高于选择花费原因。至于其具体原因，结合实地调查中了解到的情况，大致有当事人认为自己就可以应对诉讼或复议中的问题，以及不认同在解决纠纷之前所咨询的律师意见等原因。

最后，经济困难人员在寻求法律援助的过程中存在的问题不容忽视。数据显示，"不知道如何申请"和"没有申请到"法律援助的比例总和分别是实地调查行政诉讼卷7.0%（4.3%+2.7%）、行政复议卷8.7%（7.1%+1.6%），网络调查行政诉讼卷5.3%（4.2%+1.1%）、行政复议卷8.6%（1.2%+7.4%）。虽然经济困难人员在各类问卷中显示出的比例并不高，但考虑到法律援助对其纠纷解决的重要程度，并不能忽视与之相关的问题。特别是，"不知道如何申请"法律援助的比例在两者中居于多数，因此关于法律援助的宣传显得颇为重要。

（2）小结

行政纠纷案件的背景信息显示，行政纠纷当事人大多为自然人，在纠纷产生后，同类型纠纷的当事人的选择可能会互相影响。作为被告或被申请人的行政机关数量大多为一个或两个。

---

① "因为不想花钱"在各卷中是没请律师的主要原因，比例分别是实地调查行政诉讼卷11.8%、行政复议卷12.7%；网络调查行政诉讼卷为5.3%、行政复议卷为9.9%。

在纠纷解决过程中，大部分当事人会选择聘请律师，其他当事人选择不聘请律师的主要原因在于律师费用过高。同时，经济困难人员不知道如何申请法律援助也成为其没有律师帮助的部分原因，占比虽少但不容忽视。在应然层面，行政诉讼原被告双方地位平等。但事实上，作为公权力代表的行政机关与作为公民的相对人难以达到真正的平等，其衡量因素包括对法律的了解、对庭审规则的掌握、经济实力以及社会地位等。大部分当事人请了或者想请律师，这也从侧面反映了行政诉讼相对人确实存在诉讼能力不足、难以与行政机关相抗衡的问题，至少反映当事人有这种心理。因此，作为法律专业人士的律师，其存在能够改变双方当事人之间的力量对比，使之更有信心通过法治化途径与行政机关进行对抗。

尚存疑问的两点是，第一，为何行政复议中有两个行政机关作为被申请人的比例较高？一般情形下，行政机关作为被申请人仅有一个，除非当事人不服的具体行政行为是由两个行政机关以共同名义作出的。网络调查的结果与实地调查在这一方面存在差异，但具体缘由还不得而知。第二，关于"没有请律师，其他原因"这部分人群，在实地调查行政诉讼卷和复议卷中，均占比13%左右，其背后的原因是什么，还有待进一步探究。

4. 潜在当事人选择解决途径情况

（1）调查结果

当今行政权渗透社会生活的各个层面，行政处罚亦是一种较为普遍的行政管理手段①。不服行政机关的处罚应该是一种最为典型的行政纠纷。向普通民众询

---

① 关于行政机关作出行政处罚的数量情况，很难找到全国的统计数据。从一些部门或地方公布的零星统计中可见一斑。"生态环境部通报2018年1—11月环境行政处罚案件与《环境保护法》配套办法执行情况"，"2018年1—11月，全国环境行政处罚案件共下达处罚决定书166210份，罚没款金额为135.97亿元"，中央人民政府网站，http://www.gov.cn/xinwen/2018-12/25/content_5352002.htm；2017年中国证监会系统共作出行政处罚决定224件，罚没款金额74.79亿元，http://www.xinhuanet.com/fortune/2017-12/28/c_1122176797.htm；2018年1月1日至12月31日，全国银保监系统共计公布了3311份行政处罚文书，罚款金额共计208176.72万元，《中国银监行政处罚大数据》2018年度研究报告，https://www.weiyangx.com/317452.html；宁夏回族自治区交通运输综合执法监督局公布的2020年度行政执法数据统计表显示，该局2020年行政处罚154起，罚款金额326890元，https://www.nxnews.net/zt/2020/nxjt/20200628zcjd/202103/t20210331_7088732.html；金华市金义新区（金东区）综合行政执法局2019年度行政处罚实施情况统计表显示，行政处罚总计1212宗，罚没金额2199421元，http://www.jindong.gov.cn/art/2020/1/17/art_1229403528_3644113.html。2021年4月2日访问。

问如果不服行政机关的处罚，首先会采取何种行动，实际上是向行政纠纷的潜在当事人了解其面对纠纷时可能的行动策略。分析各种不同的解决途径在社会公众心目中的有效性以及作出选择的可能性，可以检测我国行政法治发展的状况，并探讨制度供给的相关问题。

表31　　如果您不服行政机关的处罚，请问您首先会怎么办？（民众卷）

选项		回答人次	百分比	有效百分比
有效回答	忍了算了	422	14.0	14.0
	与该行政机关沟通	1463	48.5	48.5
	找关系"私了"	138	4.6	4.6
	申请行政复议	626	20.7	20.7
	到法院打官司	114	3.8	3.8
	去信访	79	2.6	2.6
	找媒体曝光	83	2.8	2.8
	其他	92	3.0	3.0
总计		3017	100.0	100.0

首先，若发生行政纠纷，与行政机关沟通是一般民众的主要选择。这一选择也符合调查前的假设，与行政机关沟通直接、高效，这是民众作出这一选择的主要理由。选择"找关系'私了'"的当事人并不多，仅占4.6%。这意味着民众倾向于通过正常途径与行政机关交流。网络调查民众卷问卷序号2267的文字反馈中即提到"实际上产生纠纷后往往会先沟通，沟通不能进行可能会进行投诉，进行行政诉讼往往是最后的选择，因为不论对个人还是企业而言，诉讼往往意味着大量的时间和精力，个人难以承受，企业可以承受但更多地会考虑到经济收益等一些问题"。

其次，调查结果一反当下实践中"大信访、中诉讼、小复议"的格局。比较而言，受访的民众展现出某种程度上对行政复议的青睐，行政诉讼次之，最后才是信访。这反映出我国行政复议制度的社会影响力提升，其作为行政纠纷主要解决途径的地位正日益彰显。

最后，民众开始重视媒体舆论在行政纠纷解决中的作用。在实践中，信访案件量远超行政复议和行政诉讼的数量，但调查结果显示，选择"去找媒体曝光"的比例为2.8%，已超过了选择"去信访"2.6%的比例。虽然调查对象的主观选择与客观做法可能会存在一定的偏差，但从以上数据也可见，媒体舆论已经作为一种行政纠纷解决方式走入民众视野。更需注意的是，当事人选择找媒体曝光，是否包含利用舆论"绑架"行政机关，以迫使行政机关满足自己可能不合理的要求的动机？此点在文字反馈中有所体现，如网络调查民众卷问卷序号1039"现在行政纠纷的结果，媒体舆论影响很大。无论是法院、政府、行政机关都不能抵抗舆论的影响"。网络调查民众卷问卷序号1310"中国法律……还没有媒体力量大。一级压一级"。其内在逻辑与目前数量颇多的非法信访（静坐、示威）基本类似，可能会导致妨碍社会秩序等负面影响，同时也是对制度化的纠纷解决机制稳定性的冲击或者说破坏。

需要说明的是，这是一道与"2011年调查"相同的问题。"2011年调查"中我们得出的结论是民众倾向于首先通过行政机关以及非制度化的方式维护权益，其中"与该行政机关沟通"的比例是最高的，分别是实地卷的20.1%和网络卷的23.95%。[1] 本次调查不仅再次印证了这一结论，还显示出更高的比例。"与该行政机关沟通"的比例升高也就意味着其他选项的相应降低。当不服行政机关的处罚时，当事人选择"与该行政机关沟通"，沟通事项为何，想要达到何种目的值得追问，沟通后的效果如何亦有待考察。当事人有可能会向行政机关寻求解释，或再次向行政机关陈述事实理由，要求行政机关改变行政行为，例如从轻、减轻甚至撤销行政处罚。虽然作为当事人来说，与行政机关沟通是很正常的想法，沟通不成才会选择制度化的纠纷解决方式，但两次调查的这种变化究竟说明了民众选择更为理性，还是行政纠纷解决机制效果不佳或两次调查存在取样方式上的差别，目前无法给出进一步的结论。

---

[1]　参见林莉红主编：《行政法治的理想与现实——〈行政诉讼法〉实施状况实证研究报告》，北京大学出版社2014年版，第72~75页。"2011年调查"民众卷中关于此题的数据分别是：实地卷"忍了算了"16.4%、"与该行政机关沟通"20.1%、"找关系'私了'"13.0%、"申请行政复议"19.3%、"到法院打官司"11.2%、"去信访"5.6%、"找媒体曝光"12.9%、"其他"1.5%。网络卷"忍了算了"14.02%、"与该行政机关沟通"23.95%、"找关系'私了'"14.79%、"申请行政复议"20.09%、"到法院打官司"7.51%、"去信访"3.42%、"找媒体曝光"13.91%、"其他"2.31%。

更早之前的一项利用一个于 2005 年在中国 28 个省份进行的综合社会调查数据（CGSS2005），对中国行政纠纷的分布以及中国公民如何有针对性地进行纠纷解决的制度选择进行的定量经验研究成果，描述此种情况为"虚拟纠纷"（以下简称 2005 年调查）①。2005 年调查的结果是，选择"忍了""找该机关领导解决""找上级领导解决""集体上访""行政复议或者诉讼""找媒体投诉""其他"的比例分别是 11.8%、14.4%、25.1%、2.3%、41.3%、4.2%、1.03%。其中选择"行政复议或者诉讼"的比例为 41.3%，本次调查两者之和仅为 24.5%（20.7% + 3.8%）；2005 年调查结果中，"找该机关领导解决"和"找上级领导解决"分别为 14.4% 和 25.1%，本次调查中"与该行政机关沟通"一项则高于这两者之和。两次调查选项有所不同，不能直接对比，但还是可以看出普通公众对于纠纷解决途径的选择表现出一定的变化。行政纠纷的潜在当事人选择制度化的行政复议和行政诉讼的比例在降低，而更多的是选择非制度化的与行政机关沟通的方式。

关于调查对象背景对选择纠纷解决途径的影响，2005 年调查得出结论，"大体说来，单位性质、党员资格、年度收入、教育程度、居住地和居住区域等指标都同人们如何选择纠纷解决途径在不同程度上相关联。而且，其中有较为明显的规律：弱势社会群体和强势社会群体在是否以及如何行动上，存在明显不同的偏好"。在虚拟纠纷中，就是否容忍行政纠纷而言，弱势社会群体（务农者、非党员、收入较低者、受教育较少者、农村和中西部居民）比相对应的强势社会群体（在公营或者私营和外资部门工作者、党员、收入较高者、受教育较多者、城镇和东部居民）更倾向把容忍视为解决虚拟纠纷的首选途径。就（准）司法渠道而言，尽管很难发现弱势群体同强势群体在现实中如何利用法律的一般性规律，但是当面对虚拟纠纷时，弱势社会群体（务农者和个体户、非党员、收入较低者、受教育较少者、农村和中西部居民）比相对应的强势群体（在公营或者私营部门工作者、党员、收入较高者、受教育较多者、城镇和东部居民）非常明显地更少把（准）司法途径视为解决问题的首选途径。②

---

① 程金华：《中国行政纠纷解决的制度选择——以公民需求为视角》，载《中国社会科学》2009 年第 6 期。

② 来源同上注。该项调查是将纠纷解决机制分为国家纠纷解决机制与民间纠纷解决机制，而国家纠纷解决机制分为党政渠道与（准）司法渠道，党政渠道包括找该机关领导解决、找上级领导解决和集体上访，（准）司法渠道包括行政诉讼和行政复议。民间纠纷解决机制是指找媒体投诉和其他。

本次调查在调查对象的背景方面，没有涉及党员、地区等因素，也没有对调查对象作弱势社会群体与强势社会群体这样的大致划分。涉及的调查数据如表32。总体来看，性别、与行政机关打交道等因素对于途径的选择并无明显或规律性的影响。而确实存在学历和职业背景对行政处罚容忍态度的差异。学历越低选择"忍了算了"的比例越高。职业中，党政机关、企事业单位、个体工商户、务农人员和在读学生各个群体中，虽然很难划分强势与弱势，但很明显，职业为"务农"的群体，对行政处罚的容忍度最高，达36.8%，而在党、政、司法等机关工作的调查对象选择"忍了算了"的比例最低，为9.8%。

在对待行政复议和行政诉讼的态度方面，学历和职业的影响也有一定的规律性，但并不明显。大致来说，"初中及以下""高中、中专""大专"三个层次差别不大，"大学""研究生及以上"两个层次差别不大，但如果将"初中及以下""高中、中专""大专"三个层次，与"大学""研究生及以上"两个层次相比较，则可看出差别，后者选择行政复议和行政诉讼的比例相对较高。职业中，与对行政纠纷的容忍度相关，"务农"人员选择行政复议和行政诉讼的比例最低。党政机关、企事业单位甚至个体工商户等群体差别并不明显。

本次调查中，无论何种背景的调查对象，选择"与该行政机关沟通"的比例都非常之高，大部分都在40%以上，只有少数情况，主要是"务农""个体工商户""未就业"等职业选项以及"初中及以下"文化程度群体，大概由于选择"忍了算了"的比例较高而此项略低，但一般也接近40%，其中"务农"群体最低，为26.3%。

表32　　　　背景因素与不服行政处罚怎么办的交叉分析表（民众卷）

			如果您不服行政机关的处罚，请问您首先会怎么办？								总数
			忍了算了	与该行政机关沟通	找关系"私了"	申请行政复议	到法院打官司	去信访	找媒体曝光	其他	
您的性别	男	数量	172	553	76	252	54	33	41	30	1211
		百分比	14.2	45.7	6.3	20.8	4.5	2.7	3.4	2.5	100.0
	女	数量	250	910	62	374	60	46	42	62	1806
		百分比	13.8	50.4	3.4	20.7	3.3	2.5	2.3	3.4	100.0

| | | | 如果您不服行政机关的处罚，请问您首先会怎么办？ | | | | | | | | 总数 |
			忍了算了	与该行政机关沟通	找关系"私了"	申请行政复议	到法院打官司	去信访	找媒体曝光	其他	
您的学历	初中及以下	数量	15	20	2	4	3	4	0	3	51
		百分比	29.4	39.2	3.9	7.8	5.9	7.8	0.0	5.9	100.0
	高中、中专	数量	39	86	8	17	10	15	7	18	200
		百分比	19.5	43.0	4.0	8.5	5.0	7.5	3.5	9.0	100.0
	大专	数量	40	69	8	26	3	9	9	5	169
		百分比	23.7	40.8	4.7	15.4	1.8	5.3	5.3	3.0	100.0
	本科	数量	211	855	75	387	74	38	48	49	1737
		百分比	12.1	49.2	4.3	22.3	4.3	2.2	2.8	2.8	100.0
	研究生及以上	数量	117	433	45	192	24	13	19	17	860
		百分比	13.6	50.3	5.2	22.3	2.8	1.5	2.2	2.0	100.0
您现在的从业状况	党、政、司等机关	数量	39	196	27	90	24	6	3	14	399
		百分比	9.8	49.1	6.8	22.6	6.0	1.5	0.8	3.5	100.0
	企、事业单位	数量	124	343	47	138	20	32	27	20	751
		百分比	16.5	45.7	6.3	18.4	2.7	4.3	3.6	2.7	100.0
	个体工商户	数量	19	30	7	16	1	2	6	2	83
		百分比	22.9	36.1	8.4	19.3	1.2	2.4	7.2	2.4	100.0
	务农	数量	7	5	1	1	1	2	0	2	19
		百分比	36.8	26.3	5.3	5.3	5.3	10.5	0.0	10.5	100.0
	在读学生	数量	166	740	46	308	48	24	33	30	1395
		百分比	11.9	53.0	3.3	22.1	3.4	1.7	2.4	2.2	100.0
	未就业	数量	15	20	2	16	1	3	1	3	61
		百分比	24.6	32.8	3.3	26.2	1.6	4.9	1.6	4.9	100.0
	其他	数量	52	129	8	57	19	10	13	21	309
		百分比	16.8	41.7	2.6	18.4	6.1	3.2	4.2	6.8	100.0

			如果您不服行政机关的处罚，请问您首先会怎么办？								总数
			忍了算了	与该行政机关沟通	找关系"私了"	申请行政复议	到法院打官司	去信访	找媒体曝光	其他	
您跟行政机关打交道（如办事、办证等非私人间交往）的情况	经常打交道	数量	58	257	39	118	36	11	10	14	543
		百分比	10.7	47.3	7.2	21.7	6.6	2.0	1.8	2.6	100.0
	偶尔打交道	数量	270	898	80	341	42	56	45	51	1783
		百分比	15.1	50.4	4.5	19.1	2.4	3.1	2.5	2.9	100.0
	没打过交道	数量	94	308	19	167	36	12	28	27	691
		百分比	13.6	44.6	2.7	24.2	5.2	1.7	4.1	3.9	100.0
总数		数量	422	1463	138	626	114	79	83	92	3017
		百分比	14.0	48.5	4.6	20.7	3.8	2.6	2.8	3.0	100.0

5. 当事人选择解决途径情况

（1）调查结果

表33 在提起行政诉讼之前，您有没有主动跟对方交涉过（含沟通、协调、反映、申辩等方式寻求解决）？（实地调查行政诉讼卷）

选 项		回答人次	百分比	有效百分比
有效回答	有	367	78.8	80.8
	没有	57	12.2	12.6
	不想说	30	6.4	6.6
	总 计	454	97.4	100.0
缺 失		12	2.6	
总 计		466	100.0	

表34　在申请行政复议之前，您有没有主动跟对方交涉过（含沟通、协调、反映、
申辩等方式寻求解决）？（实地调查行政复议卷）

	选　项	回答人次	百分比	有效百分比
有效回答	有	113	89.0	89.7
	没有	10	7.9	7.9
	不想说	3	2.4	2.4
	总　　计	126	99.2	100.0
缺　失		1	0.8	
总　　计		127	100.0	

表35　在提起行政诉讼之前，您有没有主动跟对方交涉过（含沟通、协调、
反映、申辩等方式寻求解决）？（网络调查行政诉讼卷）

	选　项	回答人次	百分比	有效百分比
有效回答	有	87	91.6	91.6
	没有	7	7.4	7.4
	不想说	1	1.1	1.1
	总　　计	95	100.0	100.0

表36　在申请行政复议之前，您有没有主动跟对方交涉过（含沟通、协调、
反映、申辩等方式寻求解决）？（网络调查行政复议卷）

	选　项	回答人次	百分比	有效百分比
有效回答	有	64	79.0	79.0
	没有	16	19.8	19.8
	不想说	1	1.2	1.2
	总　　计	81	100.0	100.0

　　绝大部分当事人在提出行政诉讼或行政复议之前，主动采取沟通、协调、反
映、申辩等方式与行政机关交涉，试图实现纠纷的解决。网络调查同样如此，接受
网络调查的行政诉讼当事人选择"有"的比例为91.6%（87人），行政复议当事人的

比例为79.0%（64人）。可见，与普通民众遇见行政纠纷时的选择一样，大致80%及以上的行政纠纷当事人也都会在行政复议或行政诉讼之前与行政机关沟通。

表37　与行政机关打交道情况与当事人主动跟行政机关交涉的交叉分析表①

			在提起行政诉讼之前，您有没有主动跟对方交涉过（含沟通、协调、反映、申辩等方式寻求解决）？			总数
			有	没有	不想说	
您跟行政机关打交道（如办事、办证等非私人间交往）的情况如何？（实地调查行政诉讼卷）	经常打交道	数量	127	11	3	141
		百分比	90.1%	7.8%	2.1%	100.0%
	偶尔打交道	数量	177	27	15	219
		百分比	80.8%	12.3%	6.8%	100.0%
	没打过交道	数量	57	18	11	86
		百分比	66.3%	20.9%	12.8%	100.0%
总　　数		数量	361	56	29	446
		百分比	80.9%	12.6%	6.5%	100.0%
您跟行政机关打交道（如办事、办证等非私人间交往）的情况如何？（实地调查行政复议卷）	经常打交道	数量	57	1	1	59
		百分比	96.6%	1.7%	1.7%	100.0%
	偶尔打交道	数量	52	8	1	61
		百分比	85.2%	13.1%	1.6%	100.0%
	没打过交道	数量	4	1	1	6
		百分比	66.7%	16.7%	16.7%	100.0%
总　　数		数量	113	10	3	126
		百分比	89.7%	7.9%	2.4%	100.0%

实地调查行政诉讼当事人卷中男性选择上述各项的比例为82.0%、11.5%、6.6%；女性的比例则分别是77.5%、15.5%、7.0%。实地调查行

①　制表说明，制作双变量统计表时，显示的是实际数据，即忽略缺失情况，故交叉统计的总数比单项统计要小。以下情况同。

政复议当事人卷中男性选择上述各项的比例为 90.4%、7.2%、2.4%；女性的比例为 88.1%、9.5%、2.4%。

实地调查行政诉讼当事人卷中学历为"初中及以下"选择上述各项的比例是 75.6%、14.4%、10.0%；"高中、中专"的比例为 77.5%、16.7%、5.9%；"大专"为 86.0%、8.0%、6.0%；"本科"为 85.4%、10.2%、4.5%；"研究生及以上"比例分别是 76.7%、16.3%、7.0%。行政复议当事人卷"初中及以下"选择上述各项的比例是 81.3%、12.5%、6.3%；"高中、中专"的比例为 96.2%、3.8%、0.0%；"大专"为 75.0%、25.0%、0.0%；"本科"为 94.4%、1.9%、3.7%；"研究生及以上"比例分别是 87.5%、12.5%、0.0%。

实地调查行政诉讼当事人卷中职业为"党、政、司法等机关"选择上述各项的比例为 66.7%、16.7%、16.7%；"企、事业单位"的比例是 93.1%、6.9%、0.0%；"个体工商户"为 75.6%、14.6%、9.8%；"务农"为 70.0%、18.0%、12.0%；"未就业"为 76.0%、26.0%、4.0%；"其他"是 81.3%、12.3%、6.4%；"在读学生"未有数据。行政复议当事人卷中职业为"党、政、司法等机关"选择上述各项的比例为 75.0%、16.7%、8.3%；"企、事业单位"的比例是 97.3%、2.7%、0.0%；"个体工商户"为 90.9%、9.1%、0.0%；"务农"为 100.0%、0.0%、0.0%；"未就业"为 78.6%、14.3%、7.1%；"其他"是 90.2%、7.3%、2.4%；"在读学生"未有数据。

实地调查行政诉讼当事人卷作为原告提起过"1 次"行政诉讼的选择上述各项的比例为 78.2%、16.2%、5.7%；"2 次"的为 80.0%、8.6%、11.4%；"3 次及以上"的比例是 84.3%、8.7%、7.1%。行政复议当事人卷作为申请人申请过"1 次"行政复议的选择上述各项的比例为 95.8%、0.0%、4.2%；"2 次"的为 84.6%、15.4%、0.0%；"3 次及以上"的比例是 94.3%、5.7%、0.0%。

与行政机关打交道的频率影响当事人选择纠纷解决途径。分析显示，与行政机关打交道的情况对当事人主动跟行政机关交涉的影响呈规律性的变化，表现为打交道越频繁的选择"有"跟行政机关主动交涉的比例越高。除此之外，我们还对当事人的其他信息进行了相关的双变量分析，发现性别、学历、职业等基本信息对其是否主动跟行政机关交涉没有明显影响。同时，提起行政诉讼或申请行政复议的次数对当事人是否主动跟行政机关交涉亦没有明显的影响。

从当事人主观态度来看，其对于行政纠纷的解决总体上较为理性，愿意将案件尽早解决而避免进入司法或准司法程序。在选择纠纷解决途径时，"主动跟对方交涉"是最为方便和快速的方式，当这一方式不能解决问题时可再寻求其他途径。此点在开放题的回答中，就有受访者的直观描述。实地调查行政诉讼卷DH002中写道："在起诉之前，能够寻求与行政机关及其上级主管部门沟通的，先尽力沟通，尽量和解。调解博弈解决自身问题，确实无法沟通的，再提起行政诉。在行政诉讼中，如涉及第三人与原告存在民事利益纠纷情况的，调解结案，或者引入民事纠纷解决机制创造机构建立和谐社会不失为一（个）好办法。"实地调查行政复议卷WS010写道："维权之路很艰难，能够协商解决问题最好。"网络调查民众卷问卷序号522"大多数时候还是会选择通过和解方式解决问题，解决不了再找所属机关，就算行政诉讼解决，一般还是行政机关胜算较大。"

我国尚无《行政程序法》，湖南、山东、江苏等省份相继出台《行政程序规定》，规定了行政合同、行政调解，但没有行政相对人与行政机关达成和解之规定。我国台湾地区"行政程序法"第136条规定了"和解契约"：行政机关对于行政处分所依据之事实或法律关系，经依职权调查仍不能确定者，为有效达成行政目的，并解决争执，得与人民和解，缔结行政契约，以代替行政处分。2014《行政诉讼法》规定的行政诉讼调解制度与台湾地区行政诉讼中的和解亦非完全相同之制度。目前，在行政纠纷发生后，行政相对人欲与行政机关达成"和解"，尚属于无法可依的状态，希望未来的立法能够对此作出进一步明确的规定。①

---

① 有学者主张在执法过程中，推进执法和解制度，认为和解的适用前提不限于事实或法律状态不确定且不能查明，在事实或法律状态易查或已经查清的情形下也可以进行和解，而且主张和解的意愿表达无需拘泥于双方协商谈判的形式，公示回应同样能够发挥作用。另外，认为和解的实现并非只能通过签订行政契约，单方行政决定亦能实现和解。参见方世荣、白云锋：《行政执法和解的模式及其运用》，载《法学研究》2019年第5期。我们认为，除去因事实或法律状态不确定且不能查明，行政机关与相对人达成和解的情况外，其他均属柔性执法。在执法过程中，相对人陈述事实、申辩理由，行政机关采纳或充分考量，在裁量权内作出行政行为，即使包含某些协商沟通成分，都不应当认定为和解，仍然是行政执法。

（2）小结

无论是普通民众还是行政纠纷当事人，通过与行政机关沟通等非制度化的方式解决纠纷是其首要选择。在作为制度化行政纠纷解决途径的行政诉讼、行政复议以及介于制度化与非制度化之中的信访这三类解决途径中，行政复议是民众的主要选择，行政诉讼、信访次之。我国目前正在进行行政复议制度改革，力求切实发挥行政复议制度的"主渠道"作用，民众选择行政复议的高比例证明行政复议制度改革的必要性，也显示我国"大信访，小复议"的局势正在扭转。

结合行政纠纷当事人的背景信息，与行政机关打交道越多的当事人越倾向选择通过与行政机关沟通交涉的方式解决行政纠纷。这反映出几个可能性，一是行政纠纷当事人因为熟悉行政工作流程，比较擅长与行政机构沟通；二是由于工作生活中需要经常接触行政机关工作人员，当事人不想因为行政复议、行政诉讼等纠纷解决方式给双方关系带来负面影响。同时，也可能意味着现实中和解确实能够更有效地解决行政纠纷。

6. 纠纷解决过程与经历

多元化行政纠纷解决机制不仅包括行政诉讼、行政复议、信访等传统途径，也包括了市长热线、网络留言板等新兴的非制度化途径。了解当事人纠纷解决的过程，不仅是了解行政纠纷解决机制现状的需要，亦能对其完善和发展提供现实反馈。而且，从当事人对纠纷解决途径的选择次序中，可推测出对于当事人而言当下各类纠纷解决途径到底孰优孰劣。

（1）行政复议经历

近年来，行政复议制度作为行政纠纷化解的主渠道作用得到了明确和重视。在与行政诉讼的衔接关系中，最佳状态是，"二者充分利用自身优势在行政争议体系中扮演不同的角色，两者之间既不能功能重叠进而导致程序碰撞，也不能相互冲抵进而形成制度内耗"[①]。具体而言，行政复议应当积极发挥其高效、专业、

---

① 曹鎏：《作为化解行政争议主渠道的行政复议：功能反思及路径优化》，载《中国法学》2020年第2期。

便捷等优势，实现过滤行政纠纷的功能；而行政诉讼作为第三方机制，基于其中立性及公正性，为当事人提供权益保护的兜底保障。

表38　　　　　**您的案件是否经过了复议？（实地调查行政诉讼卷）**

	选　　项	回答人次	百分比	有效百分比
有效回答	经过了复议，对复议结果不满意	218	46.8	49.2
	经过了复议，复议机关没有答复	27	5.8	6.1
	申请了复议，在复议的同时来法院咨询	26	5.6	5.9
	没有经过复议，直接来了法院	172	36.9	38.8
	总　　计	443	95.1	100.0
缺　　失		23	4.9	
总　　计		466	100.0	

实地调查中，一半以上（49.2%+6.1%）的行政诉讼当事人在提起行政诉讼之前经过了行政复议，且行政复议没有能够解决纠纷。但是，没有经历行政复议，直接提起行政诉讼的当事人也不在少数。在实地调查中，38.8%的受访者"没有经过复议，直接来了法院"，在网络调查中，这一比例则是达到了50.5%。可见，仍有相当数量的案件越过行政复议直接进入诉讼程序，这显然与理想状态有所偏差。

表39　　　　　**您的案件是否经过了复议？（网络调查行政诉讼卷）**

	选　　项	回答人次	百分比	有效百分比
有效回答	经过了复议，对复议结果不满意	36	37.9	37.9
	经过了复议，复议机关没有答复	3	3.2	3.2
	申请了复议，在复议的同时来法院咨询	8	8.4	8.4
	没有经过复议，直接来了法院	48	50.5	50.5
	总　　计	95	100.0	100.0

表40　　　　　　　与行政机关打交道情况与是否经过复议的交叉分析表

			您的案件是否经过了复议？				总数
			经过了复议，对复议结果不满意	经过了复议，复议机关没有答复	申请了复议，在复议的同时来法院咨询	没有经过复议，直接来了法院	
您跟行政机关打交道（如办事、办证等非私人间交往）的情况如何？（实地调查行政诉讼卷）	经常打交道	数量	84	8	1	44	137
		百分比	61.3%	5.8%	0.7%	32.1%	100.0%
	偶尔打交道	数量	99	15	14	88	216
		百分比	45.8%	6.9%	6.5%	40.7%	100.0%
	没打过交道	数量	30	4	11	39	84
		百分比	35.7%	4.8%	13.1%	46.4%	100.0%
总　数		数量	213	27	26	171	437
		百分比	48.7%	6.2%	5.9%	39.1%	100.0%
您跟行政机关打交道（如办事、办证等非私人间交往）的情况如何？（网络调查行政诉讼卷）	经常打交道	数量	28	2	6	29	65
		百分比	43.1%	3.1%	9.2%	44.6%	100.0%
	偶尔打交道	数量	8	1	2	17	28
		百分比	28.6%	3.6%	7.1%	60.7%	100.0%
	没打过交道	数量	0	0	0	2	2
		百分比	0.0%	0.0%	0.0%	100.0%	100.0%
总　数		数量	36	3	8	48	95
		百分比	37.9%	3.2%	8.4%	50.5%	100.0%

选择"没有经过复议，直接来了法院"的各项比例：

男性比例为40.5%，女性比例为36.7%；

"初中及以下""高中、中专""大专""本科""研究生及以上"的比例分别是40.2%、31.0%、36.7%、43.2%、42.9%；

"党、政、司法等机关""企、事业单位""个体工商户""务农""未就业""其他"的比例分别是29.4%、23.5%、14.3%、38.8%、40.0%、51.2%，"在读学生"未有数据；

作为原告提起过"1次""2次""3次及以上"行政诉讼的比例分别是

45.1%、25.7%、34.4%；

"自然人""法人""其他组织"的比例分别是37.9%、37.1%、64.0%；

原告一方情形为"就我单独一个案子""还有和我同类型纠纷的人在法院打官司""还有和我同类型纠纷的人在观望""不知道有无同类型纠纷"的比例分别是44.2%、28.5%、35.8%、56.5%。

对方当事人有"1个""2个""3个及以上""不清楚"的比例分别是58.2%、15.4%、32.5%、57.1%。

与行政机关打交道越少的当事人，越倾向不申请行政复议，直接提起行政诉讼。数据显示，"经常打交道""偶尔打交道"和"没打过交道"选择"没有经过复议，直接来了法院"的比例分别是32.1%、40.7%和46.4%，比例呈现为递增趋势。网络调查行政诉讼卷同样如此，数据分别是44.6%、60.7%、100%。

此外，调查对象的部分其他信息也与其是否有复议经历具有某种关联。我们发现，有过多次诉讼经历的当事人在提起行政诉讼前，先申请行政复议的比例更高。将提起行政诉讼的次数与案件是否经过了复议进行交叉分析发现，"没有经过复议，直接来了法院"的当事人中，提起过一次行政诉讼的比例为62.3%，提起两次的为11.1%，提起三次及以上的为26.5%。这里的数据单纯从比例上看似乎没有呈现出规律性，即提起过诉讼的次数越多，就越倾向于先申请行政复议，而是有一定的波动。但要注意的是，提起过一次行政诉讼就是指的本次调查所涉及的诉讼。也就是说，如果对比之前没有诉讼经历的当事人与之前有过诉讼经历的当事人，有过行政诉讼经历的当事人，不经过行政复议而直接"来了法院"的比例要低得多，而在有过行政诉讼经历的当事人中，相比较而言，经历行政诉讼次数的影响则相对较小。一般而言，当事人之前提起的行政诉讼以及提起的次数越多，意味着其对诉讼程序以及规则越了解，但当事人越了解行政诉讼反而将其置于复议之后才选择，有以下两个可能：一是说明当事人对以往诉讼的经历并不十分满意，二是当事人在诉讼过程中方对复议与诉讼的定位以及特点有所了解，进而优先选择更快捷、高效的复议。

另外，从背景上看，"其他组织"身份的当事人没有选择复议的比例最高，为64.0%。在双方当事人数量中，除去不清楚有几个当事人的情况，选择"就我单独一个案子"和被告行政机关为"1 个"的行政诉讼当事人未选择行政复议的比例较高，分别是 44.2% 和 58.2%。

（2）信访经历

表 41　　　　**您的案件是否进行过信访？（实地调查行政诉讼卷）**

	选　　项	回答人次	百分比	有效百分比
有效回答	正在进行信访中	25	5.4	5.6
	之前进行过信访，没解决问题	168	36.1	37.3
	没有信访	233	50.0	51.8
	不知道信访	24	5.2	5.3
	总　　计	450	96.6	100.0
缺　　失		16	3.4	
总　　计		466	100.0	

表 42　　　　**您的案件是否进行过信访？（实地调查行政复议卷）**

	选　　项	回答人次	百分比	有效百分比
有效回答	正在进行信访中	4	3.1	3.2
	之前进行过信访，没解决问题	49	38.6	38.9
	没有信访	68	53.5	54.0
	不知道信访	5	3.9	4.0
	总　　计	126	99.2	100.0
缺　　失		1	0.8	
总　　计		127	100.0	

实地调查行政诉讼卷中男性选择"正在进行信访中""之前进行过信访，没解决问题""没有信访""不知道信访"的比例分别是 4.9%、37.3%、52.9%、4.9%；女性则是 6.4%、37.1%、50.0%、6.4%。行政复议当事人卷的男性比例分别是 2.4%、44.6%、51.8%、1.2%；女性则为 4.8%、

28.6%、57.1、9.5%。

实地调查行政诉讼卷中学历为"初中及以下"选择上述各项的比例是11.2%、43.8%、38.2%、6.7%；"高中、中专"的比例为7.8%、40.2%、44.1%、7.8%；"大专"为6.0%、54.0%、34.0%、6.0%；"本科"为1.3%、29.3%、65.6%、3.8%；"研究生及以上"比例分别是2.3%、23.3%、74.4%、0.0%。行政复议当事人卷"初中及以下"选择上述各项的比例是12.5%、31.3%、37.5%、18.8%；"高中、中专"的比例为0.0%、61.5%、38.5%、0.0%；"大专"为16.7%、41.7%、41.7%、0.0%；"本科"为0.0%、35.8%、62.3%、1.9%；"研究生及以上"比例分别是0.0%、23.5%、70.6%、5.9%。

实地调查行政诉讼卷中职业为"党、政、司法等机关"选择上述各项的比例为5.6%、38.9%、50.0%、5.6%；"企、事业单位"的比例是3.5%、37.2%、58.1%、1.2%；"个体工商户"为12.2%、31.7%、46.3%、9.8%；"务农"为6.0%、50.0%、36.0%、8.0%；"未就业"为8.0%、60.0%、28.0%、4.0%；"其他"是4.1%、33.3%、57.5%、5.0%；"在读学生"未有数据。行政复议当事人卷中职业为"党、政、司法等机关"选择上述各项的比例为0.0%、50.0%、33.3%、16.7%；"企、事业单位"的比例是0.0%、35.1%、64.9%、0.0%；"个体工商户"为9.1%、18.2%、72.7%、0.0%；"务农"为20.0%、60.0%、20.0%、0.0%；"未就业"为7.1%、35.7%、42.9%、14.3%；"其他"是2.4%、47.6%、47.6%、2.4%；"在读学生"未有数据。

实地调查行政诉讼卷中"经常打交道"选择上述各项的比例为7.8%、39.0%、53.2%、0.0%；"偶尔打交道"的比例为4.6%、35.2%、54.8%、5.5%；"没打过交道"的比例是3.5%、38.8%、43.5%、14.1%。行政复议当事人卷中"经常打交道"选择上述各项的比例为1.7%、48.3%、50.0%、0.0%；"偶尔打交道"的比例为4.8%、32.3%、58.1%、4.8%；"没打过交道"的比例是0.0%、16.7%、50.0%、33.3%。

实地调查行政诉讼卷作为原告提起过"1次"行政诉讼的选择上述各项的比例为4.4%、32.0%、54.8%、8.8%；"2次"的为5.7%、45.7%、47.1%、1.4%；"3次及以上"的比例是6.3%、43.3%、48.8%、1.6%。行政复议当事人卷作为申请人申请过"1 次"行政复议的选择上述各项的比例为 8.0%、36.0%、48.0%、8.0%；"2 次"的 为 0.0%、38.5%、61.5%、0.0%；"3 次及以上"的比例是 0.0%、58.8%、38.2%、2.9%。

实地调查行政诉讼卷"自然人"选择上述各项的比例是 6.3%、38.7%、49.0%、6.0%；"法人"的为 3.1%、31.3%、62.5%、3.1%；"其他组织"比例是 3.8%、34.6%、57.7%、3.8%。行政复议当事人卷"自然人"选择上述各项的比例是 3.5%、40.4%、52.6%、3.5%；"法人"的为 0.0%、22.2%、66.7%、11.1%；"其他组织"比例是 0.0%、33.3%、66.7%、0.0%。

表 43   您的案件是否进行过信访？（网络调查行政诉讼卷）

	选　　项	回答人次	百分比	有效百分比
有效回答	正在进行信访中	3	3.2	3.2
	之前进行过信访，没解决问题	27	28.4	28.4
	没有信访	63	66.3	66.3
	不知道信访	2	2.1	2.1
	总　　计	95	100.0	100.0

表 44   您的案件是否进行过信访？（网络调查行政复议卷）

	选　　项	回答人次	百分比	有效百分比
有效回答	正在进行信访中	7	8.6	8.6
	之前进行过信访，没解决问题	16	19.8	19.8
	没有信访	57	70.4	70.4
	不知道信访	1	1.2	1.2
	总　　计	81	100.0	100.0

人民来信来访起初主要是作为各级人民政府同人民群众保持联系的手段。作为一项具有中国特色的制度，信访产生于权利救济与纠纷解决机制缺乏的时代背景之下，多年以来，在反映群众呼声、解决群众困难、调处矛盾和纠纷方面发挥了重要作用。但是，在国家实行改革开放和法制建设 40 余年之后，在诉讼、仲

裁、复议等纠纷解决机制日益健全并逐渐为社会成员知晓和认可的今天，居高不下的信访数量与极低的解决比例，申诉、控告、检举作为公民宪法权利与各级政府控制信访数量、限制上访人数的努力，又形成一系列的矛盾和悖论。①

在制度设计层面，信访并非行政纠纷解决机制的主要途径，甚至不是正式途径。然而，实践中当事人的信访、上访因对纠纷解决部门和工作人员造成了较大的维稳压力，从而可能使得纠纷得以解决。多重原因之下，在现实中形成了"大信访"的格局，而在民众中则存在着"信访不信法"的现象。至于信访为何在纠纷解决过程中发挥着如此重要的作用，有学者总结了四点原因：第一，我国权力高度集中于中央，地方持有的解决纠纷的手段和资源很少，信访这种经由中央或上级的自上而下的特点是解决下级或基层纠纷的最便捷途径；第二，公民的一些权利在历史上长期缺乏足够有效的保障，表达领域权利的受限导致了遭遇不公平的际遇往往只能向上求助；第三，审判、检察机关独立行使审判权、检察权的阻力较大，办案公信力偏低，司法正义在较低级行政区域和基层难以落实；第四，过多社会纠纷不能在法治的基础上和法制的框架内解决，只好反过来求助于信访体制。② 对于当事人而言，既有前人的"成功经验"作典范，又苦于行政复议和行政诉讼解决途径的程序繁复，自然倾向于选择信访渠道进行维权。

实地调查中，超过 40%的当事人进行过或在提起行政诉讼、申请行政复议的同时进行信访。网络调查中有过信访经历的当事人比例稍低，行政诉讼卷选择"正在进行信访中""之前进行过信访，没解决问题""没有信访""不知道信访"的比例为 3.2%、28.4%、66.3%、2.1%；行政复议卷的比例为 8.6%、19.8%、70.4%、1.2%。总体而言，30%~40%的当事人都有进行过信访。

与调查对象基本信息的交叉分析显示，学历以及工作单位对当事人是否选择信访有一定的关联。实地调查行政诉讼卷中，本科及以上学历的当事人经历过信访的比例要远低于其他学历层次。其原因可能在于，学历程度越高的群体，其法治意识越强，更倾向于采取制度化方式解决纠纷。"党、政、司法等机关""企、

① 参见林莉红：《论信访的制度定位——从纠纷解决机制系统化角度的思考》，载《学习与探索》2006 年第 1 期，人大复印资料《宪法学 行政法学》2006 年第 4 期全文转载。
② 参见童之伟：《信访体制在中国宪法框架中的合理定位》，载《现代法学》2011 第 1 期。

事业单位""个体工商户"经历过信访的整体低于"务农"和"未就业"群体。相对而言，务农和未就业群体的受教育程度和经济条件以及对行政诉讼的了解状况都较差，因此更倾向于选择信访这一带有"投诉"性质的非正式纠纷解决途径。实地调查行政复议卷中由于总数较少，而此题选项较多，某些选项人数较少，因此不具备严格的统计学意义，在此不做分析。

表45　双方当事人人数与案件是否经历过信访的关系（实地调查行政诉讼卷）

			您的案件是否进行过信访？				总数
			正在进行信访中	之前进行过信访，没解决问题	没有信访	不知道信访	
您这一方的人数情况	就我单独一个案子	数量	9	54	113	9	185
		百分比	4.9%	29.2%	61.1%	4.9%	100.0%
	还有和我同类型纠纷的人在法院打官司	数量	11	70	69	3	153
		百分比	7.2%	45.8%	45.1%	2.0%	100.0%
	还有和我同类型纠纷的人在观望	数量	2	23	24	3	52
		百分比	3.8%	44.2%	46.2%	5.8%	100.0%
	不知道	数量	0	15	24	8	47
		百分比	0.0%	31.9%	51.1%	17.0%	100.0%
总　　数		数量	22	162	230	23	437
		百分比	5.0%	37.1%	52.6%	5.3%	100.0%
对方当事人的行政机关有几个	1个	数量	9	67	116	5	197
		百分比	4.6%	34.0%	58.9%	2.5%	100.0%
	2个	数量	9	64	90	8	171
		百分比	5.3%	37.4%	52.6%	4.7%	100.0%
	3个及以上	数量	5	22	10	3	40
		百分比	12.5%	55.0%	25.0%	7.5%	100.0%
	不清楚	数量	1	13	16	8	38
		百分比	2.6%	34.2%	42.1%	21.1%	100.0%
总　　数		数量	24	166	232	24	446
		百分比	5.4%	37.2%	52.0%	5.4%	100.0%

表46 双方当事人人数与案件是否经历过信访的关系（实地调查行政复议卷）

			您的案件是否进行过信访?				总数
			正在进行信访中	之前进行过信访,没解决问题	没有信访	不知道信访	
您这一方的人数情况	就我单独一个案子	数量	0	18	38	3	59
		百分比	0.0%	30.5%	64.4%	5.1%	100.0%
	还有和我同类型纠纷的人在申请复议	数量	2	27	20	1	50
		百分比	4.0%	54.0%	40.0%	2.0%	100.0%
	还有和我同类型纠纷的人在观望	数量	2	3	4	1	10
		百分比	20.0%	30.0%	40.0%	10.0%	100.0%
	不知道	数量	0	0	5	0	5
		百分比	0.0%	0.0%	100.0%	0.0%	100.0%
总 数		数量	4	48	67	5	124
		百分比	3.2%	38.7%	54.0%	4.0%	100.0%
对方当事人的行政机关有几个	1个	数量	2	13	26	1	42
		百分比	4.8%	31.0%	61.9%	2.4%	100.0%
	2个	数量	1	26	31	2	60
		百分比	1.7%	43.3%	51.7%	3.3%	100.0%
	3个及以上	数量	1	7	1	1	10
		百分比	10.0%	70.0%	10.0%	10.0%	100.0%
	不清楚	数量	0	2	8	1	11
		百分比	0.0%	18.2%	72.7%	9.1%	100.0%
总 数		数量	4	48	66	5	123
		百分比	3.3%	39.0%	53.7%	4.1%	100.0%

在所涉纠纷的背景信息中，当事人人数对是否经历信访有显著影响。在人数众多的情况下，当事人更倾向于选择信访途径。原告或申请人一方中人数较多的情况下（不止调查对象自己），包括"和我同类型纠纷的人在申请复议""还有和我同类型纠纷的人在观望"，选择信访的比例要高于"就我单独一个案子"，而对方行政机关为"3个及以上"选择信访的比例要高于"1个"和"2个"的情况。这与目前的信访现状相符。面对数量众多情况繁杂的上访人群，上级行政机关很难判断哪些上访者的情况属实或者更为重要、紧急。因此，在有限的人力、物力下，上级行政机关只能更多地重视普遍性的、引起社会更大关注的问题。信访者正是基

于对这一逻辑的认识，往往有意识地将个案转化为普遍性问题，采取集体上访等"大闹"方式，使问题严重化，以期引起上级机关的关注。

（3）其他经历

除了行政诉讼、行政复议和信访三种传统的制度化纠纷解决途径之外，随着经济、社会和技术的发展，为顺应时代对社会管理创新提出的要求，一些新的非制度化的行政纠纷解决途径，如市长热线、都市留言板等方式在实践中已经出现。这些途径在实践中的运用如何？我们设计了以下几个问题对其进行考察。

表47　您之前是否尝试过拨打市长热线（市长公开电话）来解决您的纠纷？
（实地调查行政诉讼卷）

	选　　项	回答人次	百分比	有效百分比
有效回答	打过电话，没解决问题	165	35.4	36.7
	没有打过电话，我的问题不属于市长热线解决的范围	134	28.8	29.8
	没有打过电话，不相信打市长热线可以解决	83	17.8	18.5
	不知道有市长热线	67	14.4	14.9
	总　　计	449	96.4	100.0
缺　　失		17	3.6	
总　　计		466	100.0	

表48　您之前是否尝试过拨打市长热线（市长公开电话）来解决您的纠纷？
（实地调查行政复议卷）

	选　　项	回答人次	百分比	有效百分比
有效回答	打过电话，没解决问题	56	44.1	44.8
	没有打过电话，我的问题不属于市长热线解决的范围	29	22.8	23.2
	没有打过电话，不相信打市长热线可以解决	27	21.3	21.6
	不知道有市长热线	13	10.2	10.4
	总　　计	125	98.4	100.0
缺　　失		2	1.6	
总　　计		127	100.0	

表49　您之前是否尝试过拨打市长热线（市长公开电话）来解决您的纠纷？
（网络调查行政诉讼卷）

	选　项	回答人次	百分比	有效百分比
有效回答	打过电话，没解决问题	52	54.7	54.7
	没有打过电话，我的问题不属于市长热线解决的范围	23	24.2	24.2
	没有打过电话，不相信打市长热线可以解决	19	20.0	20.0
	不知道有市长热线	1	1.1	1.1
	总　　计	95	100.0	100.0

表50　您之前是否尝试过拨打市长热线（市长公开电话）来解决您的纠纷？
（网络调查行政复议卷）

	选　项	回答人次	百分比	有效百分比
有效回答	打过电话，没解决问题	38	46.9	46.9
	没有打过电话，我的问题不属于市长热线解决的范围	27	33.3	33.3
	没有打过电话，不相信打市长热线可以解决	14	17.3	17.3
	不知道有市长热线	2	2.5	2.5
	总　　计	81	100.0	100.0

1983年9月18日，辽宁省沈阳市在全国设立了第一部"市长公开电话"。到1989年，数十个大中城市相继设立"市长公开电话"。1990年以后，"市长公开电话"得到长足发展，几乎所有大中城市均开通"市长公开电话"。1999年6月，国家信息产业部决定启用全国统一的政府热线号码：12345。从此，12345成了"市长公开电话"的代名词。"12345，有事找政府"成为老百姓耳熟能详的口号。随着社会发展和技术进步，市长公开电话出现两个新的变化。其一是整合不同机关的公开电话到市长公开电话，实行联动。其二是将市长公开电话与网络结合，通过网络及时通报市长公开电话的处理情况和结果，收集意见和反馈。经过30多年的发展，市长公开电话逐渐具有了预警、咨询、投诉、突发事件协调、非紧急救助等综合性的功能，开辟了一条社会管理的重要渠道，也成为多元纠纷解决机制的一个重要的补充方式。[①] 我国现已成立344条市长热线（市长公开电话），

[①] 参见林莉红：《法治国家视野下多元化行政纠纷解决机制论纲》，载《湖北社会科学》2015年第1期，《新华文摘》2015年第7期全文转载。

覆盖我国绝大部分城市。①

在作用机制上，市长热线与信访具有一定的同质性：一是当事人都是采取类似"告状"性质的向上级机关反映情况的方式，希望借由上级机关出面解决纠纷；二是市长热线或者信访本身大多时候并不能直接处理相关问题，而是将收到的投诉信息转到相关部门，指示其解决问题，起到沟通协调的作用。

调查结果显示，不知道市长热线这一途径的当事人比例较低，大概为10%至15%。在知道这一途径的当事人中，近一半当事人尝试拨打过市长热线。在实地调查中，"打过电话"的当事人比例分别占到了36.7%和44.8%。网络调查中，"打过电话"的当事人比例更高，行政诉讼卷以及行政复议卷中的具体占比分别为54.7%和46.9%。由此可以看出，当事人希望通过市长热线（市长公开电话）寻求纠纷解决的积极性较高。

表51　与行政机关打交道情况与是否尝试过拨打市长热线（市长公开电话）交叉分析表

			您之前是否尝试过拨打市长热线（市长公开电话）来解决您的纠纷？				总数
			打过电话，没解决问题	没有打过电话，我的问题不属于市长热线解决的范围	没有打过电话，不相信打市长热线可以解决	不知道有市长热线	
您跟行政机关打交道（如办事、办证等非私人间交往）的情况如何？（实地调查行政诉讼卷）	经常打交道	数量	65	37	31	7	140
		百分比	46.4%	26.4%	22.1%	5.0%	100.0%
	偶尔打交道	数量	71	70	40	36	217
		百分比	32.7%	32.3%	18.4%	16.6%	100.0%
	没打过交道	数量	26	27	11	22	86
		百分比	30.2%	31.4%	12.8%	25.6%	100.0%
总　　数		数量	162	134	82	65	443
		百分比	36.6%	30.2%	18.5%	14.7%	100.0%

① 中国新闻网.报告调查各地12345政务热线服务质量　京沪排名靠前.https：//baike.baidu.com/reference/16261092/c185IJoYuEjfGEE7rBGVo_SPSft4ePvMY2LtUhGEi2wcf8DrB6su0wmsf0MslflRPad3xXOuB9M11So5pPJF59jltDwc_WZ4LUYd46zPdiAdunM3tsh48OdBw，2020年5月2日访问。

续表

			您之前是否尝试过拨打市长热线(市长公开电话)来解决您的纠纷?				总数
			打过电话,没解决问题	没有打过电话,我的问题不属于市长热线解决的范围	没有打过电话,不相信打市长热线可以解决	不知道有市长热线	
您跟行政机关打交道(如办事、办证等非私人间交往)的情况如何?(实地调查行政复议卷)	经常打交道	数量	25	17	12	3	57
		百分比	43.9%	29.8%	21.1%	5.3%	100.0%
	偶尔打交道	数量	29	12	13	8	62
		百分比	46.8%	19.4%	21.0%	12.9%	100.0%
	没打过交道	数量	2	0	2	2	6
		百分比	33.3%	0.0%	33.3%	33.3%	100.0%
总　数		数量	56	29	27	13	125
		百分比	44.8%	23.2%	21.6%	10.4%	100.0%

实地调查行政诉讼当事人卷中男性选择"打过电话,没解决问题""没有打过电话,我的问题不属于市长热线解决的范围""没有打过电话,不相信打市长热线可以解决""不知道有市长热线"的比例分别是37.7%、29.1%、19.2%、13.9%;女性则是34.5%、32.4%、16.2%、16.9%。行政复议当事人卷的男性比例分别是45.1%、23.2%、26.8%、4.9%;女性则为45.2%、23.8%、11.9、19.0%。

实地调查行政诉讼当事人卷中学历为"初中及以下"选择上述各项的比例是44.9%、7.9%、24.7%、22.5%;"高中、中专"的比例为41.7%、21.4%、15.5%、21.4%;"大专"为42.0%、30.0%、14.0%、14.0%;"本科"为26.5%、45.8%、20.0%、7.7%;"研究生及以上"比例分别是40.5%、45.2%、9.5%、4.8%。行政复议当事人卷"初中及以下"选择上述各项的比例是37.5%、6.3%、25.0%、31.3%;"高中、中专"的比例为50.0%、3.8%、30.8%、15.4%;"大专"为50.0%、16.7%、33.3%、0.0%;"本科"为48.1%、32.7%、15.4%、3.8%;"研究生及以上"比例分别是35.3%、41.2%、17.6%、5.9%。

实地调查行政诉讼当事人卷中职业为"党、政、司法等机关"选择上述各项的比例为22.2%、33.3%、27.8%、16.7%；"企、事业单位"的比例是32.6%、38.4%、22.1%、7.0%；"个体工商户"为39.0%、24.4%、17.1%、19.5%；"务农"为44.0%、12.0%、24.0%、20.0%；"未就业"为48.0%、20.0%、20.0%、12.0%；"其他"是35.5%、33.2%、15.7%、15.7%；"在读学生"未有数据。行政复议当事人卷中职业为"党、政、司法等机关"选择上述各项的比例为75.0%、16.7%、0.0%、8.3%；"企、事业单位"的比例是45.9%、27.0%、21.6%、5.4%；"个体工商户"为18.2%、54.5%、27.3%、0.0%；"务农"为60.0%、0.0%、20.0%、20.0%；"未就业"为28.6%、0.0%、42.9%、28.6%；"其他"是50.0%、17.5%、20.0%、12.5%；"在读学生"没有数据。

实地调查行政诉讼当事人卷作为原告提起过"1次"行政诉讼的选择上述各项的比例为31.4%、29.3%、19.7%、19.7%；"2次"的为32.9%、34.3%、25.7%、7.1%；"3次及以上"的比例是47.6%、29.4%、14.3%、8.7%。行政复议当事人卷作为申请人申请过"1次"行政复议的选择上述各项的比例为56.0%、16.0%、8.0%、20.0%；"2次"的为46.2%、7.7%、38.5%、7.7%；"3次及以上"的比例是45.7%、28.6%、17.1%、8.6%。

实地调查行政诉讼当事人卷"自然人"选择上述各项的比例是38.6%、27.0%、18.8%、15.6%；"法人"的为31.7%、42.9%、15.9%、9.5%；"其他组织"比例是29.2%、41.7%、16.7%、12.5%。行政复议当事人卷"自然人"选择上述各项的比例是46.0%、21.2%、22.1%、10.6%；"法人"的为44.4%、22.2%、22.2%、11.1%；"其他组织"比例是0.0%、100.0%、0.0%、0.0%。

实地调查行政诉讼当事人卷中原告一方"就我单独一个案子"选择上述各项的比例是28.8%、35.9%、20.1%、15.2%；"还有和我同类型纠纷的人在法院打官司"的为49.7%、23.8%、17.2%、9.3%；"还有和我同类型纠纷的人在观望"的为37.7%、35.8%、18.9%、7.5%；"不知道"的比例是25.0%、25.0%、12.5%、37.5%。行政复议当事人卷"就我单独一个案子"选择上述各项的比例是37.3%、23.7%、28.8%、10.2%；"还有和我同类型纠纷的人在申请复议"的为51.0%、20.4%、18.4%、10.2%；"还有和我同类型纠纷的人在观望"的为 60.0%、20.0%、0.0%、20.0%；"不知道"的比例是 40.0%、40.0%、20.0%、0.0%。

实地调查行政诉讼当事人卷中对方当事人有"1 个"的选择上述各项的比例是 29.1%、39.8%、16.3%、14.8%；"2 个"的是 36.8%、26.3%、25.1%、11.7%；"3 个及以上"是 68.3%、9.8%、14.6%、7.3%；"不清楚"的比例是 42.1%、18.4%、2.6%、36.8%。行政复议当事人卷中对方当事人有"1 个"的选择上述各项的比例是 42.9%、28.6%、26.2%、2.4%；"2 个"的是 40.7%、23.7%、22.0%、13.6%；"3 个及以上"是 70.0%、0.0%、10.0%、20.0%；"不清楚"的比例是 45.5%、18.2%、18.2%、18.2%。

双变量交叉分析的结果显示，首先，与行政机关打交道的情况对当事人是否知道和选择拨打市长热线有显著影响。数据显示，与行政机关打交道越密切的当事人选择尝试市长热线的比例越高。而没与行政机关打过交道的调查对象中，不知道有市长热线的占比更高，约为 20%～30%。其次，身份为"自然人"的当事人选择该方式的比例要高于其他身份当事人。总体来讲，"法人"和"其他组织"更倾向认为其纠纷不属于市长热线解决的范围。再次，各方人数多的当事人总体上选择市长热线的比例要高于人数少的。最后，性别、学历、职业等调查对象基本信息对是否尝试拨打过市长热线有些许影响，但并未表现出规律性变化。

表 52　　您之前是否尝试过网上的"都市留言板""市长留言板"等
网络留言形式来解决您的纠纷？（实地调查行政诉讼卷）

	选　项	回答人次	百分比	有效百分比
有效回答	试过，没解决问题	112	24.0	24.8
	没有试过，我的问题不属于这种方式解决的范围	107	23.0	23.7
	没有试过，不相信这种方式可以解决	114	24.5	25.2
	不知道有这种方式	119	25.5	26.3
	总　　计	452	97.0	100.0
缺　　失		14	3.0	
总　　计		466	100.0	

表53　　　您之前是否尝试过网上的"都市留言板""市长留言板"等

网络留言形式来解决您的纠纷？（实地调查行政复议卷）

	选　项	回答人次	百分比	有效百分比
有效回答	试过，没解决问题	25	19.7	32.9
	没有试过，我的问题不属于这种方式解决的范围	20	15.7	26.3
	没有试过，不相信这种方式可以解决	16	12.6	21.1
	不知道有这种方式	15	11.8	19.7
	总　　计	76	59.8	100.0
缺　　失		51	40.2	
总　　计		127	100.0	

互联网技术的发展使得社会生活发生了巨大的变化，也对政府管理的方式提出了新的要求。为顺应网络政务的需求，我国各地政府相继开设"都市留言板""市长留言板"等网络留言形式来倾听民众对于社会问题的看法和诉求。

表54　　　与行政机关打交道情况与是否尝试过"都市留言板"

"市长留言板"等网络留言形式交叉分析表

			您之前是否尝试过网上的"都市留言板""市长留言板"等网络留言形式来解决您的纠纷？				总数
			试过，没解决问题	没有试过，我的问题不属于这种方式解决的范围	没有试过，不相信这种方式可以解决	不知道有这种方式	
您跟行政机关打交道（如办事、办证等非私人间交往）的情况如何？（实地调查行政诉讼卷）	经常打交道	数量	52	29	39	21	141
		百分比	36.9%	20.6%	27.7%	14.9%	100.0%
	偶尔打交道	数量	46	55	56	61	218
		百分比	21.1%	25.2%	25.7%	28.0%	100.0%
	没打过交道	数量	11	22	18	36	87
		百分比	12.6%	25.3%	20.7%	41.4%	100.0%
总　　数		数量	109	106	113	118	446
		百分比	24.4%	23.8%	25.3%	26.5%	100.0%

续表

			您之前是否尝试过网上的"都市留言板""市长留言板"等网络留言形式来解决您的纠纷？				总数
			试过，没解决问题	没有试过，我的问题不属于这种方式解决的范围	没有试过，不相信这种方式可以解决	不知道有这种方式	
您跟行政机关打交道（如办事、办证等非私人间交往）的情况如何？（实地调查行政复议卷）	经常打交道	数量	15	11	14	7	47
		百分比	31.9%	23.4%	29.8%	14.9%	100.0%
	偶尔打交道	数量	9	9	2	7	27
		百分比	33.3%	33.3%	7.4%	25.9%	100.0%
	没打过交道	数量	1	0	0	1	2
		百分比	50.0%	0.0%	0.0%	50.0%	100.0%
总　数		数量	25	20	16	15	76
		百分比	32.9%	26.3%	21.1%	19.7%	100.0%

　　实地调查结果显示，行政纠纷当事人对"都市留言板"的熟知度和认可度要小于市长热线。首先，"打过"市长公开电话的比例高于"试过"网络留言的比例。其次，不知道"都市留言板"的当事人比例较高。在实地调查的行政诉讼卷和行政复议卷中分别为 26.3% 和 19.7%。在知道这一途径的当事人中，大概 1/3 的当事人选择了进行尝试。网络调查中，选择"试过"的当事人的比例要高于实地调查，分别是行政诉讼卷的 37.9% 和复议卷的 39.5%，再次显示出网络调查的调查对象中运用互联网的积极性更高。市长热线的利用率高于都市留言板，其原因可能在于打电话作为传统的沟通方式，公众使用起来更为便利。也可能在于在网上留言仅是当事人的单方表达，无法即时得到行政机关的回应和承诺，存在沟通上的时间错位和得到回复的不确定性。

　　实地调查行政诉讼当事人卷中男性选择"试过，没解决问题""没有试过，我的问题不属于这种方式解决的范围""没有试过，不相信这种方式可以解决""不知道有这种方式"的比例分别是 23.9%、24.3%、27.2%、24.6%；女性则是 26.1%、23.2%、20.4%、30.3%。行政复议当事人卷的男性比例分别是 34.0%、26.4%、24.5%、15.1%；女性则为 31.8%、27.3%、13.6%、27.3%。

实地调查行政诉讼当事人卷中学历为"初中及以下"选择上述各项的比例是 16.7%、13.3%、28.9%、41.1%；"高中、中专"的比例为 31.7%、11.5%、21.2%、35.6%；"大专"为 26.0%、30.0%、16.0%、28.0%；"本科"为 21.8%、36.5%、28.2%、13.5%；"研究生及以上"比例分别是 35.7%、26.2%、26.2%、11.9%。行政复议当事人卷"初中及以下"选择上述各项的比例是 12.5%、0.0%、25.0%、62.5%；"高中、中专"的比例为 36.8%、5.3%、31.6%、26.3%；"大专"为 20.0%、40.0%、0.0%、40.0%；"本科"为 35.3%、38.2%、20.6%、5.9%；"研究生及以上"比例分别是 44.4%、44.4%、11.1%、0.0%。

实地调查行政诉讼当事人卷中职业为"党、政、司法等机关"选择上述各项的比例为 11.1%、27.8%、22.2%、38.9%；"企、事业单位"的比例是 27.9%、36.0%、18.6%、17.4%；"个体工商户"为 21.4%、23.8%、21.4%、33.3%；"务农"为 23.5%、11.8%、33.3%、31.4%；"未就业"为 20.0%、16.0%、28.0%、36.0%；"其他"是 25.7%、22.5%、27.1%、24.8%；"在读学生"未有数据。行政复议当事人卷中职业为"党、政、司法等机关"选择上述各项的比例为 37.5%、25.0%、12.5%、25.0%；"企、事业单位"的比例是 30.0%、30.0%、30.0%、10.0%；"个体工商户"为 0.0%、60.0%、20.0%、20.0%；"务农"为 40.0%、0.0%、20.0%、40.0%；"未就业"为 14.3%、14.3%、42.9%、28.6%；"其他"是 52.9%、11.8%、5.9%、29.4%；"在读学生"没有数据。

实地调查行政诉讼当事人卷作为原告提起过"1 次"行政诉讼的选择上述各项的比例为 20.9%、26.1%、22.6%、30.4%；"2 次"的为 24.3%、25.7%、27.1%、22.9%；"3 次及以上"的比例是 33.9%、18.1%、30.7%、17.3%。行政复议当事人卷作为申请人申请过"1 次"行政复议的选择上述各项的比例为 36.0%、24.0%、12.0%、28.0%；"2 次"的为 38.5%、15.4%、30.8%、15.4%；"3 次及以上"的比例是 28.6%、28.6%、25.7%、17.1%。

实地调查行政诉讼当事人卷"自然人"选择上述各项的比例是 24.7%、

19.3%、28.7%、27.3%；"法人"的比例是 29.7%、37.5%、9.4%、23.4%；"其他组织"比例是 11.5%、46.2%、19.2%、23.1%。行政复议当事人卷"自然人"选择上述各项的比例是 32.4%、25.0%、22.1%、20.6%；"法人"的为 42.9%、28.6%、14.3%、14.3%；"其他组织"比例是 0.0%、100.0%、0.0%、0.0%。

实地调查行政诉讼当事人卷中原告一方"就我单独一个案子"选择上述各项的比例是 21.2%、32.6%、23.4%、22.8%；"还有和我同类型纠纷的人在法院打官司"的为 32.9%、20.4%、22.4%、24.3%；"还有和我同类型纠纷的人在观望"的为 22.6%、15.1%、35.8%、26.4%；"不知道"的比例是 14.3%、14.3%、26.5%、44.9%。行政复议当事人卷"就我单独一个案子"选择上述各项的比例是 29.6%、25.9%、22.2%、22.2%；"还有和我同类型纠纷的人在申请复议"的为 34.1%、24.4%、22.0%、19.5%；"还有和我同类型纠纷的人在观望"的为 25.0%、25.0%、25.0%、25.0%；"不知道"的比例是 66.7%、33.3%、0.0%、0.0%。

实地调查行政诉讼当事人卷中对方当事人有"1 个"的选择上述各项的比例是 24.9%、29.9%、23.4%、21.8%；"2 个"的是 24.1%、21.2%、29.4%、25.3%；"3 个及以上"是 29.3%、17.1%、34.1%、19.5%；"不清楚"的比例是 22.5%、12.5%、7.5%、57.5%。行政复议当事人卷中对方当事人有"1 个"的选择上述各项的比例是 41.2%、35.3%、17.6%、5.9%；"2 个"的是 26.7%、26.7%、22.2%、24.4%；"3 个及以上"是 40.0%、10.0%、20.0%、30.0%；"不清楚"的比例是 100.0%、0.0%、0.0%、0.0%。

与调查对象基本信息和所涉纠纷背景信息进行双变量分析发现，当事人与行政机关打交道程度和提起行政诉讼次数对当事人是否选择尝试网络留言有一定的影响。与行政机关打交道程度的关联表现为，打交道程度越高的当事人越倾向选择网络留言。当事人提起行政诉讼次数同样如此，提起次数越多，尝试过网络留言方式的比例越高。除此之外，其他因素对是否尝试过"都市留言板""市长留言板"等网络留言形式的结果并没有明显规律性影响。

（4）小结

根据分析结果，行政复议、信访以及市长热线等纠纷解决途径被选择的情况反映出以下问题。

首先，行政复议制度尚有较大的发展空间。实践中，有 40%~50% 的当事人没有经过行政复议，直接提起了行政诉讼。这意味着行政复议制度发挥作用的空间还很有限。在行政复议与行政诉讼的关系问题上，虽然我国现行立法采取的是自由选择为原则，复议前置为例外的模式，但从行政复议和行政诉讼制度各自的功能定位来说，行政纠纷当事人先选择行政复议，不满复议结果后再选择进行行政诉讼，更为符合经济学中的制度竞争关系。首先，行政管理具有专业性，而行政裁量在行政管理活动中占比较高，由行政机关内部解决行政纠纷最为适宜。行政复议使得相关问题可以在行政体制内解决。其次，出于司法权对行政权尊重的考量，以及行政诉讼是保护行政相对人合法权益最后一道防线的定位，行政诉讼应是当事人的最后选择。但显然，实践中当事人的选择与这一理想预设不甚符合，这也意味着当事人对行政机关解决行政纠纷的能力不甚信任。

但是，对行政复议制度的不信任很大程度来源于当事人对复议制度的不了解。根据交叉分析的结果，与行政机关打交道多，熟悉行政管理流程的当事人，以及有过行政诉讼经历的当事人，选择行政复议的比例较高。这意味着当事人未申请行政复议的原因有可能是不了解行政复议这一制度。具体表现为，不知道有复议这一途径，或者存在对复议制度的古板印象，即所谓的"行政机关是一家，行政复议没有用"。例如网络调查民众卷问卷序号 1408 文字反馈中所说"行政机关在行使职权的时候应该尽量合法公正，减少行政争议。在很多小县城，公民都不了解行政救济的途径，即使了解了也不敢于去做起诉行政机关这种事情，对于复议程序，因为是寻求行政机关的救济，许多人的第一反应也是'不信任'。大家很大程度上会去'找熟人''打招呼'"。

其次，信访表现出正在回归其正常功能的态势。信访不是一种正式的专门的行政纠纷解决机制，信访机构并没有处理相关纠纷的权力，其职能定位更在于传递与沟通。目前信访功能定位的偏移是各级政府面临的一大难题。但是，民众"信访不信法"的现象意味着，民众相信政治压力比法律规定更有助于问题的解决。但是，本科及以上学历的当事人以及"党、政、司法等机关""企、事业单位""个体工商户"的当事人，选择信访的比例很低。这大致反映出一部分当事人对信访制度有着更为正确的认识，也更加相信行政诉讼、行政复议的作用。同时，这也侧面反映出，行政法治的发展有助于实现信访制度功能定位的回归。

最后，新兴的行政纠纷解决途径正在发挥一定的补充作用。新兴纠纷解决途径已经在当事人之中得到广泛传播，且其有效性也得到了一定程度的肯定。这一点通过熟悉行政管理活动的当事人的选择中可以得到证实，即与行政机关打交道较多的当事人愿意拨打市场热线的比例更高。但同时，行政纠纷当事人认为市长热线等方式可以解决的问题有限。一半的行政纠纷当事人认为市长热线等方式不能解决其问题。

（二）对行政纠纷解决途径的了解

公民守法、用法的前提在于知法。行政纠纷当事人遇见行政争议时不知、不会、不愿、不敢利用相关解决途径可能是我国行政纠纷解决机制得以有效运行的一大障碍。此种情形在实践中到底表现在哪些方面以及表现形式如何，成为完善行政纠纷解决机制的重要方面，因此是本项目考察的内容之一。

1. 对行政诉讼的了解

（1）行政诉讼当事人对行政诉讼的了解情况

国内有研究指出，中国民众不选择行政诉讼是因为对这种诉讼程序感到陌生和排斥。[①] 该点在文字反馈中有所体现，如网络调查行政诉讼卷问卷序号107中说的"一头雾水，小老百姓一个，怕行政纠纷这种词汇出现在我的生活中"。网络调查民众卷问卷序号23的"一定程度上存在着不敢告问题"。网络调查民众卷问卷序号123说的"老百姓有时不太敢告官，觉得告不赢"。网络调查民众卷问卷序号2050说的"虽说我想解决行政纠纷上法庭是最好的途径，但害怕没有靠山打

---

① 参见张泰苏：《中国人在行政纠纷中为何偏好信访?》，载《社会学研究》2009年第3期。

不过别人，人钱两空只好忍了"。但此种情况在行政诉讼的当事人中表现如何呢？我们设置了自我评定、具体制度知晓两个层面的问题予以考察。

表55　　您对我国行政诉讼制度的了解程度？（实地调查行政诉讼卷）

	选　　项	回答人次	百分比	有效百分比
有效回答	很了解	102	21.9	22.6
	一般了解	213	45.7	47.1
	不太了解	121	26.0	26.8
	完全不了解	16	3.4	3.5
	总　　计	452	97.0	100.0
缺　　失		14	3.0	
总　　计		466	100.0	

大多数行政诉讼当事人自认为比较了解行政诉讼制度。数据显示，调查对象中选择"很了解"的占比22.6%，"一般了解"的为47.1%。该数据明显超过选择"不太了解"的26.8%和"完全不了解"的3.5%。本次调查主要针对行政诉讼中的当事人，其已处在纠纷解决的程序过程当中，自认为对行政诉讼制度比较了解的结果是可以理解。

网络调查行政诉讼卷中亦能印证上述结论，且对行政诉讼的了解程度（包括"很了解"和"一般了解"）要高于实地调查。

表56　　您对我国行政诉讼制度的了解程度？（网络调查行政诉讼卷）

	选　　项	回答人次	百分比	有效百分比
有效回答	很了解	43	45.3	45.3
	一般了解	40	42.1	42.1
	不太了解	9	9.5	9.5
	完全不了解	3	3.2	3.2
	总　　计	95	100.0	100.0

当然，当事人就该问题所作出的自我评定是否准确，我们还需要从下列问题的数据中加以佐证。

表57　**2014 年修订的《行政诉讼法》规定了以下新的制度，请问您是否知道？**
（实地调查行政诉讼卷）

	知道		了解一些		不知道	
	人次	百分比	人次	百分比	人次	百分比
立案登记制	237	54.6	125	28.8	72	16.6
行政首长出庭应诉制	207	48.7	91	21.4	127	29.9
复议机关作共同被告	199	46.8	109	25.6	117	27.5
可以适用调解	198	46.9	129	30.6	95	22.5
一并解决民事争议制度	138	32.8	115	27.3	168	39.9
简易程序	172	40.7	118	27.9	133	31.4
变更判决适用范围扩大	120	28.6	96	22.9	204	48.6
对行政机关拒不履行法院判决增设公告措施	119	28.2	94	22.3	209	49.5

这是一道矩阵题，重点在于询问当事人对 2014 年《行政诉讼法》规定的新制度的了解。从调查结果看，当事人对行政诉讼新增制度的了解程度较高。调查对象对行政诉讼具体制度"知道"和"了解一些"比例之和均超过 50%。尤其是与当事人关系密切的行政诉讼新增制度，以及媒体宣传较多的内容，当事人的了解程度较高。如行政首长出庭应诉制、行政机关作共同被告、可以适用调解等，"知道"和"了解一些"的都在 70% 以上，立案登记制的知晓率更是在 80% 以上。而"变更判决适用范围扩大"和"对行政机关拒不履行法院判决增设公告措施"等制度的了解比例相对较低，其原因可能是问题过于专业性或者当事人并未走到判决以及履行的程序末端。对此，应该说也是符合预期的。

值得关注的是，文字反馈中表现出了对行政首长出庭应诉制推行的期待，如实地调查行政诉讼卷 NTZY036 提到"首长出庭制度强化"。实地调查行政诉讼卷 NTZY053 说的"强化行政负责人出庭制度（要）严格一些"。网络调查民众卷问卷序号 605 说的"行政审判阻力重重，行政首长的法治思维对推动行政审判的进步尤其重要"。这也从侧面说明了行政纠纷的当事人希望与行政机关"当面"解决问题的想法。

不过，本题八个问题中普遍存在较高的缺失比例，各题的缺失比例都在 10% 左右。我们在之前的问卷调查中也发现有矩阵题缺失率较大的现象，[1] 但为兼顾问卷设计的简洁性和表现内容的丰富性，此次仍少量采用了矩阵题的形式。究其原因，可能是矩阵题形式上与其他问题不同且题量较大，调查对象在填答过程中因内容较多而"不耐烦"故不愿作答，也可能是触及某些调查对象的知识盲区而未作答。

表 58　**2014 年修订的《行政诉讼法》规定了以下新的制度，请问您是否知道？**
（网络调查行政诉讼卷）

	知道		了解一些		不知道	
	人次	百分比	人次	百分比	人次	百分比
立案登记制	77	81.1	11	11.6	7	7.4
行政首长出庭应诉制	72	75.8	9	9.5	14	14.7
复议机关作共同被告	71	74.7	12	12.6	12	12.6
可以适用调解	67	70.5	15	15.8	13	13.7
一并解决民事争议制度	53	55.8	22	23.2	20	21.1
简易程序	63	66.3	13	13.7	19	20.0
变更判决适用范围扩大	52	54.7	19	20.0	14	25.3
对行政机关拒不履行法院判决增设公告措施	54	56.8	15	15.8	26	27.4

网络调查中调查对象的知晓度高于实地调查。对几乎所有的内容，网络调查的调查对象知晓程度都在 70% 以上，立案登记制的知晓程度更是达到 92.7%。

不过，前述两题都是调查对象自认为的对行政诉讼制度的了解情况。是否确实如此呢？我们用了一道有"标准答案"的客观题来做检验。

---

[1]　参见林莉红主编：《行政法治的理想与现实——〈行政诉讼法〉实施状况实证研究报告》，北京大学出版社 2014 年版，第 20 页。

表 59　　行政诉讼法规定对被诉行政行为的合法性应由哪一方负责举证？

（实地调查行政诉讼卷）

	选　项	回答人次	百分比	有效百分比
有效回答	提起诉讼的公民一方	27	5.8	6.2
	被告的行政机关一方	288	61.8	65.6
	谁主张谁举证（提出要求的一方）	55	11.8	12.5
	法院负责收集证据	28	6.0	6.4
	说不上来，不知道	41	8.8	9.3
	总　　计	439	94.2	100.0
缺　　失		27	5.8	
总　　计		466	100.0	

表 60　　行政诉讼法规定对被诉行政行为的合法性应由哪一方负责举证？

（网络调查行政诉讼卷）

	选　项	回答人次	百分比	有效百分比
有效回答	提起诉讼的公民一方	3	3.2	3.2
	被告的行政机关一方	75	78.9	78.9
	谁主张谁举证（提出要求的一方）	11	11.6	11.6
	法院负责收集证据	4	4.2	4.2
	说不上来，不知道	2	2.1	2.1
	总　　计	95	100.0	100.0

　　这是从 1989 年《行政诉讼法》颁布即存在的一个规定，也是行政诉讼法中一项基本的程序制度，对于该问题的回答能够直接反映当事人对于行政诉讼制度了解情况。

　　大部分当事人知道被诉行政行为的合法性应由被告行政机关承担举证责任。实地调查中，选择"被告的行政机关一方"举证的比例为 65.6%，而此比例与上述对行政诉讼制度了解程度中选择"很了解"（22.6%）和"一般了解"（47.1%）的数据之和较为相近，基本可以印证了当事人对行政诉讼制度自我评定。网络调查行政诉讼当事人能够回答出"标准答案"的调查对象更是达到 78.9%。

表61 提起过行政诉讼的次数与对举证责任知晓的关系（实地调查行政诉讼卷）

			行政诉讼法规定对被诉行政行为的合法性应由哪一方负责举证？					总数
			提起诉讼的公民一方	被告的行政机关一方	谁主张谁举证（提出要求的一方）	法院负责收集证据	说不上来，不知道	
您作为原告，提起过几次行政诉讼？	1次	数量	13	140	30	12	28	223
		百分比	5.8%	62.8%	13.5%	5.4%	12.6%	100.0%
	2次	数量	7	37	13	3	7	67
		百分比	10.4%	55.2%	19.4%	4.5%	10.4%	100.0%
	3次及以上	数量	5	94	11	10	5	125
		百分比	4.0%	75.2%	8.8%	8.0%	4.0%	100.0%
总数		数量	25	271	54	25	40	415
		百分比	6.0%	65.3%	13.0%	6.0%	9.6%	100.0%

表62 提起过行政诉讼的次数与对举证责任知晓的关系（网络调查行政诉讼卷）

			行政诉讼法规定对被诉行政行为的合法性应由哪一方负责举证？					总数
			提起诉讼的公民一方	被告的行政机关一方	谁主张谁举证（提出要求的一方）	法院负责收集证据	说不上来，不知道	
您作为原告，提起过几次行政诉讼？	1次	数量	3	42	6	2	2	55
		百分比	5.5%	76.4%	10.9%	3.6%	3.6%	100.0%
	2次	数量	0	16	3	2	0	21
		百分比	0.0%	76.2%	14.3%	9.5%	0.0%	100.0%
	3次及以上	数量	0	17	2	0	0	19
		百分比	0.0%	89.5%	10.5%	0.0%	0.0%	100.0%
总数		数量	3	75	11	4	2	95
		百分比	3.2%	78.9%	11.6%	4.2%	2.1%	100.0%

对行政诉讼制度"很了解""一般了解""不太了解""完全不了解"中选择"没

有经过复议，直接来了法院"的比例分别是 43.6%、36.2%、40.9%、31.3%；而选择"没有信访"的比例为 71.6%、46.7%、45.3%、50.0%。

交叉分析显示，提起行政诉讼次数较多的当事人对行政诉讼制度更加了解。提起过"3 次及以上"选择正确选项"被告的行政机关一方"的比例最高，"2 次"与"1 次"似乎并没有太大区别。作为原告如果多次参与行政诉讼，则对行政诉讼会了解更多，当然，这也符合一般的社会认知。

此外，就实地调查当事人对行政诉讼的了解程度与是否经历行政复议、信访进行双变量分析，数据结果显示，对行政诉讼的了解程度对是否经历行政复议有一些影响，但并未有实质性的差异。而其对当事人是否选择信访则有较大影响，对行政诉讼"很了解"的受访者当中"没有信访"的比例远高于其他群体，为71.6%。由此可以看出，当事人对行政诉讼制度的了解程度高的，更倾向于选择法治化的方式解决纠纷。

在开放题中，部分当事人填写的内容涉及了我们在调查中未触及的问题，显示出当事人对行政诉讼制度较高的了解程度。2014 年《行政诉讼法》新增的第 18条第 2 款规定："经最高人民法院批准，高级人民法院可以根据审判工作的实际情况，确定若干人民法院跨行政区域管辖行政案件。"此举是为了提高行政审判的权威性，从体制机制上解决行政诉讼"三难"问题而授权各地根据情况采取变动的管辖措施。以该条为法律依据，各地法院在司法实践中采取了"转圈推磨异地管辖""相对集中选择管辖""集中交叉混合管辖""跨行政区划法院管辖"和"铁路两级法院管辖"等不同的行政案件跨区域管辖改革新模式。[1] 从开放式问题填答的情况看，调查对象反映此举起到了良好的效果，如实地调查行政诉讼卷NTZY018 说的"行政机关对于法院独立审理案件的干预时有发生，特别是涉及重大利益的案件。因此建议将全部行政案件（包括市城区、政府机关为被告的案件）交由如铁路运输法院，这样不受市级财政限制的法院审理，从而保障审判公正性"。实地调查行政诉讼卷 NTZY036 说的"铁路法院相对公正一些，建议都移到铁路，地方法院受干扰太多"。实地调查行政诉讼卷 NTZY049 中说的"案件统归铁路

---

[1] 参见马迅：《行政案件跨区域管辖改革的检视与省思——以我国《行政诉讼法》第 18条第 2 款为中心》，载《甘肃政法学院学报》2018 年第 2 期。

法院之后，比地方法院好。行政纠纷异地管辖、集中管辖更有利于解决矛盾"。

（2）普通公众对行政诉讼制度的了解情况

考虑到大量的社会公众可能从未或很少接触行政诉讼，在民众卷中，我们首先将调查对象区分为"有一定的了解"和"不了解"两类，并根据不同的回答在问卷程序中跳转至相应的问题。

表 63　　**您对我国行政诉讼或行政复议制度是否有所了解？（民众卷）**

	选　　项	回答人次	百分比	有效百分比
	有一定的了解	1636	54.2	54.2
有效回答	不了解	1381	45.8	45.8
	总　　计	3017	100.0	100.0

大致一半的民众认为自己对行政诉讼或行政复议制度有所了解。民众卷3017人的调查对象中，1636人自认为对行政诉讼或行政复议制度"有一定的了解"，占比54.2%。1381人回答"不了解"，占比45.8%。对于回答"不了解"的调查对象，我们不再询问有关行政诉讼和行政复议制度方面的内容，而是向其了解法律意识、诉讼意识等内容。而回答"有一定的了解"的调查对象，则跳转至一些关于行政诉讼和行政复议制度内容的题目，当然，他们还是要填答关于法律意识、诉讼意识的问题。

表 64　　**2014年修订的《行政诉讼法》规定了以下新的制度，请问您是否知道？**

（民众卷对行政诉讼"有一定的了解"的调查对象）

	知道		了解一些		不知道	
	人次	百分比	人次	百分比	人次	百分比
立案登记制	949	58.0	412	25.2	275	16.8
行政首长出庭应诉制	839	51.3	359	21.9	438	26.8
复议机关作共同被告	939	57.4	351	21.5	346	21.1

续表

	知道		了解一些		不知道	
	人次	百分比	人次	百分比	人次	百分比
可以适用调解	934	57.1	494	30.2	208	12.7
一并解决民事争议制度	722	44.1	512	31.3	402	24.6
简易程序	912	55.7	486	29.7	238	14.5
变更判决适用范围扩大	611	37.3	532	32.5	493	30.1
对行政机关拒不履行法院判决增设公告措施	567	34.7	488	29.8	581	35.5

从调查结果来看，自认为对行政诉讼制度"有一定的了解"的调查对象，其对行政诉讼制度的知晓情况确实很高，多方面的知晓程度都明显高于实地调查行政诉讼卷调查对象。在自认为对行政诉讼中制度"有一定的了解"的1636位普通公众中，关于2014年修订的《行政诉讼法》规定的新的制度，无论是哪一项，选择"知道""了解一些"的数据全部超过50%。其中立案登记制的知晓程度最高，达83.2%。

表65 行政诉讼法规定对被诉行政行为的合法性应由哪一方负责举证？

（民众卷对行政诉讼或行政复议"有一定的了解"的调查对象）

	选 项	回答人次	百分比	有效百分比
有效回答	提起诉讼的公民一方	87	5.3	5.3
	被告的行政机关一方	1176	71.9	71.9
	谁主张谁举证（提出要求的一方）	225	13.8	13.8
	法院负责收集证据	47	2.9	2.9
	说不上来，不知道	101	6.2	6.2
	总　　计	1636	100.0	100.0

在被诉行政行为合法性举证的客观题中，也验证了选择对行政诉讼制度有一定了解的当事人确实如此，选择"被告的行政机关一方"举证的比例达到

了 71.9%。

（3）小结

行政诉讼当事人以及普通民众对行政诉讼制度的了解程度较高，网络调查行政诉讼卷调查对象则是所有类别调查对象中对行政诉讼制度了解程度最高的。网络调查行政诉讼卷调查对象对行政诉讼制度的了解程度既高于实地调查行政诉讼卷也高于民众卷中自认为"有一定的了解"的公众。① 表明网络卷调查对象由于文化程度较高（86.3%为本科及研究生以上学历），且擅于运用网络获取讯息，一旦涉讼会很快学习相关法律知识。②

2. 对行政复议的了解

表 66　　您对我国行政复议制度的了解程度？（实地调查行政复议卷）

	选　　项	回答人次	百分比	有效百分比
有效回答	很了解	43	33.9	34.1
	一般了解	51	40.2	40.5
	不太了解	31	24.4	24.6
	完全不了解	1	0.8	0.8
	总　　计	126	99.2	100.0
缺　　失		1	0.8	
总　　计		127	100.0	

---

① 网络调查行政诉讼卷对 2014 年《行政诉讼法》新规定的了解情况分别为"立案登记制"的 81.1%、11.6%、7.4%；"行政首长出庭应诉制"的 75.8%、9.5%、14.7%；"复议机关作共同被告"的 74.7%、12.6%、12.6%；"可以适用调解"的 70.5%、15.8%、13.7%；"一并解决民事争议制度"55.8%、23.2%、21.1%；"简易程序"的 66.3%、13.7%、20.0%；"变更判决适用范围扩大"的 54.7%、20.0%、25.3%；"对行政机关拒不履行法院判决增设公告措施"的 56.8%、15.8%、27.4%。对被诉行政行为由谁负责举证选择上述各项的情况分别是 3.2%、78.9%、11.6%、4.2%和 2.1%。

② 需要注意的是，网络调查民众卷中在校学生比例高达 40%以上，而网络调查行政诉讼卷中在校学生只占 5.3%（5 人），排除在校学生这一背景的影响。

表67　　　　　您对我国行政复议制度的了解程度？（网络调查行政复议卷）

	选　项	回答人次	百分比	有效百分比
	很了解	23	28.4	28.4
	一般了解	46	56.8	56.8
有效回答	不太了解	12	14.8	14.8
	完全不了解	0	0.0	0.0
	总　计	81	100.0	100.0

行政复议当事人普遍认为自己了解行政复议制度。实地调查中，分别有34.1%的当事人选择"很了解"和40.5的当事人选择了"一般了解"。网络调查行政复议卷中的结果则分别是28.4%和56.8%。

3. 对其他纠纷解决途径的了解

在我国现有的主要行政纠纷解决途径中，行政诉讼和行政复议是由国家专门立法并明确规定法院和复议机关按照相关程序直接就行政纠纷作出处理的制度，因此对两者的考察需要更加全面。但由于信访以及相关的非制度化行政纠纷解决方式在实践中确实发挥了重要的作用，因此考察当事人对这些途径的了解程度也实属必要。

（1）信访

"就行政领域而言，我国的信访制度作为各级人民政府同人民群众保持联系的重要手段，建国后，一直发挥着抒发民情，消除民怨，改善政府与群众关系的功能，同时也在一定程度上起到了行政救济与监督行政的作用。"[1]有学者认为，作为"在革命动员情景下产生的一种社会治理方式，它以革命政治伦理和青天意识为基础，是一种非制度化的政治参与方式，是非稳定程序下的社会权利救助渠

---

[1]　林莉红：《论信访的制度定位——从纠纷解决机制系统化角度的思考》，载《学习与探索》2006年第1期，人大复印资料《宪法学　行政法学》2006年第4期全文转载。

道和超科层体制的官僚控制手段"①。在近几十年的中国社会转型时期，社会纠纷激增，与之形成严重反差的是地方治理能力不足和纠纷解决途径有效性的缺失，因此，作为弱势群体一方的民众在求助无门的境况下被迫涌入信访渠道，导致信访潮汹涌而来。② 由此，信访制度甚至在行政纠纷解决中扮演了比行政复议、行政诉讼更为主要的角色。但我国目前没有关于信访的人大立法，国务院《信访条例》是关于信访的最高层级规定。从职能来讲，信访并不直接解决所受理的纠纷，而主要负责转送、督促、协调和指导信访事项的处理。因此，针对纠纷的解决，信访制度在工作程序和处理方式上都尚不明确。

本项目主要了解当事人及社会公众对信访的知晓程度及运用情况。前文中"您的案件是否进行过信访"涉及了此项（见表28、表29），数据结果显示，实地调查行政诉讼卷选择"不知道信访"的比例仅为5.3%、行政复议当事人卷为4.0%，网络调查行政诉讼卷为2.1%和行政复议卷的1.2%。由此，绝大部分当事人是知道信访制度的。此外，我们还就当事人背景因素与其进行了交叉分析，数据显示虽然存在一定区别，但由于选择"不知道信访"的样本数量过小，没有太大的比较意义。

信访是我国在特殊的历史时期基于国情自发产生和发展的制度。民众对信访的高知晓率和高参与度说明了该制度在我国现实社会生活中具有一定的"生命力"。但正如上文所言，信访制度本身不具备解决纠纷的功能，因此大量行政纠纷在既有的行政复议、行政诉讼等正式途径之前涌入信访渠道则对纠纷的合法解决以及法治化途径的建设并无益处，甚至带来了不小的危害和冲击。我国有学者对信访制度的优势进行了总结，认为其可以节省经济成本或至少让行政相对人感觉成本较低；更有利于冲破关系网的束缚，增强裁定的相对独立性；救济的实效更为明显以及可以越级上访和广泛适用调解等。③ 此种分析在信访制度整体层面来看是有一定道理的，但从行政纠纷当事人选择解决途径的角度来看，我们发现信访制度同时也很可能满足了其倾向于首先选择简便快捷以及交涉沟通途径的需

① 于建嵘：《信访制度改革需要顶层设计》，载《民主与科学》2016年第6期。

② 参见章志远：《信访潮与中国多元化行政纠纷解决机制的重构》，载《法治研究》2012年第9期。

③ 参见应星：《作为特殊行政救济的信访救济》，载《法学研究》2004年第3期。

求。正如网络调查民众卷问卷序号694中写道："能有效公正解决问题就好。我以前遇到过和政府下属单位的小纠纷,按流程可以走行政复议,但是我到了该单位,单位的工作人员建议到信访室解决,结果流程简单,很快解决问题,而且很公正。我的一个例子不代表全部人的。"此外,网络调查行政复议卷问卷序号1806中亦提到："我在工作期间,遇到行政纠纷问题,一般先通过信访或直接向对口的上级部门反映,上级部门协调无果的情况下,会申请行政复议,因有上级部门干预,一般会得到解决,但是效率一般。比较捷径的还是首选起诉解决。"虽然潜台词是行政诉讼才应该是首选,而且"比较"捷径,但还是会先进行信访或寻求沟通协调。

(2)市长热线(市长公开电话)

作为非制度化的纠纷解决途径,其作用和地位与制度化途径是存在差别的,起到的是补充与辅助的功能。但不可否认的是,这些途径在实践中实现了解决行政纠纷的客观效果,不少当事人知道甚至愿意选择其为纠纷解决途径。从调查结果来看,前述表32、表33显示,实地调查行政诉讼卷14.9%的调查对象、实地调查行政复议卷10.4%的调查对象选择"不知道有市长热线"的。网络调查对市长热线的知晓度较高,"不知道有市长热线"的,行政诉讼卷比例为1.1%,行政复议卷为2.5%。综合来看,市长热线(市长公开电话)的社会知晓度是很高的,这有助于其在纠纷解决中发挥更大的作用。

在前述表34与背景因素的交叉分析中,对市长热线(市长公开电话)的知晓具有明显影响的是学历、与行政机关打交道程度因素。总的来看,学历越高以及与行政机关打交道程度越高的群体知晓该种途径的比例越高,呈现规律性的变化。

值得注意的是,由于市长热线(市长公开电话)为非正式途径,其规范性程度较低,由此当事人对该种方式的了解程度可能过于模糊。无论是实地调查还是网络调查中,当事人选择"我的问题不属于市长热线解决的范围"和"不相信打市长热线可以解决"的比例之和均超过了40%,从侧面说明了该种方式的现状。因此,如需对市长热线(市长公开电话)进一步完善,其定位与适当的规范是一个重要的方向。

实地调查行政诉讼当事人卷中男性选择"打过电话，没解决问题""没有打过电话，我的问题不属于市长热线解决的范围""没有打过电话，不相信打市长热线可以解决""不知道有市长热线"的比例分别是 37.7%、29.1%、19.2%、13.9%；女性则是 34.5%、32.4%、16.2%、16.9%。行政复议当事人卷的男性比例分别是 45.1%、23.2%、26.8%、4.9%；女性则为 45.2%、23.8%、11.9、19.0%。

实地调查行政诉讼当事人卷中学历为"初中及以下"选择上述各项的比例是 44.9%、7.9%、24.7%、22.5%；"高中、中专"的比例为 41.7%、21.4%、15.5%、21.4%；"大专"为 42.0%、30.0%、14.0%、14.0%；"本科"为 26.5%、45.8%、20.0%、7.7%；"研究生及以上"比例分别是 40.5%、45.2%、9.5%、4.8%。行政复议当事人卷"初中及以下"选择上述各项的比例是 37.5%、6.3%、25.0%、31.3%；"高中、中专"的比例为 50.0%、3.8%、30.8%、15.4%；"大专"为 50.0%、16.7%、33.3%、0.0%；"本科"为 48.1%、32.7%、15.4%、3.8%；"研究生及以上"比例分别是 35.3%、41.2%、17.6%、5.9%。

实地调查行政诉讼当事人卷中职业为"党、政、司法等机关"选择上述各项的比例为 22.2%、33.3%、27.8%、16.7%；"企、事业单位"的比例是 32.6%、38.4%、22.1%、7.0%；"个体工商户"为 39.0%、24.4%、17.1%、19.5%；"务农"为 44.0%、12.0%、24.0%、20.0%；"未就业"为 48.0%、20.0%、20.0%、12.0%；"其他"是 35.5%、33.2%、15.7%、15.7%；"在读学生"未有数据。行政复议当事人卷中职业为"党、政、司法等机关"选择上述各项比例为 75.0%、16.7%、0.0%、8.3%；"企、事业单位"的比例是 45.9%、27.0%、21.6%、5.4%；"个体工商户"为 18.2%、54.5%、27.3%、0.0%；"务农"为 60.0%、0.0%、20.0%、20.0%；"未就业"为 28.6%、0.0%、42.9%、28.6%；"其他"是 50.0%、17.5%、20.0%、12.5%；"在读学生"没有数据。

实地调查行政诉讼当事人卷中"经常打交道"选择上述各项的比例为 46.4%、26.4%、22.1%、5.0%；"偶尔打交道"的比例为 32.7%、32.3%、18.4%、16.6%；"没打过交道"的比例是 30.2%、31.4%、12.8%、25.6%。

行政复议当事人卷中"经常打交道"选择上述各项的比例为43.9%、29.8%、22.1%、5.3%;"偶尔打交道"的比例为46.8%、19.4%、21.0%、12.9%;"没打过交道"的比例是33.3%、0.0%、33.3%、33.3%。

实地调查行政诉讼当事人卷作为原告提起过"1次"行政诉讼的选择上述各项的比例为31.4%、29.3%、19.7%、19.7%;"2次"的为32.9%、34.3%、25.7%、7.1%;"3次及以上"的比例是47.6%、29.4%、14.3%、8.7%。行政复议当事人卷作为申请人申请过"1次"行政复议的选择上述各项的比例为56.0%、16.0%、8.0%、20.0%;"2次"的为46.2%、7.7%、38.5%、7.7%;"3次及以上"的比例是45.7%、28.6%、17.1%、8.6%。

实地调查行政诉讼当事人卷"自然人"选择上述各项的比例是38.6%、27.0%、18.8%、15.6%;"法人"的为31.7%、42.9%、15.9%、9.5%;"其他组织"比例是29.2%、41.7%、16.7%、12.5%。行政复议当事人卷"自然人"选择上述各项的比例是46.0%、21.2%、22.1%、10.6%;"法人"的为44.4%、22.2%、22.2%、11.1%;"其他组织"比例是0.0%、100.0%、0.0%、0.0%。

实地调查行政诉讼当事人卷中原告一方"就我单独一个案子"选择上述各项的比例是28.8%、35.9%、20.1%、15.2%;"还有和我同类型纠纷的人在法院打官司"的为49.7%、23.8%、17.2%、9.3%;"还有和我同类型纠纷的人在观望"的为37.7%、35.8%、18.9%、7.5%;"不知道"的比例是25.0%、25.0%、12.5%、37.5%。行政复议当事人卷"就我单独一个案子"选择上述各项的比例是37.3%、23.7%、28.8%、10.2%;"还有和我同类型纠纷的人在申请复议"的为51.0%、20.4%、18.4%、10.2%;"还有和我同类型纠纷的人在观望"的为60.0%、20.0%、0.0%、20.0%;"不知道"的比例是40.0%、40.0%、20.0%、0.0%。

实地调查行政诉讼当事人卷中对方当事人有"1个"的选择上述各项的比例是29.1%、39.8%、16.3%、14.8%;"2个"的是36.8%、26.3%、25.1%、11.7%;"3个及以上"是68.3%、9.8%、14.6%、7.3%;"不清楚"的比例是42.1%、18.4%、2.6%、36.8%。行政复议当事人卷中对方当事人有"1个"的选择上述各项的比例是42.9%、28.6%、26.2%、2.4%;"2

个"的是 40.7%、23.7%、22.0%、13.6%；"3 个及以上"是 70.0%、0.0%、10.0%、20.0%；"不清楚"的比例是 45.5%、18.2%、18.2%、18.2%。

（3）都市留言板、市长留言板等网络留言形式

作为非制度化的纠纷解决途径之一，都市留言板、市长留言板等网络留言形式与市长热线（市长公开电话）一样存在着共性。但与市长热线（市长公开电话）相比，当事人的知晓度更低。根据表 35，实地调查中行政诉讼卷和行政复议卷的比例分别是 26.3% 和 19.7%。网络调查中，行政诉讼卷和行政复议卷的比例分别是 5.3% 和 8.6%，表示"不知道有这种方式"。

与市长热线（市长公开电话）一样，当事人对都市留言板、市长留言板等网络留言形式的知晓也跟学历和与行政机关打交道程度因素呈规律性变化，学历越高以及与行政机关打交道程度越高的群体知晓该种途径的比例越高。

（4）小结

从当事人对以上非制度化的纠纷解决途径的了解程度来看，信访被了解的程度最高，市长热线次之，最后为都市留言板等网络留言方式。对于新兴的市长热线以及网络留言的方式，学历越高或者与行政机关打交道越多的当事人对其的了解程度越高。这说明对市长热线以及网络留言的宣传尚未普及，当事人对二者了解更多依赖自身的信息收集。

就效果而言，这三种纠纷解决途径均为当事人提供了与行政机关沟通的渠道。特别是信访，调查结果表明，信访之所以被当事人广泛选择，除了其具有已有学者讨论的优势以外，其满足了当事人与行政机关沟通交涉的目的也是重要原因之一。在具体的处理效果方面，信访得到了当事人及民众的普遍认可，但是，市长热线及网络留言则被当事人及民众认为纠纷处理效果有限。就该类行政纠纷解决途径的发展而言，正如网络调查民众卷问卷序号197 中所提到的"高效但公正的非诉讼纠纷解决机制很需要扩大影响面，让老百姓都首选"。

4. 对宣传行政纠纷解决途径有关知识的呼吁

当事人以及民众对法律制度的了解是法治的基础。一直以来，我国司法行政等相关部门也非常重视法治的宣传和教育工作。不过，略让人意外的是，在网络调查的开放式问题中，出现了大量希望加强行政纠纷解决途径法律知识普及和宣传的建议。如网络调查民众卷问卷序号 402 写道："大多数人不知道如何解决此类事情，主要是没有有效的宣传和好的渠道了解，多数人在平时不注意这些问题，当遇到此类问题时又不知道如何解决。"网络调查民众卷问卷序号 645 写道："这个调查对象应该是针对有一定法律基础的人，感觉一般人不知道行政复议制度。"网络调查民众卷问卷序号 1797 写道："行政纠纷对普通百姓来说还是很陌生，他们不熟悉流程，很容易被诉讼时效还有证据采集拦在门外，行政机关更多处于强势地位，还是要加大宣传力度，把行政纠纷解决途径广泛地宣传下去，让更多人了解（到）能够第一时间用合理的手段保护自身利益。"甚至还有人（网络调查民众卷问卷序号 1784）写道："长这么大，还认得两个字，在大城市也工作过，今天才意识到原来'可以不服从行政机关的处罚'，叹气！"

此种情形的出现，其实在很大程度上构成了我国行政纠纷解决机制发展的障碍，造成了"民告官"制度重要"土壤"的缺失。对此在问卷中也有反映。如网络调查民众卷问卷序号 78 中写道："大多人因为不懂，比如说我就是，所以没有信任度。加之一般人估计都默认定位自己是弱势，自然觉得这些流程是有实力的人，雇佣专业人士解决某些问题的途径，不适合大众。要改变大众这种想法，多普及法律基本常识，真切做到公平、公正、公开，也许就会好很多了！说白了就是让大众懂法、用法，他们看到了效果，自然就改变了看法和做法，这是我一点点不成熟的想法！"网络调查民众卷问卷序号 367 写道："一般公民对于行政诉讼了解不是太多，在与行政机关有冲突的时候多数会选择能忍就忍。实则是对行政机关的惧怕或是不信任。传统的'官官相护'深入人心，要想改变这种情况，中国的行政诉讼还任重道远。"关于此类不了解行政纠纷解决途径以及希望普及相关的法律知识的文字反馈非常之多，在此不赘述。

出现上述情况的原因是多方面的，可能是普通民众确实缺乏对相关法律知识的了解，也可能是在回答调查问卷时感到自己法律知识的不足等。从法律是一门专门技艺的角度来说，普通民众总是会对法律有陌生之感的。"2011年调查"的研究报告中，我们曾经对从法官角度认为"群众不懂法"的现象进行了分析，认为这个问题虽与社会公众法律意识的实际情况相关，但也更可能与法官对社会公众法律意识的期待相关。[①] 同理，普通民众对法律知识普及的呼吁，也可能并不一定就表示其完全不了解法律的基本要求。特别是民众卷的调查结果，显示相当大比例的调查对象对行政诉讼制度是有所了解的。

不管怎样，我们仍需要强调法治宣传的重要性。也正如文字反馈中所提到的，"首先要让大家清楚知道找什么部门可以帮助大家解决行政纠纷，其次解决途径流程应该简洁，费用不要太高，让大家都能明白容易做到，碰到行政纠纷的时候首先想到的是找正规途径解决。如果流程麻烦，又要提供一堆难以办到的证明，费用又高，估计大家考虑到付出与得到的差别太大而选择忍一忍算了，免得麻烦，或找私人关系解决"（网络调查民众卷问卷序号831）。"行政纠纷解决的途径，我认为：首先自己要懂法，并且以事实为依据，用法律做武器，而且还要重视事态发展的因果关系，逻辑思维也要强，从中才能巧辩和善辩，让纠纷得以解决"（网络调查行政复议卷问卷序号1930）。

（三）影响当事人选择行政纠纷解决途径的因素

1. 选择行政纠纷解决途径的首要考虑因素

（1）调查结果

在实地调查中，我们首先设计了针对行政纠纷当事人选择行政诉讼或行政复议时考虑的首要因素。数据显示，当事人在选择行政纠纷解决途径时对各项因素都有所考虑，同时也表现出当事人对所选择的相关制度的特点是有一定了解的。

---

① 参见林莉红主编：《行政法治的理想与现实——〈行政诉讼法〉实施状况实证研究报告》，北京大学出版社2014年版，第43页。

表 68　　请问您选择行政复议时考虑的首要因素是什么？（实地调查行政复议卷）

	选　项	回答人次	百分比	有效百分比
有效回答	在行政机关内部解决，专业性强	14	11.0	12.0
	程序简便，效率高	28	22.0	23.9
	结果比较公正	8	6.3	6.8
	费用少	6	4.7	5.1
	先通过复议程序，不行再想其他办法	38	29.9	32.5
	其他	13	10.2	11.1
	说不清楚	10	7.9	8.5
	总　　计	117	92.1	100.0
缺　　失		10	7.9	
总　　计		127	100.0	

表 69　　　　请问您选择行政诉讼时考虑的首要因素是什么？

（实地调查行政诉讼卷）

	选　项	回答人次	百分比	有效百分比
有效回答	处理结果比较公正	167	35.8	40.0
	程序比较中立	33	7.1	7.9
	费用少	23	4.9	5.5
	实在没有别的办法了，只能来法院打官司	180	38.6	43.1
	其他	8	1.7	1.9
	说不清楚	7	1.5	1.7
	总　　计	418	89.7	100.0
缺　　失		48	10.3	
总　　计		466	100.0	

表70　　请问您选择行政复议时考虑的首要因素是什么？（网络调查行政复议卷）

	选　项	回答人次	百分比	有效百分比
有效回答	在行政机关内部解决，专业性强	11	13.6	13.6
	程序简便，效率高	12	14.8	14.8
	结果比较公正	6	7.4	7.4
	费用少	2	2.5	2.5
	先通过复议程序，不行再想其他办法	46	56.8	56.8
	其他	3	3.7	3.7
	说不清楚	1	1.2	1.2
	总　　计	81	100.0	100.0

表71　　请问您选择行政诉讼时考虑的首要因素是什么？（网络调查行政诉讼卷）

	选　项	回答人次	百分比	有效百分比
有效回答	处理结果比较公正	22	23.2	23.2
	程序比较中立	11	11.6	11.6
	费用少	1	1.1	1.1
	实在没有别的办法了，只能来法院打官司	55	57.9	57.9
	其他	3	3.2	3.2
	说不清楚	3	3.2	3.2
	总　　计	95	100.0	100.0

　　第一，从正面来说，实地调查行政诉讼卷中选择"处理结果比较公正"（40%）和"程序比较中立"（7.9%）的较多，而行政复议当事人卷中选择"在行政机关内部解决，专业性强"（12.0%）和"程序简便，效率高"（23.9%）也占比较大。就两项制度的特性而言，行政诉讼由人民法院独立行使审判权，可以抵制外来因素的干扰，且必须遵循严格的程序规定，因此纠纷解决结果相对更为公正。但同时，其处理结果的公正性是以牺牲一定程度的效率为代价的，诉讼的特点之一是程序性，而严格的程序要求是会减损效率的。无论是庭前证据交换、庭审后的判决作出以及之后的执行程序，都需耗费一定的时间。而行政复议属于行政机

关内部纠错机制，相较行政诉讼而言，其专业性强且效率高。但由于复议机构的独立性欠缺，复议结果的公正性要得到当事人的信任毕竟困难。可以说，如何发挥行政诉讼和行政复议各自的制度优势，同时最大化地平衡公正与效率是制度改革需要妥善考虑的。

第二，行政诉讼当事人卷中受访对象选择"实在没有别的办法了，只能来法院打官司"的比例最高，为43.1%。而行政复议当事人卷中"先通过复议程序，不行再想其他办法"的比例为32.5%，同样是最多的。选项虽然反映了当事人对行政诉讼和行政复议制度的看法以及选择，但与该题中的其他选项相比，这两个选项描述的内容实质上属于较为消极的情形。由此可见当事人所处案件的境地以及在一定程度对制度的不信任。更深层次上，该部分当事人其实并未将纠纷解决的希望单纯寄托于某一个途径。或者说，在寻求纠纷解决之初，当事人对自己的诉求能够获得支持就没有十足的把握，所以需要考虑尝试各个途径来"碰运气"。该点在文字反馈中也有体现，"更加信任法官居中裁决。同时，也是其他途径受阻，寻求法院，通过公开、公正的诉讼程序解决"（实地调查行政诉讼卷DH005）。这其实也是当事人对行政纠纷解决机制现状所持态度的反映。

表72　　　您觉得当事人选择行政复议时考虑的首要因素是什么？

（民众卷对行政诉讼或行政复议"有一定的了解"的调查对象）

	选　项	回答人次	百分比	有效百分比
有效回答	在行政机关内部解决，专业性强	188	11.5	11.5
	程序简便，效率高	469	28.7	28.7
	结果比较公正	250	15.3	15.3
	费用少	48	2.9	2.9
	先通过复议程序，不行再想其他办法	570	34.8	34.8
	其他	20	1.2	1.2
	说不清楚	91	5.6	5.6
	总　　计	1636	100.0	100.0

网络调查行政诉讼和行政复议卷中，该题的数据分布情况与实地调查类似。

特别是在民众卷中，对行政复议制度有一定了解的受访者就"您觉得当事人选择行政复议时考虑的首要因素是什么？"的选择同样如此。由于司法权的最终裁决属性，行政诉讼制度在行政纠纷解决机制中一直处于最后一道防线的地位。而行政复议由于属于法定制度且简便快捷等特点，更受当事人的青睐，此点在以下问题中也有所体现。

本题调查对象为对行政诉讼或行政复议"有一定的了解"的普通民众。询问的问题是调查对象自认为的当事人选择行政复议时首要考虑的因素，而调查对象自认为当事人首要考虑的因素，其实就是调查对象自己首要考虑的。

获得更多的救济机会以及更加快速地解决自身纠纷是民众选择行政复议时的主要考量因素。首先，高达34.8%的调查对象的答案是"先通过复议程序，不行再想其他办法"，意味着这部分调查对象不是认同行政复议程序的特点或优势，而是将行政复议作为走程序的某种选择，抱着"试试看"的态度。文字反馈中也反映了这一点，有调查对象写道："当事人在选择行政复议时，也许并不会考虑其优越性，也许仅仅是出于穷尽一切救济途径解决自身问题的目的，先用一下，不行在(应为"再")诉讼，否则诉讼以后不能通过复议救济"(网络调查民众卷问卷序号47)。这部分人群虽然对行政复议表现出较为消极的心态，但其作出的选择契合了行政复议对行政争议案件分流的功能定位，在一定程度上减轻了行政诉讼的负担，有助于形成"大复议、中诉讼、小信访"的行政纠纷解决机制格局。其次，28.7%的调查对象认同行政复议"程序简便，效率高"的特点。可见，处理纠纷的效率也是民众选择行政复议的重要考量因素。最后，11.5%的调查对象认同行政复议"在行政机关内部解决，专业性强"的优势，而15.3%的调查对象认为是由于"结果比较公正"。在纠纷处理的专业性以及结果公正性方面，行政复议制度在民众心目中并不占优势。

在民众卷中，我们还就"假如您需要选择解决行政纠纷的途径，请问您会考虑的首要因素是什么"进行了解。

总体而言，受访者考虑的因素较为多样，但选择"程序简便、效率高"的比例最高，为48.1%。开放题中对此也有描述，如网络调查民众卷问卷序号1022写道："个人感觉解决纠纷途径越简便快捷，老百姓更愿意采用，除非重大纠纷，大家都希望快点解决问题。"网络调查民众卷问卷序号255提到："作为公民，我希望我的权利能被保障。但在受到侵犯时，我希望能够得到最快捷有效的帮助，不想被骗被伤害，吃哑巴亏。但是费用也是很重要的因素（我真的没钱）。"

表 73　　　　假如您需要选择解决行政纠纷的途径，请问您会考虑的

首要因素是什么？（民众卷）

	选　项	回答人次	百分比	有效百分比
有效回答	程序简便，效率高	1451	48.1	48.1
	程序比较中立	117	3.9	3.9
	处理结果比较公正	915	30.3	30.3
	费用少	57	1.9	1.9
	对解决途径的熟悉程度	130	4.3	4.3
	有熟人推荐或者帮忙	248	8.2	8.2
	其他	20	0.7	0.7
	说不清楚	79	2.6	2.6
	总　计	3017	100.0	100.0

其次是"处理结果比较公正"，为30.3%。在民众就程序简便和结果公正之间做"唯一"的选择时，程序简便还是更为重要。虽然公正的处理结果为纠纷处理的应有之义，但是结合民众的选择与行政纠纷当事人在提起行政诉讼或行政复议前的情况，即绝大部分行政纠纷当事人选择与行政机关交涉（含沟通、协调、反映、申辩等方式）以寻求行政纠纷的解决，可见，为了顺利、快捷地解决纠纷，当事人可能愿意牺牲一部分的公正价值。

另外，选择"解决途径的熟悉程度"和"有熟人推荐或者帮忙"的比例分别为4.3%和8.2%，虽然占比不高，但是这两个选项的具有内在一致性，即都是选择自己更了解的、更具有亲和力的途径，而非自己感到陌生的途径，这对于制度的设计和改革上而言，也具有一定的参考价值。

（2）小结

基于行政纠纷当事人选择纠纷解决途径的首要考量因素可知，首先，我国行政诉讼与行政复议的定位清晰，大部分行政纠纷当事人明确知悉二者的制度特点；其次，行政纠纷当事人对行政诉讼及行政复议制度总体缺乏信心。在选择解决纠纷的过程中，当事人倾向于尽可能穷尽所有的纠纷解决方式，然后再选择行政诉讼。虽然行政诉讼的制度定位本身即是保护相对人合法权益的最后一道防线，但是，结合实地调研中了解到的情况来看，当事人对行政诉讼的效果亦不是很有信心。

在结果公正和程序高效之间的权衡中，数据结果显示更多的当事人及民众会首先考量程序的效率。但是，结合当事人在开放性问题中的回答，我们可以发现，结果公正与程序高效的优先性是有前提条件的。一般纠纷中，程序高效是当事人的首要考量因素，而在重大纠纷中，结果公正是当事人的首要考量因素。

2. 选择纠纷解决途径时的目的考量

（1）调查结果

就纠纷解决途径的制度设计而言，公正与效率是一对主要矛盾。理想状态是公正与效率兼得。想必这也是制度设计者的追求。但理性来看，就某一特定的制度而言，恐怕只能是追求某一价值的同时兼顾其他，而兼顾的意思就包含可能的轻视甚至忽略。对此，当事人以及普通公众是如何看的？我们在问卷中对不同的调查对象都使用了同样的两道问题，即是否同意这两种看法："无论通过什么解决途径，只要能够公正解决自己的问题就可以"和"无论通过什么解决途径，只要能够简便快速地解决自己的问题就可以"。题目中特意表明了"无论……，只要"的句式，意在突出其唯一性。且这两道题在问卷中是紧接着的，也就是说调查对象在回答这两道问题时是可以前后联系起来看待、对待的。

表74 有人认为，"无论通过什么解决途径，只要能够公正解决自己的问题就可以"，
请问您是否认同这种看法？（实地调查行政诉讼卷）

选 项		回答人次	百分比	有效百分比
有效回答	非常同意	114	24.5	25.2
	同意	163	35.0	36.0
	不同意	57	12.2	12.6
	非常不同意	9	1.9	2.0
	看情形，不知道	83	17.8	18.3
	说不清楚	27	5.8	6.0
	总 计	453	97.2	100.0
缺 失		13	2.8	
总 计		466	100.0	

表75 有人认为，"无论通过什么解决途径，只要能够公正解决自己的问题就可以"，
请问您是否认同这种看法？（实地调查行政复议卷）

选 项		回答人次	百分比	有效百分比
有效回答	非常同意	42	33.1	33.1
	同意	53	41.7	41.7
	不同意	7	5.5	5.5
	非常不同意	0	0	0
	看情形，不知道	19	15.0	15.0
	说不清楚	6	4.7	4.7
	总 计	127	100.0	100.0
缺 失		0	0	
总 计		127	100.0	

表76　有人认为，"无论通过什么解决途径，只要能够公正解决自己的问题就可以"，
请问您是否认同这种看法？（民众卷）

	选　项	回答人次	百分比	有效百分比
有效回答	非常同意	441	14.6	14.6
	同意	1048	34.7	34.7
	不同意	751	24.9	24.9
	非常不同意	73	2.4	2.4
	看情形，不知道	597	19.8	19.8
	说不清楚	107	3.5	3.5
	总　计	3017	100.0	100.0

表77　有人认为，"无论通过什么解决途径，只要能够公正解决自己的问题就可以"，
请问您是否认同这种看法？（网络调查行政诉讼卷）

	选　项	回答人次	百分比	有效百分比
有效回答	非常同意	23	24.2	24.2
	同意	28	29.5	29.5
	不同意	28	29.5	29.5
	非常不同意	3	3.2	3.2
	看情形，不知道	12	12.6	12.6
	说不清楚	1	1.1	1.1
	总　计	95	100.0	100.0

表78　有人认为，"无论通过什么解决途径，只要能够公正解决自己的问题就可以"，
请问您是否认同这种看法？（网络调查行政复议卷）

	选　项	回答人次	百分比	有效百分比
有效回答	非常同意	17	21.0	21.0
	同意	24	29.6	29.6
	不同意	19	23.5	23.5
	非常不同意	5	6.2	6.2
	看情形，不知道	14	17.3	17.3
	说不清楚	2	2.5	2.5
	总　计	81	100.0	100.0

数据显示，实地调查中行政诉讼及行政复议当事人选择"非常同意"和"同意"的比例之和分别为61.2%和74.8%，占绝大多数。相比"不同意"和"非常不同意"，选择"看情形，不知道"以及"说不清楚"的比例不在少数。网络调查中与此类似，但选择"不同意"和"非常不同意"的比例稍高。网络调查行政诉讼卷、网络调查行政复议卷、民众卷选择"非常同意"和"同意"比例之和分别是行政诉讼卷53.7%、行政复议卷50.6%、民众卷49.3%。

与实体结果公正相对应的是就"简便快速"这一效率问题进行考察。

表79　有人认为，"无论通过什么解决途径，只要能够简便快速地解决自己的问题就可以"，请问您是否认同这种看法？（实地调查行政诉讼卷）

选　项		回答人次	百分比	有效百分比
有效回答	非常同意	76	16.3	16.8
	同意	146	31.3	32.3
	不同意	75	16.1	16.6
	非常不同意	10	2.1	2.2
	看情形，不知道	105	22.5	23.2
	说不清楚	40	8.6	8.8
	总　　计	452	97.0	100.0
缺　失		14	3.0	
总　　计		466	100.0	

表80　有人认为，"无论通过什么解决途径，只要能够简便快速地解决自己的问题就可以"，请问您是否认同这种看法？（实地调查行政复议卷）

选　项		回答人次	百分比	有效百分比
有效回答	非常同意	22	17.3	17.5
	同意	52	40.9	41.3
	不同意	18	14.2	14.3
	非常不同意	1	0.8	0.8
	看情形，不知道	27	21.3	21.4
	说不清楚	6	4.7	4.8
	总　　计	126	99.2	100.0
缺　失		1	0.8	
总　　计		127	100.0	

表 81 有人认为,"无论通过什么解决途径,只要能够简便快速地解决自己的问题就可以",请问您是否认同这种看法?(民众卷)

选项		回答人次	百分比	有效百分比
有效回答	非常同意	309	10.2	10.2
	同意	879	29.1	29.1
	不同意	985	32.6	32.6
	非常不同意	124	4.1	4.1
	看情形,不知道	614	20.4	20.4
	说不清楚	106	3.5	3.5
	总　计	3017	100.0	100.0

表 82 有人认为,"无论通过什么解决途径,只要能够简便快速地解决自己的问题就可以",请问您是否认同这种看法?(网络调查行政诉讼卷)

选项		回答人次	百分比	有效百分比
有效回答	非常同意	16	16.8	16.8
	同意	30	31.6	31.6
	不同意	29	30.5	30.5
	非常不同意	5	5.3	5.3
	看情形,不知道	14	14.7	14.7
	说不清楚	1	1.1	1.1
	总　计	95	100.0	100.0

表 83 有人认为,"无论通过什么解决途径,只要能够简便快速地解决自己的问题就可以",请问您是否认同这种看法?(网络调查行政复议卷)

选项		回答人次	百分比	有效百分比
有效回答	非常同意	9	11.1	11.1
	同意	25	30.9	30.9
	不同意	22	27.2	27.2
	非常不同意	8	9.9	9.9
	看情形,不知道	15	18.5	18.5
	说不清楚	2	2.5	2.5
	总　计	81	100.0	100.0

　　与只要公正相比，行政诉讼及行政复议当事人"非常同意"和"同意"简便快速地解决问题的占比降低，两者之和分别是49.1%和58.8%。网络调查中，行政纠纷当事人及民众选择"非常同意"和"同意"的比例进一步降低，二者的比例之和分别是行政诉讼卷48.4%、行政复议卷42.0%、民众卷39.3%。看来，与追求"公正"相比，当事人对于"无论通过什么解决途径，只要能够简便快速地解决自己的问题就可以"这一表达的认同度明显降低。民众卷虽然也表现出相同的情况，即选择公正的比例总体上高于选择效率的比例。但与实地调查和网络调查的当事人比较起来，似乎分歧更大。

表84　　只要"公正"与只要"简便快速"的交叉分析表（实地调查行政诉讼卷）

| | | | 有人认为，"无论通过什么解决途径，只要能够简便快速地解决自己的问题就可以"，请问您是否认同这种看法？ | | | | | | 总数 |
			非常同意	同意	不同意	非常不同意	看情形，不知道	说不清楚	
有人认为，"无论通过什么解决途径，只要能够公正解决自己的问题就可以"，请问您是否认同这种看法？	非常同意	数量	67	25	6	1	9	5	113
		百分比	59.3%	22.1%	5.3%	0.9%	8.0%	4.4%	100.0%
	同意	数量	8	106	13	1	27	8	163
		百分比	4.9%	65.0%	8.0%	0.6%	16.6%	4.9%	100.0%
	不同意	数量	0	5	50	0	1	1	57
		百分比	0.0%	8.8%	87.7%	0.0%	1.8%	1.8%	100.0%
	非常不同意	数量	1	1	0	7	0	0	9
		百分比	11.1%	11.1%	0.0%	77.8%	0.0%	0.0%	100.0%
	看情形，不知道	数量	0	7	3	1	65	6	82
		百分比	0.0%	8.5%	3.7%	1.2%	79.3%	7.3%	100.0%
	说不清楚	数量	0	1	3	0	3	20	27
		百分比	0.0%	3.7%	11.1%	0.0%	11.1%	74.1%	100.0%
总　　数		数量	76	145	75	10	105	40	451
		百分比	16.9%	32.2%	16.6%	2.2%	23.3%	8.9%	100.0%

实地调查行政诉讼卷当事人对"公正"的同意(含"非常同意"和"同意")比例为61.2%,对"简便快速"的同意(含"非常同意"和"同意")比例为49.1%,二者相差12个百分点。实地调查行政复议卷当事人的相应数字是74.8%和58.8%,二者相差16个百分点。可以看出实地调查行政复议卷当事人对"只要公正"的追求相比于"只要简便快捷"的追求,态度更加明显。

调查对象对两道问题回答的高集中度表明其选择具有一定的矛盾性。为此,我们进行了交叉分析。

表85 "只要公正"与"只要简便快捷"的交叉分析表(实地调查行政复议卷)

			有人认为,"无论通过什么解决途径,只要能够简便快速地解决自己的问题就可以",请问您是否认同这种看法?						总数
			非常同意	同意	不同意	非常不同意	看情形,不知道	说不清楚	
有人认为,"无论通过什么解决途径,只要能够公正解决自己的问题就可以",请问您是否认同这种看法?	非常同意	数量	21	14	2	0	5	0	42
		百分比	50.0%	33.3%	4.8%	0.0%	11.9%	0.0%	100.0%
	同意	数量	1	38	7	0	5	1	52
		百分比	1.9%	73.1%	13.5%	0.0%	9.6%	1.9%	100.0%
	不同意	数量	0	0	6	0	1	0	7
		百分比	0.0%	0.0%	85.7%	0.0%	14.3%	0.0%	100.0%
	非常不同意	数量	0	0	0	0	0	0	0
		百分比	0.0%	0.0%	0.0%	0.0%	0.0%	0.0%	0.0%
	看情形,不知道	数量	0	1	1	0	16	1	19
		百分比	0.0%	5.3%	5.3%	0.0%	84.2%	5.3%	100.0%
	说不清楚	数量	0	0	2	0	0	4	6
		百分比	0.0%	0.0%	33.3%	0.0%	0.0%	66.7%	100.0%
总　数		数量	22	53	18	0	27	6	126
		百分比	17.5%	42.1%	14.3%	0.0%	21.4%	4.8%	100.0%

表86 　　　　　　"只要公正"与"只要简便快捷"的交叉分析表（民众卷）

| | | | 有人认为，"无论通过什么解决途径，只要能够简便快速地解决自己的问题就可以"，请问您是否认同这种看法？ | | | | | | 总数 |
			非常同意	同意	不同意	非常不同意	看情形，不知道	说不清楚	
有人认为，"无论通过什么解决途径，只要能够公正解决自己的问题就可以"，请问您是否认同这种看法？	非常同意	数量	269	98	36	5	30	3	441
		百分比	61.0%	22.2%	8.2%	1.1%	6.8%	0.7%	100.0%
	同意	数量	26	667	190	17	133	15	1048
		百分比	2.5%	63.6%	18.1%	1.6%	12.7%	1.4%	100.0%
	不同意	数量	5	50	622	40	28	6	751
		百分比	0.7%	6.7%	82.8%	5.3%	3.7%	0.8%	100.0%
	非常不同意	数量	3	7	13	45	4	1	73
		百分比	4.1%	9.6%	17.8%	61.6%	5.5%	1.4%	100.0%
	看情形，不知道	数量	6	47	108	13	398	25	597
		百分比	1.0%	7.9%	18.1%	2.2%	66.7%	4.2%	100.0%
	说不清楚	数量	0	10	16	4	21	56	107
		百分比	0.0%	9.3%	15.0%	3.7%	19.6%	52.3%	100.0%
总　　　数		数量	309	879	985	124	614	106	3017
		百分比	10.2%	29.1%	32.6%	4.1%	20.4%	3.5%	100.0%

　　交叉分析结果显示，上述各卷中选择"非常同意"或"同意"公正解决纠纷为首要追求的调查对象中绝大部分人也选择了"非常同意"和"同意"简便快速地解决纠纷为首要追求。比如，实地调查行政诉讼卷中"非常同意""公正"的人选择"非常同意"和"同意""简便快速"的比例为59.3%和22.1%，"同意"公正的人选择"非常同意"和"同意""简便快速"的比例为4.9%和65.0%。这表示有不少调查对象并没有很好地理解公正与效率具有一定的冲突，而是简单地认为二者都需要，因而都进行了选择。看来希望纠纷解决过程中同时做到公正和效率是一种普遍的心态。

（2）小结

整体而言，调查对象对公正和效率都有要求，选择实体公正的比例要高于选择程序便捷的比例。表明在当事人及普通民众心目中，在公正和效率之间很难权衡，放弃任一追求都很困难。文字反馈中此类意见也多有说明，如"希望通过课题研究，在公正的前提下提高司法途径解决问题的效率"（网络调查民众卷问卷序号 1275）；"所有争议解决程序都希望能在保证公平的前提下方便快捷"（网络调查民众卷问卷序号 2014）；"行政纠纷解决把握三点：效率高，程序简洁；公平公正公开；适用性高"（网络调查民众卷问卷序号 2070）；"希望能更快、更便捷、更公正方式解决行政纠纷"（实地调查行政诉讼卷 GTZY061）。

公正和效率确实是我们都追求的价值，但在具体的制度设计中却很难做到同时兼顾。例如，行政复议相较于行政诉讼而言，其专业性、高效性、灵活性等优势一直备受推崇。但正如硬币有正反两面，行政复议上述优势正是基于复议机关作为行政系统内部组成部分的这一身份而来，而这一身份也导致行政复议的中立性、独立性饱受诟病。同理，"迟来的正义非正义"。严格意义上，司法公正本身即囊括了司法效率这一内涵，效率也是评价纠纷解决是否公正的重要因素，而公正始终是司法的最高价值追求。我们在各种不同的场合也经常可以看到"既要……又要……"的表达。但理性分析，在具体制度设计时则只能是"宁可牺牲……也要追求……"因此，这两道题在设问时用了"无论……只要……就可以"的表达，意在突出其唯一性，而调查对象对这两问中"非常同意"和"同意"同样的高比例的选择，以及交叉分析表现的对公正与效率的同时选择，与这种唯一性是矛盾的。

3. 对行政复议和行政诉讼的选择

（1）调查结果

此题是询问当事人是否将行政复议作为解决自身纠纷的第一选择，询问的对象是本身正在复议机关咨询或正在申请行政复议的当事人，从题干的语气来说，有假设的意味。只有 37.0% 的受访者明确选择"会"，12.6% 的选择"不会"，而

50.4%选择"不知道，还要考虑其他情况"。网络调查中，此题的数据分别是 40.7%、25.9%、33.3%。

表87　　请问您是否会考虑将行政复议制度作为解决自身纠纷的第一选择？
（实地调查行政复议卷）

	选　项	回答人次	百分比	有效百分比
有效回答	会	47	37.0	37.0
	不会	16	12.6	12.6
	不知道，还要考虑其他情况	64	50.4	50.4
	总　计	127	100.0	100.0

在已经进行行政复议的调查对象中，网络调查33.3%和实地调查50.4%的当事人在回答是否将行政复议制度作为解决自身纠纷的第一选择时，表示自己不确定，还要考虑其他情况。问卷中并未反映何种情况，但是结合问卷的前述调查结果以及实地调研的具体情况，我们估计可能的情况包括但不限于以下几项：第一，与行政机关沟通交涉的情况；第二，信访、市长热线等其他纠纷途径解决纠纷的情况；第三，同类案件其他当事人的选择；第四，当事人一方的具体人数等。

由于行政复议是直接由行政机关解决纠纷，具备简便快捷、及时化解矛盾等特点，在行政纠纷解决机制的构建中，我国一直希望其具有"大复议"的地位，即通过行政复议解决大部分的行政纠纷从而达到分流的目的。从当事人的反映看，实践中距离实现"大复议"的目标恐怕还有一定的空间。

双变量分析显示，对行政复议制度的了解程度与当事人将行政复议制度作为解决自身纠纷的第一选择有一定的关联性，对行政复议越了解的当事人越愿意将其作为第一选择。"很了解""一般了解""不太了解""完全不了解"明确表示"会"的占比分别是44.2%、37.3%、25.8%和0.0%。

表 88　　对行政复议了解程度与当事人是否愿意将行政复议作为解决自身
　　　　　纠纷的第一选择的交叉分析表（实地调查行政复议卷）

			请问您是否会考虑将行政复议制度作为解决自身纠纷的第一选择？			总数
			会	不会	不知道，还要考虑其他情况	
您对我国行政复议制度的了解程度？	很了解	数量	19	6	18	43
		百分比	44.2	14.0	41.9	100.0
	一般了解	数量	19	8	24	51
		百分比	37.3	15.7	47.1	100.0
	不太了解	数量	8	2	21	31
		百分比	25.8	6.5	67.7	100.0
	完全不了解	数量	0	0	1	1
		百分比	0.0	0.0	100.0	100.0
总　　数		数量	46	16	64	126
		百分比	36.5	12.7	50.8	100.0

行政复议当事人对行政复议和行政诉讼之间的看法与选择如何，我们进行了询问。

表 89　　假如您对行政复议决定不服，您是否会向法院提起行政诉讼？
　　　　　（实地调查行政复议卷）

选　　项		回答人次	百分比	有效百分比
有效回答	一定会	88	69.3	69.3
	可能会	29	22.8	22.8
	一定不会	1	0.8	0.8
	不知道，看情况	9	7.1	7.1
	总　　计	127	100.0	100.0

数据显示，实地调查中仅有 1 人（0.8%）明确表示如果对行政复议决定不服，"一定不会"向人民法院提起行政诉讼。网络调查中，回答"一定会""可能会""一定不会""不知道，看情况"的比例分别是 42%、39.5%、4.9% 和 13.6%。即网络调查行政复议卷也只有 4.9% 的人选择"一定不会"。由此，在对行政复议决定不服的情况下，大部分人会倾向于向法院提起行政诉讼。

这种现象是可以理解的。在我国目前的行政纠纷解决机制中，大部分类型的案件在行政复议和行政诉讼的制度衔接中是可以先复议后诉讼的，然而由于诉讼终局，此种顺序不能颠倒。因此，从当事人的角度来看，对于行政纠纷的解决首先倾向于行政复议是更为理性，也是能够获得更多制度保障的选择。

不过，对行政复议决定不服的当事人中，实地调查和网络调查中仍有 22.8% 和 39.5% 的调查对象选择"可能会"向法院提起行政诉讼。我们难以从本次调查的数据中继续探究这部分当事人虽然对行政复议决定不服，但只是"可能会"向法院提起行政诉讼的原因。分析起来，大概会有对自己胜诉把握不足的心理因素。从纠纷解决的制度设置上来说，先复议后诉讼，通过行政复议过滤一部分纠纷，是制度设计的目的，故出现行政复议后不提起行政诉讼的情况，也属正常。

（2）小结

结合之前的数据分析可知，虽然行政复议制度在纠纷解决过程的地位非常重要，但是，该制度尚不能实现分流大部分行政案件的目标。申请行政复议不一定是当事人作为解决自身纠纷的第一选择。对行政复议制度的了解会增加当事人选择行政复议的可能性。在当事人不服行政复议的结果时，大部分当事人会选择行政诉讼。如何发挥行政复议和行政诉讼制度各自的特点和优势，引导当事人重视行政复议的作用，是制度建设中需要考虑的。

4. 对信访的选择

在我国，信访具有较高的知晓度。实践中，当事人在案件进入行政复议、行政诉讼之前不少已经进行或正在进行信访，前述纠纷解决过程和经历中的数据已有展现。影响当事人选择信访的因素，除前述已经分析的当事人人数具有较明显的影响外，我们发现，当事人对行政诉讼与行政复议制度的了解，也有一定的影响。交叉分析显示，对行政诉讼和行政复议制度越了解，当事人越可能不经过信访而直接提起行政诉讼或申请行政复议。

在自我评定对行政诉讼制度"很了解"的当事人中，有71.6%的当事人没有进行过信访。"一般了解""不太了解"和"完全不了解"的当事人"没有信访"的比例则在50%以下。

表90　　对行政诉讼了解情况与信访的交叉分析表（实地调查行政诉讼卷）

			您的案件是否进行过信访？				总数
			正在进行信访中	之前进行过信访，没解决问题	没有信访	不知道信访	
您对我国行政诉讼制度的了解程度？	很了解	数量	3	24	73	2	102
		百分比	2.9	23.5	71.6	2.0	100.0
	一般了解	数量	14	94	99	5	212
		百分比	6.6	44.3	46.7	2.4	100.0
	不太了解	数量	7	43	53	14	117
		百分比	6.0	36.8	45.3	12.0	100.0
	完全不了解	数量	0	6	8	2	16
		百分比	0.0	37.5	50.0	12.5	100.0
总数		数量	24	167	233	23	447
		百分比	5.4	37.4	52.1	5.1	100.0

当事人对行政复议的了解程度对其是否选择信访的影响同样如此。对行政复议"很了解""一般了解""不太了解"和"完全不了解"的当事人"没有信访"的比例逐步降低，分别是61.9%、52.9%、45.2%和0.0%。

表91　　对行政复议的了解情况与信访的交叉分析表（实地调查行政复议卷）

			您的案件是否进行过信访？				总数
			正在进行信访中	之前进行过信访，没解决问题	没有信访	不知道信访	
您对我国行政复议制度的了解程度？	很了解	数量	0	16	26	0	42
		百分比	0.0	39.1	61.9	0.0	100.0
	一般了解	数量	3	20	27	1	51
		百分比	5.9	39.2	52.9	2.0	100.0

续表

			您的案件是否进行过信访？				总数
			正在进行信访中	之前进行过信访，没解决问题	没有信访	不知道信访	
您对我国行政复议制度的了解程度？	不太了解	数量	1	13	14	3	31
		百分比	3.2	41.9	45.2	9.7	100.0
	完全不了解	数量	0	0	0	1	1
		百分比	0.0	0.0	0.0	100.0	100.0
总数		数量	4	49	67	5	125
		百分比	3.2	39.2	53.6	4.0	100.0

5. 对其他途径的选择

(1) 调查结果

在问卷调查中，我们除了对行政纠纷当事人选择解决途径的实际情况进行考察之外，同时也希望了解在纠纷不能顺利解决时当事人可能采取的行动，而这些行动在实践中可能表现为非法治或非制度性的特点。

表92 如果您的纠纷不能通过诉讼解决，您是否会采取上街、静坐、拉横幅、
进京上访等方式争取使您的问题得到解决？（实地调查行政诉讼卷）

选 项		回答人次	百分比	有效百分比
有效回答	一定会	31	6.7	6.8
	可能会	95	20.4	21.0
	一定不会	211	45.3	46.6
	不知道，看情况	116	24.9	25.6
	总 计	453	97.2	100.0
缺 失		13	2.8	
总 计		466	100.0	

表93　如果您的纠纷不能通过诉讼解决，您是否会采取上街、静坐、拉横幅、

　　　进京上访等方式争取使您的问题得到解决？（实地调查行政复议卷）

选　项		回答人次	百分比	有效百分比
有效回答	一定会	6	4.7	4.8
	可能会	26	20.5	20.6
	一定不会	68	53.5	54.0
	不知道，看情况	26	20.5	20.6
	总　计	126	99.2	100.0
缺　失		1	0.8	
总　计		127	100.0	

交叉分析显示，实地调查行政诉讼当事人卷中男性选择"一定会""可能会""一定不会""不知道，看情况信访"的比例分别是6.2%、19.2%、49.2%、25.4%；女性则是7.1%、24.8%、41.8%、26.2%。行政复议当事人卷的男性比例分别是4.8%、22.6%、56.0%、16.7%；女性则为4.9%、17.1%、51.2、26.8%。

实地调查行政诉讼当事人卷中学历为"初中及以下"选择上述各项的比例是6.7%、21.3%、29.2%、42.7%；"高中、中专"的比例为11.5%、26.9%、28.8%、32.7%；"大专"为11.8%、31.4%、37.3%、19.6%；"本科"为2.5%、15.9%、65.6%、15.9%；"研究生及以上"比例分别是4.7%、11.6%、72.1%、11.6%。行政复议当事人卷"初中及以下"选择上述各项的比例是20.0%、33.3%、20.0%、26.7%；"高中、中专"的比例为0.0%、38.5%、30.8%、30.8%；"大专"为16.7%、8.3%、75.0%、0.0%；"本科"为1.9%、14.8%、68.5%、14.8%；"研究生及以上"比例分别是0.0%、11.8%、64.7%、23.5%。

实地调查行政诉讼当事人卷中职业为"党、政、司法等机关"选择上述各项的比例为5.6%、22.2%、61.1%、11.1%；"企、事业单位"的比例是4.6%、20.7%、56.3%、18.4%；"个体工商户"为4.8%、38.1%、33.3%、23.8%；"务农"为5.9%、29.4%、33.3%、31.4%；"未就业"为8.0%、

24.0%、32.0%、36.0%;"其他"是 7.8%、15.5%、48.9%、27.9%;"在读学生"未有数据。行政复议当事人卷中职业为"党、政、司法等机关"选择上述各项的比例为 8.3%、16.7%、50.0%、25.0%;"企、事业单位"的比例是 2.7%、18.9%、73.0%、5.4%;"个体工商户"为 0.0%、9.1%、72.7%、18.2%;"务农"为 20.0%、20.0%、40.0%、2.0%;"未就业"为 14.3%、42.9%、21.4%、21.4%;"其他"是 2.4%、22.0%、41.5%、34.1%;"在读学生"未有数据。

实地调查行政诉讼当事人卷中"经常打交道"选择上述各项的比例为 8.5%、14.1%、57.7%、19.7%;"偶尔打交道"的比例为 6.4%、23.7%、43.4%、26.5%;"没打过交道"的比例是 4.6%、25.3%、35.6%、34.5%。行政复议当事人卷中"经常打交道"选择上述各项的比例为 6.8%、11.9%、66.1%、15.3%;"偶尔打交道"的比例为 3.3%、27.9%、47.5%、21.3%;"没打过交道"的比例是 0.0%、33.3%、0.0%、66.7%。

实地调查行政诉讼当事人卷作为原告提起过"1 次"行政诉讼的选择上述各项的比例为 4.8%、19.1%、45.7%、30.4%;"2 次"的为 4.3%、30.0%、44.3%、21.4%;"3 次及以上"的比例是 11.8%、22.0%、48.8%、17.3%。行政复议当事人卷作为申请人申请过"1 次"行政复议的选择上述各项的比例为 12.0%、24.0%、40.0%、24.0%;"2 次"的为 7.7%、23.1%、53.8%、15.4%;"3 次及以上"的比例是 5.9%、11.8%、58.8%、23.5%。

实地调查行政诉讼当事人卷"自然人"选择上述各项的比例是 7.6%、22.4%、41.6%、28.3%;"法人"的为 3.1%、16.9%、64.6%、15.4%;"其他组织"比例是 3.8%、19.2%、61.5%、15.4%。行政复议当事人卷"自然人"选择上述各项的比例是 4.4%、20.2%、55.3%、20.2%;"法人"的为 11.1%、33.3%、33.3%、22.2%;"其他组织"比例是 0.0%、0.0%、66.7%、33.3%。

实地调查行政诉讼当事人卷中原告一方"就我单独一个案子"选择上述各项的比例是 8.6%、17.7%、55.9%、17.7%;"还有和我同类型纠纷的人在法院打官司"的为 3.3%、21.1%、44.1%、31.6%;"还有和我同类型纠纷的人在观望"的为 17.0%、32.1%、32.1%、18.9%;"不知道"的比例是 2.0%、24.5%、34.7%、38.8%。行政复议当事人卷"就我单独一个案子"选择上述各项的比例是 5.0%、16.7%、60.0%、18.3%；"还有和我同类型纠纷的人在申请复议"的为 4.1%、22.4%、55.1%、18.4%；"还有和我同类型纠纷的人在观望"的为 10.0%、50.0%、10.0%、30.0%；"不知道"的比例是 0.0%、0.0%、80.0%、20.0%。

实地调查行政诉讼当事人卷中对方当事人有"1个"的选择上述各项的比例是 4.6%、20.8%、53.8%、20.8%；"2个"的是 6.4%、19.3%、43.9%、30.4%；"3个及以上"是 19.5%、19.5%、41.5%、19.5%；"不清楚"的比例是 7.5%、32.5%、25.0%、35.0%。行政复议当事人卷中对方当事人有"1个"的选择上述各项的比例是 2.4%、14.3%、69.0%、14.3%；"2个"的是 4.9%、19.7%、55.7%、19.7%；"3个及以上"是 22.2%、22.2%、11.1%、44.4%；"不清楚"的比例是 0.0%、36.4%、27.3%、36.4%。

现实中，纠纷解决机构或相关人员面对来自外界的压力，会对纠纷予以格外的重视从而努力达成解决。同时，对当事人而言，为求得纠纷解决而采取上街、静坐、拉横幅、进京上访等方式的现象确实时有发生。假设调查对象的纠纷不能通过行政诉讼的最后一道防线予以解决，其是否会选择上述方式？

在问题选项中，只有"一定不会"是一种明确的否定性的表达。"可能会"的倾向是比较明显的，"不知道，看情况"表达的是一种比较弱的倾向，实际上也是"可能会"的意思（当然也有"不会"的可能性），摇摆的态度表示随时会做出不同的选择。

数据显示，大约一半的调查对象明确表示不会采取上街、静坐等方式争取纠纷解决。网络调查行政诉讼卷中选择上述各项的比例分别是 3.2%、17.9%、46.3%、32.6%；行政复议卷的比例则为 2.5%、28.4%、44.4%、24.7%。从数据可以看出，无论是实地和网络调查，还是行政诉讼和行政复议当事人，"一定不会"选择问题中各种方式的比例均是最高的，大部分人趋于理性。但同时也要看到，愿意通过这些方式寻求纠纷的解决的人不在少数，"可能会"以及"不知道，看情况"均可能转变为现实中民众与政府间以略显激烈的冲突形式表现出来。

双变量交叉分析显示，与行政机关打交道的情况和当事人选择采取上街、静坐等方式存在关联，跟行政机关打交道越多的当事人选择"一定不会"采取上述方式的占比也越高。除此之外,当事人的其他基本信息与此问题并没有呈现出规律性。具体而言,当事人性别对是否通过题目中的方式解决纠纷影响不大,学历和职业有一定的影响,但并不明显。相关信息中,提起过多次行政诉讼(申请过多次行政复议)因素的影响差别不大。

所涉纠纷背景信息中,总体上"自然人"选择"一定会"和"可能会"的比例高于"法人"和"其他组织"。而在当事人双方人数的因素中,与信访表现的规律类似,行政纠纷双方中的人数越多的,选择"一定会"和"可能会"的比例越高,"一定不会"的占比越低。

表94 目前,社会中许多纠纷通过"网络发酵"引起公众注意而得以解决。假如纠纷不能顺利解决,请问您是否会采取这种方式?(实地调查行政诉讼卷)

选 项		回答人次	百分比	有效百分比
有效回答	一定会	40	8.6	8.8
	可能会	181	38.8	40.0
	一定不会	83	17.8	18.4
	不知道,看情况	148	31.8	32.7
	总 计	452	97.0	100.0
缺 失		14	3.0	
总 计		466	100.0	

表95 目前,社会中许多纠纷通过"网络发酵"引起公众注意而得以解决。假如纠纷不能顺利解决,请问您是否会采取这种方式?(实地调查行政复议卷)

选 项		回答人次	百分比	有效百分比
有效回答	一定会	17	13.4	13.4
	可能会	46	36.2	36.2
	一定不会	28	22.0	22.0
	不知道,看情况	36	28.3	28.3
	总 计	127	100.0	100.0
总 计		127	100.0	

表96 目前，社会中许多纠纷通过"网络发酵"引起公众注意而得以解决。假如纠纷不能顺利解决，请问您是否会采取这种方式？（网络调查行政诉讼卷）

	选　项	回答人次	百分比	有效百分比
	一定会	15	15.8	15.8
	可能会	57	60.0	60.0
有效回答	一定不会	6	6.3	6.3
	不知道，看情况	17	17.9	17.9
	总　　计	95	100.0	100.0

表97 目前，社会中许多纠纷通过"网络发酵"引起公众注意而得以解决。假如纠纷不能顺利解决，请问您是否会采取这种方式？（网络调查行政复议卷）

	选　项	回答人次	百分比	有效百分比
	一定会	16	19.8	19.8
	可能会	41	50.6	50.6
有效回答	一定不会	4	4.9	4.9
	不知道，看情况	20	24.7	24.7
	总　　计	81	100.0	100.0

交叉分析中，实地调查行政诉讼当事人卷中男性选择"一定会""可能会""一定不会""不知道，看情况"的比例分别是8.2%、38.4%、19.7%、33.8%；女性则是8.5%、45.1%、16.2%、30.3%。行政复议当事人卷的男性比例分别是15.5%、32.1%、25.0%、27.4%；女性则为9.5%、45.2%、16.7%、28.6%。

实地调查行政诉讼当事人卷中学历为"初中及以下"选择上述各项的比例是10.0%、37.8%、5.6%、46.7%；"高中、中专"的比例为11.7%、35.0%、17.5%、35.9%；"大专"为15.7%、45.1%、11.8%、27.5%；"本科"为5.8%、40.4%、24.4%、29.5%；"研究生及以上"比例分别是0.0%、53.5%、34.9%、11.6%。行政复议当事人卷"初中及以下"选择上述各项的比例是31.3%、37.5%、0.0%、31.3%；"高中、中专"的比例为11.5%、

117

34.6%、11.5%、42.3%；"大专"为41.7%、33.3%、0.0%、25.0%；"本科"为5.6%、37.0%、35.2%、22.2%；"研究生及以上"比例分别是5.9%、41.2%、29.4%、23.5%。

实地调查行政诉讼当事人卷中职业为"党、政、司法等机关"选择上述各项的比例为16.7%、44.4%、27.8%、11.1%；"企、事业单位"的比例是4.7%、36.0%、26.7%、32.6%；"个体工商户"为14.3%、31.0%、16.7%、38.1%；"务农"为11.8%、37.3%、11.8%、39.2%；"未就业"为4.0%、40.0%、8.0%、48.0%；"其他"是7.7%、44.5%、17.7%、30.0%；"在读学生"未有数据。行政复议当事人卷中职业为"党、政、司法等机关"选择上述各项的比例为8.3%、41.7%、16.7%、33.3%；"企、事业单位"的比例是10.8%、13.5%、48.6%、27.0%；"个体工商户"为9.1%、54.5%、18.2%、18.2%；"务农"为20.0%、20.0%、0.0%、60.0%；"未就业"为28.6%、28.6%、7.1%、35.7%；"其他"是14.3%、57.1%、2.4%、26.2%；"在读学生"没有数据。

实地调查行政诉讼当事人卷中"经常打交道"选择上述各项的比例为9.2%、34.8%、30.5%、25.5%；"偶尔打交道"的比例为8.6%、42.7%、14.1%、34.5%；"没打过交道"的比例是8.0%、43.7%、9.2%、39.1%。行政复议当事人卷中"经常打交道"选择上述各项的比例为11.9%、27.1%、37.3%、23.7%；"偶尔打交道"的比例为12.9%、46.8%、9.7%、30.6%；"没打过交道"的比例是33.3%、16.7%、0.0%、50.0%。

实地调查行政诉讼当事人卷作为原告提起过"1次"行政诉讼的选择上述各项的比例为6.1%、38.9%、16.6%、38.4%；"2次"的为8.6%、51.4%、12.9%、27.1%；"3次及以上"的比例是14.1%、40.6%、24.2%、21.1%。行政复议当事人卷作为申请人申请过"1次"行政复议的选择上述各项的比例为24.0%、24.0%、16.0%、36.0%；"2次"的为15.4%、38.5%、23.1%、23.1%；"3次及以上"的比例是14.3%、22.9%、42.9%、20.0%。

实地调查行政诉讼当事人卷"自然人"选择上述各项的比例是8.5%、41.1%、18.7%、31.7%；"法人"的为10.9%、45.3%、14.1%、29.7%；"其他组织"比例是11.5%、26.9%、15.4%、46.2%。行政复议当事人卷

"自然人"选择上述各项的比例是13.0%、34.8%、21.7%、30.4%；"法人"的为22.2%、55.6%、11.1%、11.1%；"其他组织"比例是0.0%、33.3%、66.7%、0.0%。

实地调查行政诉讼当事人卷中原告一方"就我单独一个案子"选择上述各项的比例是7.6%、39.1%、23.4%、29.9%；"还有和我同类型纠纷的人在法院打官司"的为8.5%、43.1%、20.9%、27.5%；"还有和我同类型纠纷的人在观望"的为15.1%、49.1%、3.8%、32.1%；"不知道"的比例是6.1%、30.6%、10.2%、53.1%。行政复议当事人卷"就我单独一个案子"选择上述各项的比例是11.7%、38.3%、18.3%、31.7%；"还有和我同类型纠纷的人在申请复议"的为12.0%、36.0%、30.0%、22.0%；"还有和我同类型纠纷的人在观望"的为40.0%、30.0%、10.0%、20.0%；"不知道"的比例是0.0%、40.0%、20.0%、40.0%。

实地调查行政诉讼当事人卷中对方当事人有"1个"的选择上述各项的比例是5.6%、43.4%、23.0%、28.1%；"2个"的是7.0%、39.2%、20.5%、33.3%；"3个及以上"是26.8%、48.8%、2.4%、22.0%；"不清楚"的比例是15.0%、22.5%、5.0%、57.5%。行政复议当事人卷中对方当事人有"1个"的选择上述各项的比例是4.8%、57.1%、11.9%、26.2%；"2个"的是16.4%、26.2%、34.4%、23.0%；"3个及以上"是40.0%、40.0%、0.0%、20.0%；"不清楚"的比例是9.1%、9.1%、9.1%、72.7%。

与上述"都市留言板""市长留言板"等政府部门内网络留言的形式不同，现代微博、微信朋友圈等各种社交软件和媒介发达，不少社会事件经其迅速传播而引起巨大的社会关注，从而促使纠纷解决部门或人员对其进行处理。该种方式其实质与信访、上街、拉横幅等方式类似，都希望通过外部力量来干预相关部门处理纠纷。

调查结果显示，受访对象中明确表示"一定不会"的比例分别是18.4%和22.0%。而网络调查中的相应比例更低，均不到10%。由此看出，在网络时代倾向于使用此种方式的当事人并非少数(包含"一定会"和"可能会")。如果加上"不知道，看情况"，则更是一个非常高的比例。

本题存在一个前提条件"假如纠纷不能顺利解决",即当事人在"走投无路"的情况下才选择利用网络舆论进行维权。此时也意味着制度化的纠纷解决机制已然穷尽而无效,当事人需要一个情感与诉求的宣泄口,网络就成为了一项重要渠道。对于"网络发酵",由于其存在传播范围广、速度快等显著特点,对于某些遭受不法对待的当事人而言,确实可能起到舆论倒逼监管,敦促行政机关主动纠错的效果。但是,社会公众出于对于弱势一方的同情心理,客观上也造成某些利用网络舆论达成不当利益诉求事件的发生,并有可能损害行政主体公信力,激化社会矛盾。

双变量分析结果显示,调查对象基本信息中,存在明显影响的是与行政机关打交道的程度,打交道程度越高的当事人选择此种方式的意愿越低。除此之外的其他基本信息对是否通过"网络发酵"方式的影响有一定差别,但并不明显。其中,提起行政诉讼次数(申请行政复议次数)有一定的影响,但没有规律性变化。所涉纠纷背景信息中,原告(申请人)人数虽有一定影响,但未有规律性变化。但在行政机关个数的因素中则表现为行政机关越多的,当事人更愿意通过此种方式。

(2)小结

当事人不服行政诉讼结果,选择通过上街、静坐、拉横幅、进京上访等方式以及通过"网络发酵"的方式试图获得纠纷解决的比例,可反映出当事人对我国既有行政纠纷解决途径的满意度以及可能采取的行动。行政诉讼的目的之一在于定分止争。通过上述方式解决行政纠纷意味着纠纷的影响被扩大化,行政诉讼的功能难以得到有效发挥。

数据显示,大多数当事人有可能会选择上述方式解决纠纷。大约一半的当事人有可能会采取上街、静坐等方式,80%至90%的当事人有可能会采取"网络发酵"的方式。选择"网络发酵"方式的比例在一方面显示出"网络发酵"的有效性,即行政机关难以及时控制网络上舆论的发展,更有助于当事人达到借助舆论解决纠纷的目的;另一方面也显示出当事人对自身纠纷的确信。通过在网络上发布自己涉及行政纠纷的情况,敢于接受各方评论,这意味着当事人坚定地认为自己有理。当然,以上做法反映了当事人对诉讼等制度公正性的怀疑,其消极后果是造成对纠纷解决的不当干扰，并可能形成不良的示范效应。

6. 对影响纠纷处理结果的相关因素的看法

（1）调查结果

表 98　　在老百姓有理的前提下，想要告赢政府，您认为最重要的是什么？

（实地调查行政诉讼卷）

	选　　项	回答人次	百分比	有效百分比
	有理就行了	81	17.4	20.1
	公正的法官	262	56.2	65.2
	有名的律师	12	2.6	3.0
有效回答	要有关系	6	1.3	1.5
	要有舆论和媒体支持	23	4.9	5.7
	其他	18	3.9	4.5
	总　　计	402	86.3	100.0
缺　　失		64	13.7	
总　　计		466	100.0	

表 99　　在老百姓有理的前提下，想要告赢政府，您认为最重要的是什么？

（网络调查行政诉讼卷）

	选　　项	回答人次	百分比	有效百分比
	有理就行了	13	13.7	13.7
	公正的法官	59	62.1	62.1
	有名的律师	2	2.1	2.1
有效回答	要有关系	2	2.1	2.1
	要有舆论和媒体支持	18	18.9	18.9
	其他	1	1.1	1.1
	总　　计	95	100.0	100.0

　　行政诉讼当事人认为胜诉的关键主要在于公正的法官。实地调查和网络调查中，选择"公正的法官"的比例分别是 56.2% 和 62.1%。除此之外在其他可能影响诉讼结果的因素当中，当事人自身有理占据了较高的比例，大约为 15%。除了舆论和媒体的支持在网络调查行政诉讼当事人中的占比较高外，其他影响因素的选择比例都很低。

表 100　　在老百姓有理的前提下，想要告赢政府，您认为最重要的是什么？
（民众卷对行政诉讼或行政复议"有一定的了解"的调查对象）

	选　　项	回答人次	百分比	有效百分比
有效回答	有理就行了	279	17.1	17.1
	公正的法官	883	54.0	54.0
	有名的律师	48	2.9	2.9
	要有关系	46	2.8	2.8
	要有舆论和媒体支持	301	18.4	18.4
	其他	79	4.8	4.8
	总　　计	1636	100.0	100.0

　　民众对这一题的回答与行政诉讼当事人相似。"公正的法官"最为重要，其次是"要有舆论和媒体支持"以及"有理就行了"。

　　认为"有名的律师"最重要的比例非常之低。这与当事人聘请律师的情况似有矛盾。在前述调查对象及所涉纠纷基本信息的部分，所涉纠纷背景信息显示，一半左右的当事人会选择聘请律师参与纠纷解决，且认为"律师帮助很大"。细究其原因，大概还是由于当事人对行政诉讼制度效果的不信任。律师在诉讼过程中的作用在于帮助当事人运用法律解决自己的纠纷，而对于案件最终的处理结果所能够起到的作用还是有限的。显然，当事人认为，虽然律师有作用，但法官的作用更为重要。此外，文字反馈中对"有名的律师"也另有看法，如网络调查民众卷问卷序号 82 提道："在选择进行行政诉讼的时候，选择律师的专业性比名气更重要，很多有名气的律师其实并不懂行政诉讼中需要注意的问题，也不清楚具体行政行为违背了合法性以及程序的正当性后会导致的结果而贸然诉讼，导致结果可能让当事人不满意。"网络调查民众卷问卷序号 654"在现实中，被告一方的行政机关与法官的联系较为容易，法院在自由裁量权范围内偏向行政机关的倾向较为明显。另外，个人认为，一般当事人觉得请的律师能帮助自己解决纠纷，是看律师的负责任程度，律师是否有名有一定参照意义，但不是决定因素"。

不过，本题在设置选项时有一个可以讨论的地方，就是在律师这里用的是"有名的律师"而不是"专业的律师"或者"有水平的律师"。调查对象在审阅并回答问卷时关注点可能在于律师是否"有名"，至少前述文字反馈的调查对象是这样的。显然，就律师而言，其重要的是要有丰富的专业知识和执业经验，"有名"并不代表有水平和有能力。选择此选项的比例很低可能与此有关。

但总体而言，律师这一选项与案件本身是否有理、法官公正与否、"关系"的作用、舆论和媒体的影响并列，还是可以大体看出调查对象对影响纠纷处理结果的相关因素的选择。

（2）小结

在司法理论层面，正常的案件审理是由法官按照规定的程序就案件事实进行审查，在查清事实的基础上依据实体法的规定作出相应的裁判。公正是法官的基本特质。"公正的法官"是一个法治社会的当然之义。因此，从理想状态来说，要打赢官司，应该是"有理就行了"。但从调查数据上看，选择"有理就行了"的比例仅为选择"公正的法官"的三分之一左右。这说明普遍而言调查对象认为"有理走遍天下"是行不通的，事实和法律之外的因素尤其公正的法官远比案件本身重要。问卷文字反馈中有大量的对公正的法官的呼吁，如"希望法官能实事求是、公平公正地真正为民解决行政诉讼问题，不要偏向哪一方"（实地调查行政诉讼卷 GTZY083）；"建议办案法官依法办案，不受任何违法违纪的压力去办案"（实地调查 GT009）；"法院按证据办理，律师按收费经验办理，个人按道理申请，调解员参与，结果总是不太理想！"（网络调查行政诉讼卷问卷序号 736）；"希望律师越来越尽责，法律越来越完善，法官公平对待每一个人"（网络调查民众卷问卷序号 716）。

由此看来，我国的法治建设任重而道远。调查对象认为胜诉仅"有理"是不够的，还要有公正的法官。潜在的意蕴是公正法官的缺乏。而对其他所有选项的选择，则不仅有不信任法官公正的态度，还隐含了对其他情况的期待，如舆论和媒体的支持。关于对舆论和媒体的看法，此题中，实地调查行政诉讼卷中认为"要有舆论和媒体支持"的比例仅为 5.7%，而网络调查中希望社会或媒体舆论所形成的外界压力来"倒逼"纠纷解决的比例分别是行政诉讼卷的 18.9% 和对行政诉讼有所了解的民众 18.4%。网络调查的调查对象中更重视舆论和媒体的作用。这似乎也是可以理解的，因为这部分群体本身就善于运用网络。但如此之高的比例还是表明有一部分人非常看好和高估舆论和媒体的作用。"舆论和媒体的支持"的比例上升，意味着民众对法官的不信任，这并不是法治建设所期待的效果。

（四）对各解决途径的评价和满意度

构建多元化行政纠纷解决机制的总体目标在于对不同类型的行政纠纷进行分流后予以合理、彻底解决。而从机制整体层面来说，其功效需在各个途径有效运行的基础上建立。从当事人角度考察各途径的运行情况以及对相关制度的满意度，能够反映目前各制度的现状并为制度的完善、调整提供建议。

对行政纠纷各解决途径运行情况的考察主要涉及两个方面，一是纠纷解决途径运行情况如何，二是纠纷解决途径能否达成解决纠纷的目的（也即效果如何）。由此，本次调查的题目也围绕这两个方面进行。

1. 行政诉讼的具体运行情况及效果

（1）调查结果

为了解行政纠纷解决途径的实际运行情况，课题组设计了当事人在参与诉讼过程中最直观感受的问题，以具体反映实际效果。

"立案难"一直是我国行政诉讼发展的主要症结之一，"2011 年调查"中，关于行政案件受理的情况，有 70.7% 的法官承认行政案件存在未按规定受理的情况。①

---

① 参见林莉红、宋国涛：《中国行政审判法官的知与行——〈行政诉讼法〉实施状况调查报告·法官卷》，载《行政法学研究》2013 年第 2 期。

为改变这一问题，2014年《行政诉讼法》将立案审查修改为登记立案，旨在将符合起诉条件的行政案件应收尽收。此次改革在司法实践中的效果如何，当事人的感受最为真实。

表 101　　　请问您去办理立案的时候是否顺利？（实地调查行政诉讼卷）

选　项		回答人次	百分比	有效百分比
有效回答	很顺利	172	36.9	37.8
	还行，按规矩办	212	45.5	46.6
	很麻烦，很不顺利，刁难人	40	8.6	8.8
	不好说	31	6.7	6.8
	总　　计	455	97.6	100.0
缺　失		11	2.4	
总　计		466	100.0	

表 102　　　请问您去办理立案的时候是否顺利？（网络调查行政诉讼卷）

选　项		回答人次	百分比	有效百分比
有效回答	很顺利	17	17.9	17.9
	还行，按规矩办	54	56.8	56.8
	很麻烦，很不顺利，刁难人	19	20.0	20.0
	不好说	5	5.3	5.3
	总　　计	95	100.0	100.0

总体而言，大部分案件能够按程序进入法院。84.4%的当事人认为"很顺利"或者"还行，按规矩办"。但是，仍有8.8%的受访者认为存在"很麻烦，很不顺利，刁难人"的现象和6.8%选择"不好说"。网络调查中，选择上述各项的数据分别是17.9%、56.8%、20.0%和5.3%。这说明实践中仍存在法院在行政诉讼案件立案时设置阻碍的情况。问卷文字反馈题中对此也有提及，实地调查行政复议卷 NZFY004 中提到"现在的境况是，政府叫我们到法院起诉，法院说不是法院受案范围，老百姓上天告不行，下地告不行，请问到哪里去告？"实地调查行政诉

讼卷 NTZY068 提到"土地回收（应为"征收"），民事不立案，转行政诉讼，看来又得去民事立案，究竟能不能立案?"网络调查行政诉讼卷问卷序号 1804 说的"行政诉讼立案就是个大难题，法院总会先找个理由不予立案，即使立案了胜诉的非常少"。网络调查行政诉讼卷问卷序号 74 提到"现在立案还是比较难，不过律师坚持，费些周折还是可以立案的，就这点来说，比过去好一些"。此外，对于正常的起诉程序，当事人亦有认为不顺利之处，"庭审中，律师陈述一些对被告不利内容时，审判长总是打断不让律师发言，或者说必须要原告自己来回答，但原告都是些农民，根本讲不清楚;行政案件立案，要求太多，比较刁难人，如必须提供行政机关准确的电话号码，以及法定代表人的姓名，但实际情况是，法定代表人已经换人了，但对外公示信息没变，原告难以提供"（实地调查行政诉讼卷 NTZY076）。就我们了解的情况，上述情况主要集中在两个方面:第一，案件类型特殊，通常是敏感的案件类型或者涉访案件;第二，起诉时间点特别，法院年末有结案率的考核指标，此时法院没有继续立案的动力，往往对立案继续推诿。另外，立法滞后亦导致部分实质影响相对人权益的行政争议案件无法进入诉讼程序，例如行政复议中止行为、程序性行政行为等。本次调查从制度运行情况及效果角度来探究当事人选择行政纠纷解决途径的影响因素，登记立案制是 2014 年《行政诉讼法》修改重点，亦是实施状况之一，但"立案难"的原因非本次调查重点，在此次调查中未更深入地涉及此一主题，在此不做进一步的分析。

表 103　　您如何评价现有的诉讼收费规定?（实地调查行政诉讼卷）

	选　　项	回答人次	百分比	有效百分比
有效回答	挺好	295	63.3	65.4
	太高	20	4.3	4.4
	太低	21	4.5	4.7
	不应该收费	60	12.9	13.3
	不了解	55	11.8	12.2
	总　　计	451	96.8	100.0
缺　　失		15	3.2	
总　　计		466	100.0	

表 104 您如何评价现有的诉讼收费规定？（网络调查行政诉讼卷）

选 项		回答人次	百分比	有效百分比
有效回答	挺好	57	60.0	60.0
	太高	9	9.5	9.5
	太低	9	9.5	9.5
	不应该收费	15	15.8	15.8
	不了解	5	5.3	5.3
	总 计	95	100.0	100.0

行政诉讼收费是指当事人进行行政诉讼活动，应当向人民法院交纳和支付一定数额的费用。依据 2006 年国务院颁布的《诉讼费用交纳办法》，当事人应当向人民法院交纳包括案件受理费；申请费；证人、鉴定人、翻译人员、清算人员在人民法院指定日期出庭发生的交通费、住宿费、生活费和误工补贴在内的诉讼费用。此外，该《办法》中还规定了可以申请缓交、减交或者免交诉讼费用的情形。总体而言，相较于财产案件，行政诉讼收费并不算太高。

调查显示，行政诉讼当事人对目前的诉讼收费规定满意度较高。分别有 65.4% 和 4.7% 的当事人认为现有诉讼收费的规定"挺好"和"太低"，4.4% 和 13.3% 的认为"太高"或"不应该收费"，对此"不了解"的占比 12.2%。网络调查行政诉讼卷与此类似，比例分别是 60.0%、9.5%、9.5%、15.8%、5.3%。

除了具体制度实施状况方面的考察，我们还就当事人对行政诉讼制度主观层面的认知进行了解。以下调查则不仅可反映出行政诉讼在民众中的印象，还可显示出民众遭遇行政纠纷后计算诉讼成本并选择维权方式的考量因素。

这是一道我们的"2011 年调查"中也使用过的题。"2011 年调查"民众卷的调查数据分别是 4.4%、47.3%、17.9%、30.5%。[①]

---

① 参见林莉红主编：《行政法治的理想与现实——〈行政诉讼法〉实施状况实证研究报告》，北京大学出版社 2014 年版，第 68 页。

表105　您感觉在行政诉讼中法院对老百姓与对行政机关的态度有差别吗？

（实地调查行政诉讼卷）

	选　项	回答人次	百分比	有效百分比
有效回答	对老百姓态度好些	62	13.3	13.8
	对行政机关态度好些	101	21.7	22.5
	对老百姓与对行政机关态度一样	195	41.8	43.5
	说不清楚	90	19.3	20.1
	总　　计	448	96.1	100.0
缺　失		18	3.9	
总　　计		466	100.0	

表106　您感觉在行政诉讼中法院对老百姓与对行政机关的态度有差别吗？

（网络调查行政诉讼卷）

	选　项	回答人次	百分比	有效百分比
有效回答	对老百姓态度好些	5	5.3	5.3
	对行政机关态度好些	51	53.7	53.7
	对老百姓与对行政机关态度一样	19	20.0	20.0
	说不清楚	20	21.1	21.1
	总　　计	95	100.0	100.0

表107　您感觉在行政诉讼中法院对老百姓与对行政机关的态度有差别吗？

（民众卷对行政诉讼或行政复议"有一定的了解"的调查对象）

	选　项	回答人次	百分比	有效百分比
有效回答	对老百姓态度好些	100	6.1	6.1
	对行政机关态度好些	599	36.6	36.6
	对老百姓与对行政机关态度一样	389	23.8	23.8
	说不清楚	548	33.5	33.5
	总　　计	1636	100.0	100.0

在司法理论层面，法院在案件中应处于中立地位，不应对任何一方当事人有所偏倚。因此此题的"标准答案"应当是对老百姓与对行政机关态度一样。然而行政权在我国长期处于强势地位的现实，使得大部分民众对于法院与行政机关性质的认识一直难以分辨，以此形成行政诉讼中"官官相护"的潜在观念。就法官来说，其也是有七情六欲的人，对不同的人在沟通时可能会因喜好不同而外在地表现出来。法院对老百姓和对行政机关的"态度"虽然只是一个表面现象，但当事人的感觉可能反映其对行政诉讼的认知和满意程度。

数据显示，实地调查中行政诉讼当事人对法院对待双方当事人"态度"的反馈尚可，选择"对行政机关态度好一些"的占比22.5%，认为"对老百姓态度好些"的占13.8%。与网络调查以及"2011年调查"结果比较，本次实地调查中当事人对法院对待双方当事人"态度"的反映较好。实地调查中当事人选择"对老百姓与对行政机关态度一样"的占比为43.5%，而网络调查行政诉讼卷以及"2011年调查"中的相应比例仅为20.0%和17.8%。在大众化认知（网络调查对行政诉讼有所了解的普通民众）中，亦只有23.8%的民众认为法院对老百姓和行政机关的态度一样。这说明，当事人及民众对法院态度的认知有所改变，但法院的中立地位尚未在民众心目中完全建立。

从某种角度上说，现行法律中的一些规定要求法院对行政诉讼的原告提供一定的协助。如《行政诉讼法》第51条第3款规定了"起诉状内容欠缺或者有其他错误的，应当给予指导和释明"，由此规定来看，法院在起诉阶段实际上对当事人存在一定的"帮助"。但当事人是否认为法院是在"帮助"则另当别论，也有可能认为是在"刁难"。如实地调查行政诉讼卷NTZY034说的"法院主持调解为主，多与当事人沟通才行，我们当事人不懂，书面材料不能全面说明问题"。网络调查行政诉讼卷问卷序号2793说的"很难解决，现在法院办事都是公事公办，一板一眼，毫无人性化"。以此来看，法院在各项服务中还有一定的提升空间。

调查对象对老百姓与行政机关打官司能否获得胜诉、胜诉可能性的感觉会影响其选择。虽然人民法院系统会有对行政诉讼案件审理结果的数据统计并定期公布，但社会公众的感觉可能不一样。对此，我们进行了调查。

表108　凭您的感觉，行政诉讼中哪一方胜诉多些？（实地调查行政诉讼卷）

	选　项	回答人次	百分比	有效百分比
有效回答	公民一方胜诉多	27	5.8	5.9
	行政机关一方胜诉多	276	59.2	60.7
	都差不多	52	11.2	11.4
	说不清楚	100	21.5	22.0
	总　　计	455	97.6	100.0
缺　失		11	2.4	
总　　计		466	100.0	

表109　凭您的感觉，行政诉讼中哪一方胜诉多些？（网络调查行政诉讼卷）

	选　项	回答人次	百分比	有效百分比
有效回答	公民一方胜诉多	5	5.3	5.3
	行政机关一方胜诉多	65	68.4	68.4
	都差不多	14	14.7	14.7
	说不清楚	11	11.6	11.6
	总　　计	95	100.0	100.0

表110　凭您的感觉，行政诉讼中哪一方胜诉多些？（民众卷对行政诉讼
或行政复议"有一定的了解"的调查对象）

	选　项	回答人次	百分比	有效百分比
有效回答	公民一方胜诉多	181	11.1	11.1
	行政机关一方胜诉多	994	60.8	60.8
	都差不多	227	13.9	13.9
	说不清楚	234	14.3	14.3
	总　　计	1636	100.0	100.0

"2011年调查"民众卷选择上述各项的比例分别为 8.5%、46.5%、

19.0%、26.0%。①

调查结果显示，调查对象"感觉""行政机关一方胜诉多"的居多。实地调查和网络调查中的行政诉讼当事人以及民众认为"行政机关一方胜诉多"的比例均超过了60%。这一比例也超越了"2011 年调查"民众卷中的相应数据 46.5%，②表明公众越来越不看好原告在行政诉讼中的胜诉率。在文字反馈中对此有所解释，如网络调查民众卷问卷序号 921 中写道："行政诉讼难，想打赢政府更难，即使赢了，你还在这个政府的管辖下，老百姓最怕被政府记在小本本上，可能在无形中对老百姓生活造成不利影响。"网络调查民众卷问卷序号 3110 则认为："行政机关太强势，企业一般不愿提起诉讼，要么赢不了，或者赢了胜诉以后的日子估计也不会好过，就是这样。"网络调查民众卷问卷序号 602"行政机关的特殊性导致在实际中当事人很难在行政诉讼中胜诉"。

表 111　您认为行政诉讼能保护老百姓的合法权益吗？（实地调查行政诉讼卷）

选　项		回答人次	百分比	有效百分比
有效回答	能	243	52.1	53.9
	作用有限	136	29.2	30.2
	不能	20	4.3	4.4
	"赢一阵子，输一辈子"	11	2.4	2.4
	不清楚	41	8.8	9.1
	总　计	451	96.8	100.0
缺　失		15	3.2	
总　计		466	100.0	

①　参见林莉红主编：《行政法治的理想与现实——〈行政诉讼法〉实施状况实证研究报告》，北京大学出版社 2014 年版，第 69 页。

②　参见林莉红主编：《行政法治的理想与现实——〈行政诉讼法〉实施状况实证研究报告》，北京大学出版社 2014 年版，第 69 页。

表112　您认为行政诉讼能保护老百姓的合法权益吗？（网络调查行政诉讼卷）

	选　项	回答人次	百分比	有效百分比
有效回答	能	29	30.5	30.5
	作用有限	54	56.8	56.8
	不能	7	7.4	7.4
	"赢一阵子，输一辈子"	3	3.2	3.2
	不清楚	2	2.1	2.1
	总　　计	95	100.0	100.0

表113　　　　　您认为行政诉讼能保护老百姓的合法权益吗？

（民众卷对行政诉讼或行政复议"有一定的了解"的调查对象）

	选　项	回答人次	百分比	有效百分比
有效回答	能	606	37.0	37.0
	作用有限	884	54.0	54.0
	不能	20	1.2	1.2
	"赢一阵子，输一辈子"	87	5.3	5.3
	不清楚	39	2.4	2.4
	总　　计	1636	100.0	100.0

　　实地调查和网络调查的结果在这一题上出现反差。过半的实地调查当事人认为行政诉讼能够保护老百姓的合法权益，而网络调查中持有相同观点的行政诉讼当事人以及普通民众仅有30.5%和37.0%，超过60%的当事人和普通民众不认为行政诉讼能保护老百姓的合法权益，至多是"作用有限"。文字反馈中对此也有较为悲观的表达，如"以司法实务者的角度来看，行政诉讼在保护当事人权益方面能发挥的作用十分有限，整个行政审判中法官的站位和立场非常重要"的看法（网络调查民众卷问卷序号713）。

　　但仅就民众卷而言，与"2011年调查"数据进行对比，此次调查中，肯定行政诉讼作用的民众比例上升。与此次37%的民众认为行政诉讼可以保护老百姓合法权益的结果比较，"2011 年调查"中的相应数据仅有 17.4%。① 究其原因，我们认为"2011 年调查"与此次网络调查民众不同，前者的调查对象属于普通民众，而后者是经过筛选后对行政诉讼制度有所了解的群体。由此可以推理出，对行政诉讼越了解的人对于行政诉讼制度的认可程度越高。

与是否经过复议和信访进行交叉分析，我们发现，认可行政诉讼作用的当事人未选择其他途径的比例更高。具体而言，认为行政诉讼能保护老百姓合法权益的当事人中有 42.7% 没有经历复议直接来了法院，60.4% 没有经历信访，而不认可或不清楚行政诉讼作用的当事人，比例相应降低。

表 114　　行政诉讼是否能保护老百姓合法权益与经历复议的交叉分析表

（实地调查行政诉讼卷）

			您的案件是否经过了复议？				总数
			经过了复议，对复议结果不满意	经过了复议，复议机关没有答复	申请了复议，在复议的同时来法院咨询	没有经过复议，直接来了法院	
您认为行政诉讼能保护老百姓的合法权益吗？	能	数量	103	14	17	100	234
		百分比	44.0	6.0	7.3	42.7	100.0
	作用有限	数量	70	8	6	49	133
		百分比	52.6	6.0	4.5	36.8	100.0
	不能	数量	16	1	1	2	20
		百分比	80.0	5.0	5.0	10.0	100.0
	"赢一阵子，输一辈子"	数量	6	0	1	4	11
		百分比	54.5	0.0	9.1	36.4	100.0
	不清楚	数量	18	4	1	17	40
		百分比	45.0	10.0	2.5	42.5	100.0
总　　数		数量	213	27	26	172	438
		百分比	48.6	6.2	5.9	39.3	100.0

① 参见林莉红主编：《行政法治的理想与现实——〈行政诉讼法〉实施状况实证研究报告》，北京大学出版社 2014 年版，第 59 页。

表 115　　行政诉讼是否能保护老百姓合法权益与经历信访的交叉分析表
（实地调查行政诉讼卷）

			您的案件是否进行过信访？				总数
			正在进行信访中	之前进行过信访，没有解决问题	没有信访	不知道信访	
您认为行政诉讼能保护老百姓的合法权益吗？	能	数量	9	78	145	8	240
		百分比	3.8	32.5	60.4	3.3	100.0
	作用有限	数量	6	59	60	9	134
		百分比	4.5	44.0	44.8	6.7	100.0
	不能	数量	1	8	9	2	20
		百分比	5.0	40.0	45.0	10.0	100.0
	"赢一阵子，输一辈子"	数量	2	5	3	1	11
		百分比	18.2	45.5	27.3	9.1	100.0
	不清楚	数量	5	15	17	4	41
		百分比	12.2	36.6	41.5	9.8	100.0
总数		数量	23	165	234	24	446
		百分比	5.2	37.0	52.5	5.4	100.0

当事人对法院的看法与其是否聘请律师有无关联？双变量分析显示，是否请律师对该题的看法有一定的影响。"请了律师"的当事人认为行政诉讼能够保护老百姓合法权益的比例为 59.0%，要高于"没有请律师"的 47.2%。

表 116　　是否请律师与行政诉讼能否保护老百姓合法权益看法的关系
（实地调查行政诉讼卷）

			您认为行政诉讼能保护老百姓的合法权益吗？					总数
			能	作用有限	不能	"赢一阵子，输一辈子"	不清楚	
在行政纠纷解决过程中，请问您有没有请律师（含法律服务工作者）从法律知识方面帮助您？	请了律师	数量	154	74	12	6	15	261
		百分比	59.0%	28.4%	4.6%	2.3%	5.7%	100.0%
	没有请律师	数量	83	56	7	5	25	176
		百分比	47.2%	31.8%	4.0%	2.8%	14.2%	100.0%
总数		数量	237	130	19	11	40	437
		百分比	54.2%	29.7%	4.3%	2.5%	9.2%	100.0%

（2）小结

关于行政诉讼的具体运行情况及效果，普遍而言，当事人对行政诉讼登记立案制度、行政诉讼收费规定满意度高。但在案件进入实体审理阶段后，首先，当事人及民众在法官对原被告的态度方面的评价有所改善，但总体评价仍不甚理想；其次，当事人及民众对行政诉讼的胜诉率预期较低，认为还是行政机关胜诉的更多；最后，实地调查和网络调查中的调查对象对行政诉讼作用的评价并不一致，实地调查中的当事人更多地肯定了行政诉讼的效果，故综合来看，调查对象对于行政诉讼是否可以保护老百姓合法权益似尚很难得出一致的结论。

值得注意的是，行政诉讼当事人及普通民众对这一系列的题目的回答似有矛盾。第一，为什么行政纠纷的当事人或者对行政诉讼有所了解的民众相比较普通民众认为"行政机关一方胜诉多些"的比例更高？当然，受访者的主观感觉与客观情况可能存在一定差别，但我们仍需要对其予以解答，最大的可能是此部分受访者对行政诉讼有所了解从而接受到的负面信息相比较普通民众更多（这点在开放题回答中有很多体现，限于篇幅不再一一列出）。第二，当事人既然直观上感觉行政诉讼中行政机关胜诉多，但又为什么认为行政诉讼能保护老百姓合法权益呢？从另一个角度而言，当事人对行政诉讼权益保护功能的肯定，意味着他们可能会更多地选择行政诉讼作为纠纷解决途径。基于支持理论，当事人在亲身经历诉讼过程后，其对法律的认识也随之加深，虽然因败诉导致其对某一裁判或者法院心生不满，但这不足以影响其对司法系统的普遍信任，并且败诉经历会促使他们准备得更加充分。

2. 行政复议的具体运行情况及效果

（1）调查结果

行政复议当事人总体上立案顺利。行政复议中当事人认为办理立案"很顺利"和"还行，按规矩办"的占据大部分，比例为83.5%。但选择"很麻烦，很不顺利，刁难人"的占比略高，有14.2%。网络调查中选择上述各项的比例则为21.0%、49.4%、22.2%和7.4%。在行政复议中同样存在"很麻烦，很不顺利，刁难人"，究其原因可能与行政诉讼类似，但其比例要高于行政诉讼。

表 117　　**请问您去办理立案的时候顺利吗？（实地调查行政复议卷）**

	选　项	回答人次	百分比	有效百分比
有效回答	很顺利	49	38.6	38.6
	还行，按规矩办	57	44.9	44.9
	很麻烦，很不顺利，刁难人	18	14.2	14.2
	不好说	3	2.4	2.4
	总　　计	127	100.0	100.0
缺　失		0	0	
总　　计		127	100.0	

表 118　　**您怎样看待行政复议解决行政纠纷的效果？（实地调查行政复议卷）**

	选　项	回答人次	百分比	有效百分比
有效回答	很好	19	15.0	15.0
	一般	64	50.4	50.4
	没有作用	37	29.1	29.1
	阻碍了行政纠纷的解决	2	1.6	1.6
	说不清楚	5	3.9	3.9
	总　　计	127	100.0	100.0
缺　失		0	0	
总　　计		127	100.0	

　　行政复议制度在整个多元化行政纠纷解决机制中具有重要地位。行政复议在实践中的效果如何，行政纠纷当事人的感受最为贴切。调查结果显示，大部分受访者认为行政复议解决纠纷的效果"一般"。当事人认为行政复议解决行政纠纷效果"很好"的仅为 15.0%，而选择否定和负面评价的（包括"没有作用""阻碍了行政纠纷的解决"）占比 30.7%。网络调查行政复议卷中数据显示与实地调查类似，选择上述各项的数据分别是 21.0%、56.8%、16.0%、2.5% 和 3.7%。由此

可见，行政复议制度在当事人心中解决纠纷的总体效果并不尽如人意。

表 119　　　　　**是否请律师与对行政复议解决行政纠纷效果看法的关系**
（实地调查行政复议卷）

| | | | 您怎样看待行政复议解决行政纠纷的效果？ | | | | | 总数 |
			很好	一般	没有作用	阻碍了行政纠纷的叫解决	说不清楚	
在行政纠纷解决过程中，请问您有没有请律师（含法律服务工作者）从法律知识方面帮助您？	请了律师	数量	9	28	27	2	5	71
		百分比	12.7%	39.4%	38.0%	2.8%	7.0%	100.0%
	没有请律师	数量	10	35	10	0	0	55
		百分比	18.2%	63.6%	18.2%	0.0%	0.0%	100.0%
总数		数量	19	63	37	2	5	126
		百分比	15.1%	50.0%	29.4%	1.6%	4.0%	100.0%

　　律师的参与，对当事人认识行政复议解决行政纠纷的效果是否具有影响？我们进行了交叉分析。令人意外的是，"请了律师"的当事人选择行政复议解决纠纷效果"很好"和"一般"的比例要低于"没有请律师"的当事人。简单地推测出现这一现象的原因，可能是律师作用较小，也可能是"请了律师"的当事人对于案件通过行政复议的方式得以解决会抱有更高的期待，而一旦诉求不能完全达成时，则会更偏向于给予行政复议以负面的评价。

　　将当事人对行政复议解决纠纷效果的看法与当事人对纠纷解决途径的选择进行交叉分析，我们发现，二者之间存在一定的关联。首先，对行政复议解决纠纷效果的认可程度影响其是否将其作为解决自身纠纷的第一选择。总体上认可程度越高，越愿意选择行政复议，其中认为行政复议效果"很好"选择"会"的比例最高，为73.7%。其次，对行政复议效果越不认可的，当事人越愿意提起行政诉讼，明确表示"一定会"提起行政诉讼的比例总体上呈递增趋势。最后，对行政复议解决纠纷效果越认可的越"没有信访"。除了"阻碍了行政纠纷的解决"和"说不清楚"样本数量少不具备统计意义，选择"很好""一般""没有作用"中"没有信访"的比例分别是 78.9%、57.1% 和 37.8%。① 这说明，当事人虽然倾向于选择非制度化途径，但如果制度化途径获得信任，当事人还是偏向于制度化、规范化的途径解决纠纷。当然，这需要当事人对制度化纠纷解决途径的充分了解。

表 120　　　　行政复议效果与是否将其作为解决纠纷第一选择的关系

（实地调查行政复议卷）

			请问您是否会考虑将行政复议制度作为解决自身纠纷的第一选择？			总数
			会	不会	不知道，还要考虑其他情况	
您怎样看待行政复议解决行政纠纷的效果？	很好	数量	14	1	4	19
		百分比	73.7	5.3	21.1	100.0
	一般	数量	24	9	31	64
		百分比	37.5	14.1	48.4	100.0
	没有作用	数量	7	5	25	37
		百分比	18.9	13.5	67.6	100.0
	阻碍了行政纠纷的解决	数量	0	1	1	2
		百分比	0.0	50.0	50.0	100.0
	说不清楚	数量	2	0	3	5
		百分比	40.0	0.0	60.0	100.0
总　　数		数量	47	16	64	127
		百分比	37.0	12.6	50.4	100.0%

① 认为行政复议解决纠纷效果"很好"选择"会""不会""不知道，还要考虑其他情况"的比例分别是 73.7%、5.3%、21.1%；"一般"的比例为 37.5%、14.1%、48.4%；"没有作用"为 18.9%、13.5%、7.6%；"阻碍了行政纠纷的解决"为 0.0%、50.0%、50.0%；"说不清楚"为 40.0%、0.0%、60.0%。认为行政复议解决纠纷效果"很好"选择"一定会""可能会""一定不会""不知道，看情况"向法院提起行政诉讼的比例分别是 42.1%、31.6%、0.0%、26.3%；"一般"的比例为 60.9%、32.8%、1.6%、4.7%；"没有作用"为 94.6%、2.7%、0.0%、2.7%；"阻碍了行政纠纷的解决"为 100.0%、0.0%、0.0%、0.0%；"说不清楚"为 80.0%、20.0%、0.0%、0.0%。认为行政复议解决纠纷效果"很好""一般""没有作用""阻碍了行政纠纷的解决""说不清楚"选择"没有信访"的比例分别是 78.9%、57.1%、37.8%、50.0%、40.0%。

表 121　　行政复议效果与是否提起行政诉讼的关系（实地调查行政复议卷）

			假如您对行政复议决定不服，您是否会向法院提起行政诉讼？				总数
			一定会	可能会	一定不会	不知道，看情况	
您怎样看待行政复议解决行政纠纷的效果？	很好	数量	8	6	0	5	19
		百分比	42.1	31.6	0.0	26.3	100.0
	一般	数量	39	21	1	3	64
		百分比	60.9	32.8	1.6	4.7	100.0
	没有作用	数量	35	1	0	1	37
		百分比	94.6	2.7	0.0	2.7	100.0
	阻碍了行政纠纷的解决	数量	2	0	0	0	2
		百分比	100.0	0.0	0.0	0.0	100.0
	说不清楚	数量	4	1	0	0	5
		百分比	80.0	20.0	0.0	0.0	100.0
总　数		数量	88	29	1	9	127
		百分比	69.3	22.8	0.8	7.1	100.0%

表 122　　　　　行政复议效果与是否信访的关系（实地调查行政复议卷）

			您的案件是否进行过信访？				总数
			正在进行信访中	之前进行过信访，没解决问题	没有信访	不知道信访	
您怎样看待行政复议解决行政纠纷的效果？	很好	数量	0	4	15	0	19
		百分比	0.0	21.1	78.9	0.0	100.0
	一般	数量	1	24	36	2	63
		百分比	1.6	38.1	57.1	3.2	100.0
	没有作用	数量	3	19	14	1	37
		百分比	8.1	51.4	37.8	2.7	100.0
	阻碍了行政纠纷的解决	数量	0	1	1	0	2
		百分比	0.0	50.0	50.0	0.0	100.0
	说不清楚	数量	0	1	2	2	5
		百分比	0.0	20.0	40.0	40.0	100.0
总　数		数量	4	49	68	5	126
		百分比	3.2	38.9	54.0	4.0	100.0%

　　最后我们还就行政纠纷当事人对自身纠纷能否通过行政复议制度予以解决进行了考察。

表123　　　　您觉得行政复议制度是否能够帮助您公正地解决行政纠纷？
（实地调查行政复议卷）

选　项		回答人次	百分比	有效百分比
有效回答	能	39	30.7	30.7
	不能	21	16.5	16.5
	很难说，碰运气	52	40.9	40.9
	说不清楚	15	11.8	11.8
	总　计	127	100.0	100.0
缺　失		0	0	
总　计		127	100.0	

　　调查结果显示，仅有30.7%的当事人认为行政复议可以公正地解决其行政纠纷。更多的当事人是持一种"碰运气"的想法申请了行政复议，这一比例高达40.9%。网络调查中，数据差别不大，但更不乐观，选择上述各项的比例分别是27.2%、17.3%、49.4%和6.2%。故整体而言，行政复议的制度效果并不尽如人意。
　　对行政复议能否公正解决纠纷的看法是否受到聘请律师与否的影响呢？我们进行了交叉分析。

表124　　　是否请律师与行政复议能否公正解决自身纠纷的交叉分析表
（实地调查行政复议卷）

			您觉得行政复议制度是否能够帮助您公正地解决行政纠纷？				总数
			能	不能	很难说，碰运气	说不清楚	
在行政纠纷解决过程中，请问您有没有请律师（含法律服务工作者）从法律知识方面帮助您？	请了律师	数量	19	16	26	10	71
		百分比	26.8%	22.5%	36.6%	14.1%	100.0%
	没有请律师	数量	20	5	25	5	55
		百分比	36.4%	9.1%	45.5%	9.1%	100.0%
总数		数量	39	21	51	15	126
		百分比	31.0%	16.7%	49.5%	11.9%	100.0%

和前面律师参与的情况类似，与当事人是否聘请律师一题的交叉分析显示，"请了律师"的当事人选择行政复议"能"解决行政纠纷的比例低于"没有请律师"的当事人。

（2）小结

结合行政复议当事人的回答来看，调查对象对行政复议解决纠纷的总体效果评价尚可，但对于自己的纠纷是否能够得到公正解决却缺乏信心。之所以产生这一矛盾的结果，我们将原因放在了"公正解决"这个问题点上。由于当事人大多认为行政复议解决行政纠纷的效果一般，可以推断，大部分当事人认为行政复议可以帮助解决纠纷，复议结果当事人可以接受，但尚不符合当事人在公正方面的预期。

这一结果也说明了为什么我们一直未出现"大复议"的局面。交叉分析的结果表明，当事人对行政复议效果的认知直接影响其对行政纠纷解决途径的选择。因此，若想改变现状，需要从整体层面对行政复议制度的完善进行考量。

3. 对制度供给与改革的选择和评价

（1）调查结果

2014年《行政诉讼法》规定："经复议的案件，复议机关决定维持原行政行为的，作出原行政行为的行政机关和复议机关是共同被告。"此举旨在发挥行政复议内部纠错机制的优势，改变行政复议扮演"维持会"的境况，更多的是从行政复议与行政诉讼的定位和衔接的制度层面加以考虑。而行政诉讼中的当事人对此是如何看的呢？

数据显示，69.7%的当事人认为"合理，复议机关是上级，希望上级机关参加诉讼，解决问题"，选择"不合理，只有一个机关做被告就够了，不想对付两个机关"仅为10.5%，而"不清楚"的为19.8%。网络调查行政诉讼卷中同样如此，有80.0%的受访者认为合理。依此分析，大部分当事人愿意支持该项改革举措。原因可能在于当事人基于对行政管理体制的认知，认为上级机关更为专业或依法行政会做得更好，参与案件后能够一次性解决自身纠纷，避免案件拖而不决或案结事未了，达到实质性解决行政纠纷的效果。正如网络调查行政复议卷问卷序号 1094 说的"行政复议法修改后，将作出维持具体行政行为决定的复议机关列为共同被告，极大地加强了复议机关的履职到位，有效地维护了申请人合法权益"。

表 125 复议机关维持原来的行政决定后，法律规定将原决定机关和复议机关共同作为被告，您认为合理吗？（实地调查行政诉讼卷）

	选　　项	回答人次	百分比	有效百分比
有效回答	合理，复议机关是上级，希望上级机关参加诉讼，解决问题	313	67.2	69.7
	不合理，只有一个机关作被告就够了，我不想对付两个机关	47	10.1	10.5
	说不清楚	89	19.1	19.8
	总　　计	449	96.4	100.0
缺　　失		17	3.6	
总　　计		466	100.0	

除对该题的选择之外，文字反馈中对该制度亦有提及的是针对 2018 年最高人民法院关于适用《中华人民共和国行政诉讼法》的解释第 134 条第 3 款"复议机关作共同被告的案件，以作出原行政行为的行政机关确定案件的级别管辖"的规定。如实地调查行政诉讼卷 NTZY053 提到"复议机关做共同被告的管辖问题，应以复议机关的级别来定一审法院"；实地调查行政诉讼卷 NTZY055 说的"复议机关维持之后，作共同被告制度，导致审级提高，上级政府对法院的干涉更严重，更影响公正"；网络调查民众卷问卷序号 1785 说的"首先申请行政复议的考量因素还有复议机关为共同被告，提请诉讼时管辖法院的级别有可能会提高"。

这两道问题是围绕审判组织及成员进行的。2014 年《行政诉讼法》修改之前，我国行政审判一直规定由合议庭审理。为合理分流行政诉讼案件，2014 年《行政诉讼法》新增了简易程序，符合条件的案件规定由审判员一人独任审理，从而改变了我国行政诉讼领域一直由合议庭审判的状况。那当事人对此举的接受度及看法如何？

表 126　　您是否愿意只由一个法官而不是由合议庭来审理您的案件？

（实地调查行政诉讼卷）

选　项		回答人次	百分比	有效百分比
有效回答	愿意	82	17.6	18.0
	不愿意，我希望由合议庭来审理	220	47.2	48.4
	无所谓，都可以	111	23.8	24.4
	说不清楚	42	9.0	9.2
	总　计	455	97.6	100.0
缺　失		11	2.4	
总　计		466	100.0	

表 127　　　　　您是否介意合议庭组成人员中有人民陪审员？

（实地调查行政诉讼卷）

选　项		回答人次	百分比	有效百分比
有效回答	不介意	205	44.0	45.4
	介意，我希望全部由法官来审理	117	25.1	25.9
	无所谓，都可以	96	20.6	21.2
	说不清楚	34	7.3	7.5
	总　计	452	97.0	100.0
缺　失		14	3.0	
总　计		466	100.0	

实地调查中近一半的行政诉讼当事人表示希望由合议庭来审理案件，并且有25.9%的当事人介意合议庭组成人员有人民陪审员，希望全部由法官来审理。而网络调查中，行政诉讼当事人在这两方面的选择比重进一步上升，分别达到了63.2%和54.7%。这反映出两个问题，一是当事人希望诉讼结果可以更加公正，

这符合大部分当事人认为"公正的法官"是打赢官司关键因素的看法，二是当事人并不认为人民陪审员可以在庭审中发挥作用，甚至认为其有碍纠纷的公正解决。人民陪审制度的初衷在于使普通公民能够直接参与司法、促进司法民主与公正。究其原因，实践中人民陪审员"陪而不审、审而不议、议而不言"的现象十分突出，其客观功能并未得到发挥。[1] 由此当事人对陪审员制度并不了解和支持。

"随着中国社会转型向纵深发展、全面依法治国的深入展开以及公民权利意识的普遍增强，未来还会涌现出更多的新型纠纷，法院所面临的案件数量还会持续增长"，[2] "诉讼爆炸"和"案多人少"已经成为我国司法领域的两大事实性问题，提高司法效率因此成了司法改革的重要目标之一，新增的"简易程序"基于此背景产生。站在当事人的角度，当然希望自己的案件都能得到更认真的对待，从形式上看，合议庭审理与独任审理存在人数上的差距，当事人有可能会产生法院不认真对待的心理，因此比较排斥独任审理。而人民陪审员在合议庭中究竟能发生多少效用，当事人虽然不了解，但至少从形式上看更为"隆重"，因此与独任审判相比较，对陪审员参加审判的排斥度要低一些。

表 128　　　　在申请行政复议时，你会选择哪一个机关作为复议机关？

（实地调查行政复议卷）

	选　项	回答人次	百分比	有效百分比
有效回答	与自己发生纠纷的行政机关的上一级行政机关	53	41.7	43.4
	与自己发生纠纷的行政机关所属的人民政府	43	33.9	35.2
	无所谓，都可以	26	20.5	21.3
	总　计	122	96.1	100.0
缺　失		5	3.9	
总　计		127	100.0	

---

[1]　参见卞建林、孙卫华：《通向司法民主：人民陪审员法的功能定位及其优化路径》，载《浙江工商大学学报》2019年第4期。

[2]　参见左卫民：《实证研究：中国法学的范式转型》，法律出版社2019年版，第493页。

表129　如果您是当事人，在申请行政复议时，您会选择哪一个机关作为复议机关？

（民众卷对行政诉讼或行政复议"有一定的了解"的调查对象）

	选　　项	回答人次	百分比	有效百分比
有效回答	与自己发生纠纷的行政机关的上一级行政机关	936	57.2	57.2
	与自己发生纠纷的行政机关所属的人民政府	525	32.1	32.1
	无所谓，都可以	175	10.7	10.7
	总　　计	1636	100.0	100.0

网络调查行政复议卷中当事人选择"与自己发生纠纷的行政机关的上一级行政机关""与自己发生纠纷的行政机关所属的人民政府""无所谓，都可以"的比重分别为53.1%、29.6%和17.3%。

这一题在于了解当事人对行政复议机关的选择倾向。我国《行政复议法》第12条规定："对县级以上地方各级人民政府工作部门的具体行政行为不服的，由申请人选择，可以向该部门的本级人民政府申请行政复议，也可以向上一级主管部门申请行政复议。"因此，该题选项并未有对错之分，旨在了解当事人选择行政复议机关时的倾向和观念。

数据显示，受访者愿意选择"与自己发生纠纷的行政机关的上一级行政机关"的比例最高，占比43.4%。"所属的人民政府"和"无所谓，都可以"的比例分别是35.2%和21.3%。网络调查行政复议卷以及民众卷亦呈现出近似的结果。在大部分案件中上一级行政机关和所属人民政府对作出行政行为的行政机关均有实际领导权的情况下，当事人更愿意选择上一级行政机关可能出于其不在原行政地域内，更能够公正地维护自身利益的考虑，而愿意选择所属人民政府的可能出于经济成本或方便沟通等原因。但从两者的选择上来看，当事人更愿意选择上一级行政机关的倾向也说明了其对公正结果的期待。此外，文字反馈中亦有提到从诉讼角度的考虑，如网络调查行政复议卷问卷序号2873说的"我认为行政复议机构的选择要慎重，关乎诉讼管辖"。

表130　你在乎行政复议机构是人民政府的法制部门还是司法局吗？
（实地调查行政复议卷）

	选　项	回答人次	百分比	有效百分比
有效回答	在乎	41	32.3	33.1
	不在乎	55	43.3	44.4
	说不清楚	28	22.0	22.6
	总　　计	124	97.6	100.0
缺　失		3	2.4	
总　　计		127	100.0	

表131　你在乎行政复议机构是人民政府的法制部门还是司法局吗？
（网络调查行政复议卷）

	选　项	回答人次	百分比	有效百分比
有效回答	在乎	45	55.6	55.6
	不在乎	25	30.9	30.9
	说不清楚	11	13.6	13.6
	总　　计	81	100.0	100.0

表132　如果您是当事人，您在乎行政复议机构是人民政府的法制部门还是司法局吗？
（民众卷对行政诉讼或行政复议"有一定的了解"的调查对象）

	选　项	回答人次	百分比	有效百分比
有效回答	在乎	829	50.7	50.7
	不在乎	547	33.4	33.4
	说不清楚	260	15.9	15.9
	总　　计	1636	100.0	100.0

2018年《国务院机构改革方案》将司法部和国务院法制办公室的职责整合，重新组建司法部作为国务院组成部门，不再保留国务院法制办公室。由此，原由各级人民政府法制部门负责的行政复议职能转至司法局。行政复议机构关涉行政复议的独立性和公正性，关涉民众行政复议案件能否顺利解决，因此有必要考察

当事人对这一问题的态度。

调查结果显示，33.1%的实地调查行政复议当事人对行政复议机构的改变是"在乎"的，网络调查行政复议卷中的相应比例进一步达到了55.6%，在民众卷中对行政复议制度有所了解的受访者也有50.7%表达了此意。在实地调查行政复议卷 NZFY052 中有受访者关于这一问题提出"有问题，法制办与律师一样都归司法局管不好"。可见，由司法局承担行政复议的职能引起了部分民众的担忧。

那么，复议机关的设置对当事人选择纠纷解决途径是否有影响呢？我们对此做了交叉分析。

表 133 　　　　　　**行政复议机构设置与是否提起行政诉讼的关系**

| | | | 假如您对行政复议决定不服，您是否会向法院提起行政诉讼？ | | | | 总数 |
			一定会	可能会	一定不会	不知道，看情况	
您在乎行政复议机构是人民政府的法制部门还是司法局吗？（实地调查行政复议卷）	在乎	数量	33	4	1	3	41
		百分比	80.5%	9.8%	2.4%	7.3%	100.0%
	不在乎	数量	31	20	0	4	55
		百分比	56.4%	36.4%	0.0%	7.3%	100.0%
	说不清楚	数量	21	5	0	2	28
		百分比	75.0%	17.9%	0.0%	7.1%	100.0%
总　　计		数量	85	29	1	9	124
		百分比	68.5%	23.4%	0.8%	7.3%	100.0%
您在乎行政复议机构是人民政府的法制部门还是司法局吗？（网络调查行政复议卷）	在乎	数量	20	17	2	6	45
		百分比	44.4%	37.8%	4.4%	13.3%	100.0%
	不在乎	数量	11	12	0	2	25
		百分比	44.0%	48.0%	0.0%	8.0%	100.0%
	说不清楚	数量	3	3	2	3	11
		百分比	27.3%	27.3%	18.2%	27.3%	100.0%
总　　计		数量	34	32	4	11	81
		百分比	42.0%	39.5%	4.9%	13.6%	100.0%

复议机构如何设置，对经历行政复议后是否提起行政诉讼似乎有一定的影响。实地调查中二者的关联性表现明显，网络调查结果则相对不甚明显。

在不区分是否在乎复议机构设置的情况下，关于经历行政复议后是否提起行政诉讼，实地调查的调查对象回答时"一定会"和"可能会"的比例是 69.3% 和 22.8%，网络调查的比例是 42.0% 和 39.5%（表 64）。而对两者进行双变量交叉分析后，我们看到，"在乎"行政复议机构是人民政府的法制部门还是司法局的调查对象中，实地调查行政复议当事人选择一定提起行政诉讼的比例上升，而接受网络调查的当事人并无明显的选择倾向上的改变。"在乎"行政复议机构是人民政府的法制部门还是司法局的当事人中，选择"一定会"和"可能会"向法院起诉的，实地调查行政复议卷是 80.5% 和 9.8%，网络调查行政复议卷是 44.4% 和 37.8%。而"不在乎"行政复议机构是人民政府的法制部门还是司法局的当事人中，选择"一定会"和"可能会"向法院起诉的，实地调查行政复议卷是 56.4% 和 36.4%，网络调查行政复议卷是 44.0% 和 48.0%。

（2）小结

在行政诉讼的制度供给和改革方面，行政诉讼当事人的选择表现出其对公正结果的期望。首先，大部分当事人认为复议机关维持原来的行政决定后，由原决定机关和复议机关共同作为被告的规定合理；其次，相当一部分的当事人更希望由合议庭审理自己的案件，并且介意合议庭中有人民陪审员。

在行政复议的制度供给和改革方面，行政复议当事人的选择亦有同种表现。首先，当事人更倾向选择"与自己发生纠纷的行政机关的上一级行政机关"作为复议机关；其次，30% 至 50% 的当事人在乎复议机关是人民政府的法制部门还是司法局。经过交叉分析，尚不能判断当事人对行政复议机关变更的态度是否会影响其继续选择行政诉讼以获得救济。

由此可以看出，相当比例的当事人在意制度设计给纠纷解决结果带来的影响，民意反馈是我们评价制度改革效果的重要指标，对此应予以必要重视。

4. 对纠纷解决机构的满意度

行政纠纷当事人对纠纷解决机构的满意度是基于自身出发的主观感受，虽然对相关制度满意程度的高低并不能直接说明制度以及其运行情况的好坏，但仍能反映出一定的问题。

（1）调查结果

总体而言，行政诉讼当事人对我国现阶段法官队伍的评价不错，但实地调查当事人的评价好于网络调查。实地调查中，当事人认为法官队伍"很好"和"较好"的在60%以上，而网络调查中，认为法官队伍"很好"和"较好"的只有25.3%，认为法官队伍"一般"的占比最高，为58.9%。

表134　您对我国现阶段法官队伍的总体评价是：（实地调查行政诉讼卷）

选　项		回答人次	百分比	有效百分比
有效回答	很好	85	18.2	18.8
	较好	200	42.9	44.2
	一般	79	17.0	17.4
	不好	14	3.0	3.1
	很差	16	3.4	3.5
	说不清楚	59	12.7	13.0
	总　计	453	97.2	100.0
缺　失		13	2.8	
总　计		466	100.0	

表135　您对我国现阶段法官队伍的总体评价是：（网络调查行政诉讼卷）

选　项		回答人次	百分比	有效百分比
有效回答	很好	5	5.3	5.3
	较好	19	20.0	20.0
	一般	56	58.9	58.9
	不好	6	6.3	6.3
	很差	7	7.4	7.4
	说不清楚	2	2.1	2.1
	总　计	95	100.0	100.0

表 136 　　　　您对我国现阶段复议机关工作人员的总体评价是：

（实地调查行政复议卷）

	选　项	回答人次	百分比	有效百分比
有效回答	很好	12	9.4	9.4
	较好	51	40.2	40.2
	一般	28	22.0	22.0
	不好	14	11.0	11.0
	很差	12	9.4	9.4
	说不清楚	10	7.9	7.9
	总　　计	127	100.0	100.0
缺　失		0	0	
总　　计		127	100.0	

表 137 　　　　您对我国现阶段复议机关工作人员的总体评价是：

（网络调查行政复议卷）

	选　项	回答人次	百分比	有效百分比
有效回答	很好	5	6.2	6.2
	较好	19	23.5	23.5
	一般	41	50.6	50.6
	不好	9	11.1	11.1
	很差	3	3.7	3.7
	说不清楚	4	4.9	4.9
	总　　计	81	100.0	100.0

　　行政复议当事人对我国现阶段复议机关工作人员的总体评价也大多为"一般"及以上，且实地调查结果要好于网络调查结果。相比较而言，当事人对行政复议工作人员持肯定态度的比例要低于法官，法官获得正面评价更多。

　　与"2011 年调查"相比较，本次调查中行政诉讼当事人对法官队伍的评价略好。[1]

---

　　[1]　"2011 年调查"数据参见马立群：《行政诉讼法实施状况调查报告（民众卷）》，载林莉红主编：《行政法治的理想与现实——〈行政诉讼法〉实施状况实证研究报告》北京大学出版社2014 年版，第 75~78 页。

本次调查行政诉讼卷调查对象基本上可以看作行政诉讼原告（正在进行诉讼或正在寻求进行诉讼如咨询立案的当事人），而"2011年调查"中行政诉讼原告也是实地调查，因而实地调查的数据可以进行比较。比较而言，本次实地调查数据对法官的正面评价高于2011年调查，但网络调查数据显著低于"2011年调查"。

表138　　　　　　　　　对我国现阶段法官队伍的总体评价对比表

	很好	较好	一般	不好	很差	说不清（不了解）
本次实地调查行政诉讼卷	18.8%	44.2%	17.4%	3.1%	3.5%	13.0%
本次网络调查行政诉讼卷	5.3%	20.0%	58.9%	6.3%	7.4%	2.1%
"2011年调查"普通民众	3.8%	18.1%	41.1%	9.4%	6.1%	21.5
"2011年调查"行政诉讼原告	12.7%	31.8%	33.6%	9.1%	7.3%	5.5%

总体而言，对法官和复议机关工作人员的评价，实地调查好于网络调查。我们分析，出现这种情况的原因大概与调查地点有关。从实地调查来看，我们的调查地点在法院或承担复议职能的司法局，虽然一般有我们的实习学生或工作人员接待和解释问卷，但可能调查对象仍然感觉压力，毕竟面对的是来自法院或复议机关的接待人员，会不好意思给予太差的评价。从此题四卷中选择"说不清楚"的比例实地调查都高于网络调查来看，似乎有一定的印证。而网络调查，调查对象似乎更可以"随心所欲"一些，想怎么评价就怎么评价。如此说来，就此调查结果，我们还需更加审慎地看待。

同时，行政诉讼当事人对于法官的评价高于普通民众。应该说，与法官打交道的行政诉讼当事人的评价更为真实和有说服力。那么，对此要提出问题的是，为什么普通民众对法官的评价比当事人的更低？除了前述调查地点的影响因素外，根据开放式问题的回答，媒体的影响可能是原因之一，报道有争议的案件显然比报道公正裁判更为吸引眼球。我们看到网络调查民众卷问卷序号1424中写道："没怎么与行政机关打交道，所以纠纷就没有，这种类似案件都是从媒体上听到的。"网络调查民众卷问卷序号1713写道："在当前社会环境下，如果调查对象面向缺少法律背景的人群，可能达不到调查的目的。我相信绝大多数人不太会倾向于通过法律途径解决行政纠纷，大家可能只看重效率和自己当时的权益是否得到维护了，人们不相信法院，媒体总是比法院更吸引人。想要照顾这些所谓的

"民意"，那么中国法制建设的道路就更难走了。"

表 139　　　　对行政诉讼的了解程度与对法官队伍总体评价的关系
（实地调查行政诉讼卷）

			您对我国现阶段法官队伍的总体评价是：						总数
			很好	较好	一般	不好	很差	说不清楚	
您对我国行政诉讼制度的了解程度?	很了解	数量	23	59	9	1	4	5	101
		百分比	22.8%	58.4%	8.9%	1.0%	4.0%	5.0%	100.0%
	一般了解	数量	42	94	43	8	7	18	212
		百分比	19.8%	44.3%	20.3%	3.8%	3.3%	8.5%	100.0%
	不太了解	数量	17	42	23	4	3	31	120
		百分比	14.2%	35.0%	19.2%	3.3%	2.5%	25.8%	100.0%
	完全不了解	数量	3	3	4	0	2	4	16
		百分比	18.8%	18.8%	25.0%	0.0%	12.5%	25.0%	100.0%
总　　数		数量	85	198	79	13	16	58	449
		百分比	18.9%	44.1%	17.6%	2.9%	3.6%	12.9%	100.0%

表 140　　　　对行政复议的了解程度与对复议工作人员的评价的关系
（实地调查行政复议卷）

			您对我国现阶段复议机关工作人员的总体评价是：						总数
			很好	较好	一般	不好	很差	说不清楚	
您对我国行政复议制度的了解程度?	很了解	数量	6	20	12	3	1	1	43
		百分比	14.0%	46.5%	27.9%	7.0%	2.3%	2.3%	100.0%
	一般了解	数量	5	21	7	8	6	4	51
		百分比	9.8%	41.2%	13.7%	15.7%	11.8%	7.8%	100.0%
	不太了解	数量	1	10	9	4	4	3	31
		百分比	3.2%	32.3%	29.0%	12.9%	12.9%	9.7%	100.0%
	完全不了解	数量	0	0	0	0	0	1	1
		百分比	0.0%	0.0%	0.0%	0.0%	0.0%	100.0%	100.0%
总　　数		数量	12	51	28	15	11	9	126
		百分比	9.5%	40.5%	22.2%	11.9%	8.7%	7.1%	100.0%

对行政诉讼或行政复议制度的了解程度与对法官队伍和复议机关工作人员的评价的调查结果似乎具有一定的规律性，大体来说，对于行政诉讼或行政复议制度越了解的，对于法官队伍和复议机关工作人员的评价越好。不过，"不太了解"和"完全不了解"恐怕也就无法作出评价，所以，这里选择"说不清楚"的比例也较高。

表 141　　是否请律师与对法官队伍总体评价的关系（实地调查行政诉讼卷）

			您对我国现阶段法官队伍的总体评价是：						总数
			很好	较好	一般	不好	很差	说不清楚	
在行政纠纷解决过程中，请问您有没有请律师（含法律服务工作者）从法律知识方面帮助您？	请了律师	数量	50	139	35	8	7	27	266
		百分比	18.8%	52.3%	13.2%	3.0%	2.6%	10.2%	100.0%
	没有请律师	数量	33	57	42	6	6	32	176
		百分比	18.8%	32.4%	23.9%	3.4%	3.4%	18.2%	100.0%
总　　数		数量	83	196	77	14	13	59	442
		百分比	18.8%	44.3%	17.4%	3.2%	2.9%	13.3%	100.0%

表 142　　是否请律师与对复议工作人员的评价的关系（实地调查行政复议卷）

			您对我国现阶段复议机关工作人员的总体评价是：						总数
			很好	较好	一般	不好	很差	说不清楚	
在行政纠纷解决过程中，请问您有没有请律师（含法律服务工作者）从法律知识方面帮助您？	请了律师	数量	9	23	16	11	6	6	71
		百分比	12.7%	32.4%	22.5%	15.5%	8.5%	8.5%	100.0%
	没有请律师	数量	3	28	11	4	5	4	55
		百分比	5.5%	50.9%	20.0%	7.3%	9.1%	7.3%	100.0%
总　　数		数量	12	51	27	15	11	10	126
		百分比	9.5%	40.5%	21.4%	11.9%	8.7%	7.9%	100.0%

是否请律师在对法官和复议工作人员评价中出现了不同的情况。行政诉讼卷中，"请了律师"的当事人对法官的评价要明显好于"没有请律师"的当事人（包括"很好"和"较好"）。而在行政复议中，"请了律师"与"没有请律师"的当事人对

行政复议机关工作人员的评价差别不大，甚至略差。这似乎表明，虽然律师对当事人解决纠纷以及推动法治建设进程具有正面影响，但对当事人的感受影响不大，或者说没有有规律性的影响。

表143　　　　提起过行政诉讼的次数与对法官队伍总体评价的关系

（实地调查行政诉讼卷）

			您对我国现阶段法官队伍的总体评价是：						总数
			很好	较好	一般	不好	很差	说不清楚	
您作为原告，提起过几次行政诉讼？	1次	数量	52	103	38	1	4	32	230
		百分比	22.6%	44.8%	16.5%	0.4%	1.7%	13.9%	100.0%
	2次	数量	18	31	11	2	1	7	70
		百分比	25.7%	44.3%	15.7%	2.9%	1.4%	10.0%	100.0%
	3次及以上	数量	9	56	26	9	11	17	128
		百分比	7.0%	43.8%	20.3%	7.0%	8.6%	13.3%	100.0%
总　数		数量	79	190	75	12	16	56	428
		百分比	18.8%	44.3%	17.4%	3.2%	2.9%	13.1%	100.0%

表144　申请过行政复议的次数与对复议工作人员的评价的关系（实地调查行政复议卷）

			您对我国现阶段复议机关工作人员的总体评价是：						总数
			很好	较好	一般	不好	很差	说不清楚	
您作为申请人，申请过几次行政复议？	1次	数量	1	5	7	3	4	5	25
		百分比	4.0%	20.0%	28.0%	12.0%	16.0%	20.0%	100.0%
	2次	数量	0	7	3	0	2	1	13
		百分比	0.0%	53.8%	23.1%	0.0%	15.4%	7.7%	100.0%
	3次及以上	数量	1	8	10	9	5	2	35
		百分比	2.9%	22.9%	28.6%	25.7%	14.3%	5.7%	100.0%
总　数		数量	2	20	20	12	11	8	73
		百分比	2.7%	27.4%	27.4%	16.4%	15.1%	11.0%	100.0%

　　提起行政诉讼或者申请行政复议的次数对于法官队伍和复议机关工作人员的评价有明显的影响。特别是 3 次及以上的，无论在实地调查的行政诉讼还是行政复议卷中，对于法官队伍和复议机关工作人员的评价趋向于负面的比例越大。

　　此点似乎与前述对制度的了解程度的分析有一定的矛盾。一般而言，提起行政诉讼或者申请行政复议的次数越多，应该对相关制度越了解。而对相关制度了解的调查对象对制度的评价相对较好。这里却出现多次提起行政诉讼或者申请行政复议的当事人更倾向于对法官队伍和复议机关工作人员作出负面评价的情况。分析原因，可能是由于多次提起行政诉讼或申请行政复议的当事人，案件处理的难度更大，因而不满也更多。此点在提起行政诉讼或者申请行政复议 1 次或者 2 次中的数据并无较大差距似也可以印证。

表 145　就您目前到相关部门处理争议的经历而言，您总体上觉得满意不满意？
（实地调查行政诉讼卷）

选　项		回答人次	百分比	有效百分比
有效回答	非常满意	38	8.2	8.4
	还算满意	180	38.6	39.8
	不太满意	111	23.8	24.6
	非常不满意	67	14.4	14.8
	说不清楚	56	12.0	12.4
	总　计	452	97.0	100.0
缺　失		14	3.0	
总　计		466	100.0	

表 146　就您目前到相关部门处理争议的经历而言，您总体上觉得满意不满意？
（实地调查行政复议卷）

选　项		回答人次	百分比	有效百分比
有效回答	非常满意	8	6.3	6.4
	还算满意	63	49.6	50.4
	不太满意	26	20.5	20.8
	非常不满意	18	14.2	14.4
	说不清楚	10	7.9	8.0
	总　计	125	98.4	100.0
缺　失		2	1.6	
总　计		127	100.0	

表147　就您目前到相关部门处理争议的经历而言，您总体上觉得满意不满意？
（网络调查行政诉讼卷）

选　项		回答人次	百分比	有效百分比
有效回答	非常满意	7	7.4	7.4
	还算满意	32	33.7	33.7
	不太满意	42	44.2	44.2
	非常不满意	10	10.5	10.5
	说不清楚	4	4.2	4.2
	总　　计	95	100.0	100.0

表148　就您目前到相关部门处理争议的经历而言，您总体上觉得满意不满意？
（网络调查行政复议卷）

选　项		回答人次	百分比	有效百分比
有效回答	非常满意	7	8.6	8.6
	还算满意	28	34.6	34.6
	不太满意	32	39.5	39.5
	非常不满意	9	11.1	11.1
	说不清楚	5	6.2	6.2
	总　　计	81	100.0	100.0

该题是当事人参与行政纠纷解决以来对整个机制的评价，就其内涵而言包括了行政纠纷过程的方方面面。

数据显示，行政纠纷当事人对行政诉讼或行政复议经历的正面评价及负面评价基本持平。实地调查中当事人对其经历持肯定评价（包括"非常满意"和"还算满意"）的占比要略高于否定评价（包括"不太满意"和"非常不满意"）。相比而言，行政复议当事人肯定评价的比例要高于行政诉讼当事人。而在网络调查中，行政诉讼还是行政复议当事人对其经历持肯定态度的超过了40%，与此同时，选择"不太满意"和"非常不满意"的比例超过一半。总体而言，行政诉讼和行政复议的满意度都还有很大的提升空间。作为制度化的救济渠道，若无法令维权主体满意，有可能将当事人引入静坐、拉横幅等不恰当的维权道路中，进一步损害诉讼和复议的公信力。

表 149　　　行政诉讼的了解程度与对相关部门处理争议经历满意度的关系

（实地调查行政诉讼卷）

| | | | 就您目前到相关部门处理争议的经历而言，您总体上觉得满意不满意？ | | | | | 总数 |
			非常满意	还算满意	不太满意	非常不满意	说不清楚	
您对我国行政诉讼制度了解程度？	很了解	数量	14	49	24	11	3	101
		百分比	13.9%	48.5%	23.8%	10.9%	3.0%	100.0%
	一般了解	数量	19	84	52	31	25	211
		百分比	9.0%	39.8%	24.6%	14.7%	11.8%	100.0%
	不太了解	数量	4	42	29	21	24	120
		百分比	3.3%	35.0%	24.2%	17.5%	20.0%	100.0%
	完全不了解	数量	1	4	5	3	3	16
		百分比	6.3%	25.0%	31.3%	18.8%	18.8%	100.0%
总　数		数量	38	179	110	66	55	448
		百分比	8.5%	40.0%	24.6%	14.7%	12.3%	100.0%

表 150　　　行政复议的了解程度与对相关部门处理争议经历满意度的关系

（实地调查行政复议卷）

| | | | 就您目前到相关部门处理争议的经历而言，您总体上觉得满意不满意？ | | | | | 总数 |
			非常满意	还算满意	不太满意	非常不满意	说不清楚	
您对我国行政复议制度了解程度？	很了解	数量	3	27	11	2	0	43
		百分比	7.0%	62.8%	25.6%	4.7%	0.0%	100.0%
	一般了解	数量	5	23	6	13	2	49
		百分比	10.2%	46.9%	12.2%	26.5%	4.1%	100.0%
	不太了解	数量	0	12	9	3	7	31
		百分比	0.0%	38.7%	29.0%	9.7%	22.6%	100.0%
	完全不了解	数量	0	0	0	0	1	1
		百分比	0.0%	0.0%	0.0%	0.0%	100.0%	100.0%
总　数		数量	8	62	26	18	10	124
		百分比	6.5%	50.0%	21.0%	14.5%	8.1%	100.0%

在行政诉讼或者行政复议制度的了解程度对相关部门处理争议经历满意度的影响中表现出了同样的现象，对行政诉讼或者行政复议制度越了解的当事人对于相关部门处理争议的经历越满意。

表151　经历寻求行政纠纷解决的过程到现在，您对相关部门(法院、复议机关等)的总体印象与过去相比，有没有变化？(实地调查行政诉讼卷)

选　项		回答人次	百分比	有效百分比
有效回答	更好	170	36.5	37.9
	相同	57	12.2	12.7
	更差	28	6.0	6.3
	有的印象更好了，有的更差了	114	24.5	25.4
	说不清楚	79	17.0	17.6
	总　计	448	96.1	100.0
缺　失		18	3.9	
总　计		466	100.0	

表152　经历寻求行政纠纷解决的过程到现在，您对相关部门(法院、复议机关等)的总体印象与过去相比，有没有变化？(实地调查行政复议卷)

选　项		回答人次	百分比	有效百分比
有效回答	更好	53	41.7	42.7
	相同	16	12.6	12.9
	更差	1	0.8	0.8
	有的印象更好了，有的更差了	40	31.5	32.3
	说不清楚	14	11.0	11.3
	总　计	124	97.6	100.0
缺　失		3	2.4	
总　计		127	100.0	

表153　经历寻求行政纠纷解决的过程到现在，您对相关部门（法院、复议机关等）的
总体印象与过去相比，有没有变化？（网络调查行政诉讼卷）

选项		回答人次	百分比	有效百分比
有效回答	更好	42	44.2	44.2
	相同	9	9.5	9.5
	更差	8	8.4	8.4
	有的印象更好了，有的更差了	29	30.5	30.5
	说不清楚	7	7.4	7.4
	总　　计	95	100.0	100.0

表154　经历寻求行政纠纷解决的过程到现在，您对相关部门（法院、复议机关等）的
总体印象与过去相比，有没有变化？（网络调查行政复议卷）

选项		回答人次	百分比	有效百分比
有效回答	更好	21	25.9	25.9
	相同	12	14.8	14.8
	更差	6	7.4	7.4
	有的印象更好了，有的更差了	37	45.7	45.7
	说不清楚	5	6.2	6.2
	总　　计	81	100.0	100.0

　　该题是就行政纠纷当事人参与纠纷解决过程后对相关部门总体印象的提问，因此关于此问题的回答是对行政纠纷解决机制现状的直接体现。数据显示，行政纠纷当事人对相关主管部门总体印象变得"更好"的占比最高，而明确表示"更差"的占比总体最低。应当说，这是一个可喜的现象。经历了寻求行政纠纷解决的过程直到填答问卷之时，调查对象对相关部门（法院、复议机关等）的总体印象与过去相比，有明显的改观，这是真正让民众有获得感的表现。当然，一定比例的处于中间态度的数据也值得我们关注，调查中选择"有的印象更好了，有的更差了"的占比也较高。总体来看，当事人对于法院、复议机关等部门的印象虽然有所改观，但仍然有继续改进的空间。

表155　　　对行政诉讼的了解程度与对相关部门(法院、复议机关等)的
　　　　　　　总体印象与过去相比的关系(实地调查行政诉讼卷)

			经历寻求行政纠纷解决的过程到现在,您对相关部门(法院、复议机关等)的总体印象与过去相比,有没有变化?					总数
			更好	相同	更差	有的印象更好了,有的更差了	说不清楚	
您对我国行政诉讼制度的了解程度?	很了解	数量	63	7	6	18	6	100
		百分比	63.0%	7.0%	6.0%	18.0%	6.0%	100.0%
	一般了解	数量	76	26	17	63	28	210
		百分比	36.2%	12.4%	8.1%	30.0%	13.3%	100.0%
	不太了解	数量	25	21	4	29	39	118
		百分比	21.2%	17.8%	3.4%	24.6%	33.1%	100.0%
	完全不了解	数量	5	2	1	3	5	16
		百分比	31.3%	12.5%	6.3%	18.8%	31.3%	100.0%
总　　数		数量	169	56	28	113	78	444
		百分比	38.1%	12.6%	6.3%	25.5%	17.6%	100.0%

表156　　　对行政复议的了解程度与对相关部门(法院、复议机关等)的
　　　　　　　总体印象与过去相比的关系(实地调查行政复议卷)

			经历寻求行政纠纷解决的过程到现在,您对相关部门(法院、复议机关等)的总体印象与过去相比,有没有变化?					总数
			更好	相同	更差	有的印象更好了,有的更差了	说不清楚	
您对我国行政诉讼制度的了解程度?	很了解	数量	25	5	0	9	2	41
		百分比	61.0%	12.2%	0.0%	22.0%	4.9%	100.0%
	一般了解	数量	19	4	1	20	6	50
		百分比	38.0%	8.0%	2.0%	40.0%	12.0%	100.0%
	不太了解	数量	9	7	0	11	4	31
		百分比	29.0%	22.6%	0.0%	35.5%	12.9%	100.0%
	完全不了解	数量	0	0	0	0	1	1
		百分比	0.0%	0.0%	0.0%	0.0%	100.0%	100.0%
总　　数		数量	53	16	1	40	13	123
		百分比	43.1%	13.0%	0.8%	32.5%	10.6%	100.0%

此点与之前的分析类似。在行政诉讼或者行政复议制度的了解程度中对制度越了解的，对相关部门的印象与过去相比越好。其中"很了解"的选项中比例均超过了60%。

表157　　提起过行政诉讼的次数与对相关部门(法院、复议机关等)的
　　　　　总体印象与过去相比的关系(实地调查行政诉讼卷)

			经历寻求行政纠纷解决的过程到现在，您对相关部门(法院、复议机关等)的总体印象与过去相比，有没有变化？					总数
			更好	相同	更差	有的印象更好了，有的更差了	说不清楚	
您作为原告，提起过几次行政诉讼？	1次	数量	99	30	12	49	41	231
		百分比	42.9%	13.0%	5.2%	21.2%	17.7%	100.0%
	2次	数量	21	12	1	14	20	68
		百分比	30.9%	17.6%	1.5%	20.6%	29.4%	100.0%
	3次及以上	数量	38	13	15	46	14	126
		百分比	30.2%	10.3%	11.9%	36.5%	11.1%	100.0%
总　　数		数量	158	55	28	109	75	425
		百分比	37.2%	12.9%	6.6%	25.6%	17.6%	100.0%

表158　　申请过行政复议的次数与对相关部门(法院、复议机关等)的
　　　　　总体印象与过去相比的关系(实地调查行政复议卷)

			经历寻求行政纠纷解决的过程到现在，您对相关部门(法院、复议机关等)的总体印象与过去相比，有没有变化？					总数
			更好	相同	更差	有的印象更好了，有的更差了	说不清楚	
您作为申请人，申请过几次行政复议？	1次	数量	7	2	1	9	6	25
		百分比	28.0%	8.0%	4.0%	36.0%	24.0%	100.0%
	2次	数量	4	1	0	6	2	13
		百分比	30.8%	7.7%	0.0%	46.2%	15.4%	100.0%
	3次及以上	数量	12	2	0	17	2	33
		百分比	36.4%	6.1%	0.0%	51.5%	6.1%	100.0%
总　　数		数量	23	5	1	32	10	71
		百分比	32.4%	7.0%	27.4%	45.1%	14.1%	100.0%

　　而提起行政诉讼或申请行政复议的次数对于法官队伍和复议机关工作人员的评价不同。实地调查的行政诉讼卷中，提起次数越多的，对于相关部门评价更好的比例越低，而行政复议卷中，则相反。不过在"有的印象更好了，有的更差了"这一选项，提起行政诉讼或申请行政复议次数越多，其比例随之增加。

表159　您对法院网站提供的资讯与服务是否满意？（实地调查行政诉讼卷）

选　项		回答人次	百分比	有效百分比
有效回答	非常满意	65	13.9	14.4
	还算满意	189	40.6	41.8
	不太满意	49	10.5	10.8
	非常不满意	8	1.7	1.8
	没用过，不知道	115	24.7	25.4
	说不清楚	26	5.6	5.8
	总　　计	452	97.0	100.0
缺　失		14	3.0	
总　　计		466	100.0	

表160　您对行政机关网站提供的资讯与服务是否满意？（实地调查行政复议卷）

选　项		回答人次	百分比	有效百分比
有效回答	非常满意	10	7.9	7.9
	还算满意	53	41.7	42.1
	不太满意	24	18.9	19.0
	非常不满意	4	3.1	3.2
	没用过，不知道	30	23.6	23.8
	说不清楚	5	3.9	4.0
	总　　计	126	99.2	100.0
缺　失		1	0.8	
总　　计		127	100.0	

表161　您对法院网站提供的资讯与服务是否满意？（网络调查行政诉讼卷）

	选　　项	回答人次	百分比	有效百分比
有效回答	非常满意	5	5.3	5.3
	还算满意	22	23.2	23.2
	不太满意	43	45.3	45.3
	非常不满意	10	10.5	10.5
	没用过，不知道	14	14.7	14.7
	说不清楚	1	1.1	1.1
	总　　计	95	100.0	100.0

表162　您对行政机关网站提供的资讯与服务是否满意？（网络调查行政复议卷）

	选　　项	回答人次	百分比	有效百分比
有效回答	非常满意	5	6.2	6.2
	还算满意	22	27.2	27.2
	不太满意	40	49.4	49.4
	非常不满意	5	6.2	6.2
	没用过，不知道	6	7.4	7.4
	说不清楚	3	3.7	3.7
	总　　计	81	100.0	100.0

随着互联网时代的来临，包括各级法院、行政机关在内的国家机关为适应网上办公、咨询等简便工作的趋势，均建立起网站提供相应的网上政务服务。

实地调查与网络调查的结果不甚一致。实地调查的两卷数据显示，超过半数的当事人对于网站提供的资讯和服务总体满意（包括"非常满意"和"还算满意"），其中"还算满意"占主要部分。与实地调查相比，网络调查中当事人的满意度降低，相应的不满意（包括"不太满意"和"非常不满意"）的比例超过一半。

值得注意的是，实地调查中选择"没用过，不知道"的当事人不少，分别为25.4%和23.8%，而网络卷中相应的比例要低得多，分别是14.7%和7.4%。显然，实地调查和网络调查出现这种差别表现出不同群体对网络政务服务的要求不同，由此也说明了互联网在国家公共服务发展中确实存在一定的数字鸿沟现象，① 有关部门需要对此予以关注和引导。

(2)小结

根据行政纠纷当事人的评价，我国法院和行政复议机构在依法办案、为民服务方面还有很大的提升空间。目前，行政纠纷当事人对法官队伍和行政复议机关的评价总体良好。对于自身的纠纷解决经历，当事人的正面评价和负面评价基本持平。在与相关部门打交道的过程中，大部分当事人对法院或行政复议机关的印象有所改观，但仍有一定比例的当事人在亲身经历与相关部门打交道后对其的印象变得更差。

通过对比分析和交叉分析，我们发现调查对象的身份以及对行政诉讼或者行政复议制度的了解程度、提起行政诉讼或者申请行政复议的次数会影响其对相关部门的评价。如行政诉讼当事人对法院的评价要高于一般民众，对行政诉讼越了解的评价越好。由此我们应该思考，如何引导媒体客观正确地呈现相关纠纷解决部门的风貌，如何提高行政执法部门的法治思维，让当事人真正感受到依法行政的变化，确实需要做进一步的工作。

(五)调查对象的诉讼意识与权利意识

从宏观层面来看，法律制度能否发挥作用乃至法治的实现在很大程度上取决于民众整体对包含诉讼意识、权利意识等在内的法律意识程度的提升。公众对法律的信仰越高，遵循法律行事的意识越强，推动法律完善和改革的自下而上的动力就越大。当然，意识作为感觉、思维等各种心理过程的总和，受客观物质世界的影响，诉讼意识和权利意识同样如此。本部分设计的题目，从不同角度考察包括行政纠纷当事人以及普通民众法律意识的现状。

---

① 数字鸿沟，是指在全球数字化进程中，不同国家、地区、行业、企业、社区之间，由于对信息、网络技术的拥有程度、应用程度以及创新能力的差别而造成的信息落差及贫富进一步两极分化的趋势。

1. 对司法的看法与评价

（1）调查结果

我国《宪法》和《人民法院组织法》都规定人民法院依照法律规定独立行使审判权，不受行政机关、社会团体和个人的干涉。人民法院作为国家审判机关享有唯一、独立的审判权。但从一般民众的观察来看，在现有司法体制之下，人民法

表163　整体来说，"我国法院能够独立审判，不受行政机关、社会团体和个人的干涉"，请问您是否同意这种说法？（实地调查行政诉讼卷）

选　　项		回答人次	百分比	有效百分比
有效回答	非常同意	126	27.0	27.8
	还算同意	169	36.3	37.3
	不太同意	78	16.7	17.2
	完全不同意	21	4.5	4.6
	说不清楚	59	12.7	13.0
	总　　计	453	97.2	100.0
缺　　失		13	2.8	
总　　计		466	100.0	

表164　整体来说，"我国法院能够独立审判，不受行政机关、社会团体和个人的干涉"，请问您是否同意这种说法？（网络调查行政诉讼卷）

选　　项		回答人次	百分比	有效百分比
有效回答	非常同意	8	8.4	8.4
	还算同意	33	34.7	34.7
	不太同意	39	41.1	41.1
	完全不同意	12	12.6	12.6
	说不清楚	3	3.2	3.2
	总　　计	95	100.0	100.0

表165 整体来说，"我国法院能够独立审判，不受行政机关、社会团体和个人的干涉"，
请问您是否同意这种说法？（网络调查行政复议卷）

选 项		回答人次	百分比	有效百分比
有效回答	非常同意	12	14.8	14.8
	还算同意	23	28.4	28.4
	不太同意	24	29.6	29.6
	完全不同意	13	16.0	16.0
	说不清楚	9	11.1	11.1
	总 计	81	100.0	100.0

表166 整体来说，"我国法院能够独立审判，不受行政机关、社会团体和个人的干涉"，
请问您是否同意这种说法？（民众卷）

选 项		回答人次	百分比	有效百分比
有效回答	非常同意	367	12.2	12.2
	还算同意	1372	45.5	45.5
	不太同意	933	30.9	30.9
	完全不同意	121	4.0	4.0
	说不清楚	224	7.4	7.4
	总 计	3017	100.0	100.0

院整体在司法实践中能够完全排除外界干扰的难度很大。为解决这一问题，我国历年的司法改革围绕其展开了包括领导干部干预司法活动、插手具体案件处理的记录、通报和责任追究机制以及省以下地方法院人财物统一管理等一系列举措。实际情况和改革举措的效果如何，作为行政诉讼的当事人和普通民众的看法能够反映一些问题。

调查数据显示，实地调查行政诉讼当事人对此看法较为支持的（包括"非常同意"和"还算同意"）占比达65.1%，但选择"不太同意"和"完全不同意"否定态度的仍有21.8%。网络调查中，该题在三类不同调查对象中持否定态度的比例分别是行政诉讼卷53.7%、行政复议卷45.6%和民众卷的34.9%。可见，行政纠纷

当事人对司法独立性的认可要高于普通民众。

总体而言，调查对象认为法院在司法过程中受到外界干涉的比例不低，说明法院并未完全如其定位一样独立进行审判。对人民法院审判独立的担忧在问卷开放式问题中经常提及，如网络调查行政诉讼卷问卷序号771写道："行政干预排除难度大。"网络调查行政诉讼卷问卷序号1782提到："法院受行政机关干预很大，有些案件明明行政机关明显违法，法院处理时故意不合理地找借口拖时间，外地法院也是如此。法官对原告合理的追加被告申请不予许可，仅做个笔录，连裁定也不下。判决文书更是压根不提。"网络调查民众卷问卷序号508表示："希望法院能够真正解决纠纷，而不受制于行政机关的干涉。"网络调查民众卷问卷序号2109表示："地方法院运行的资金来自当地政府财政拨款，还是会受到当地行政机关的束缚，如何确保司法独立？"甚至在网络调查民众卷中出现了检察系统内部人员的此类回复，网络调查民众卷问卷序号2112写道："我在从事检察院民行检察工作时发现，实践中法院迫于压力无法公正裁决的行政诉讼不在少数。"

表167　　提起行政诉讼的次数与对法院独立审判看法的交叉分析表

（实地调查行政诉讼卷）

			整体来说，"我国法院能够独立审判，不受行政机关、社会团体和个人的干涉"，请问您是否同意这种说法？					总数
			非常同意	还算同意	不太同意	完全不同意	说不清楚	
您作为原告，提起过几次行政诉讼？	1次	数量	68	88	34	7	32	229
		百分比	29.7%	38.4%	14.8%	3.1%	14.0%	100.0%
	2次	数量	17	30	12	1	10	70
		百分比	24.3%	42.9%	17.1%	1.4%	14.3%	100.0%
	3次及以上	数量	28	44	29	13	13	127
		百分比	22.0%	34.6%	22.8%	10.2%	10.2%	100.0%
总　　数		数量	113	162	75	21	55	426
		百分比	26.5%	38.0%	17.6%	4.9%	12.9%	100.0%

我们再次考察调查对象相关背景因素的影响。与调查对象提起行政诉讼次数进行交叉分析，我们发现，随着提起行政诉讼次数的增加，对该题持肯定态度（"非常同意"和"还算同意"）的比例之和逐渐减小，否定态度的比例在增加。尤其在"非常同意"与"完全不同意"这两个选项上，比例相差比较明显，呈现出一定的规律性。

与当事人是否聘请律师进行双变量分析，结果显示，实地调查行政诉讼卷中"请了律师"的调查对象选择"非常同意""还算同意""不太同意""完全不同意""说不清楚的"比例分别是 29.5%、38.6%、19.7%、3.4%、8.7%；"没有请律师"的比例分别是 24.6%、37.1%、13.1%、6.3%、18.9%。当事人是否聘请律师似乎没有明显影响其对法院是否能够独立审判这一问题的看法，相比较而言，请了律师的当事人的态度较为积极。

表168　整体来说，"上法院是解决争议最公平的方式"，请问您是否同意这种说法？
（实地调查行政诉讼卷）

选　　项		回答人次	百分比	有效百分比
有效回答	非常同意	133	28.5	29.4
	还算同意	236	50.6	52.1
	不太同意	26	5.6	5.7
	完全不同意	7	1.5	1.5
	说不清楚	51	10.9	11.3
	总　　计	453	97.2	100.0
缺　　失		13	2.8	
总　　计		466	100.0	

表169　整体来说，"上法院是解决争议最公平的方式"，请问您是否同意这种说法？
（网络调查行政诉讼卷）

选　　项		回答人次	百分比	有效百分比
有效回答	非常同意	20	21.1	21.1
	还算同意	44	46.3	46.3
	不太同意	26	27.4	27.4
	完全不同意	2	2.1	2.1
	说不清楚	3	3.2	3.2
	总　　计	95	100.0	100.0

表 170　整体来说，"上法院是解决争议最公平的方式"，请问您是否同意这种说法？
（网络调查行政复议卷）

	选　项	回答人次	百分比	有效百分比
有效回答	非常同意	15	18.5	18.5
	还算同意	36	44.4	44.4
	不太同意	20	24.7	24.7
	完全不同意	5	6.2	6.2
	说不清楚	5	6.2	6.2
	总　　计	81	100.0	100.0

表 171　　　　整体来说，"上法院是解决争议最公平的方式"，
请问您是否同意这种说法？（民众卷）

	选　项	回答人次	百分比	有效百分比
有效回答	非常同意	443	14.7	14.7
	还算同意	1724	57.1	57.1
	不太同意	647	21.4	21.4
	完全不同意	43	1.4	1.4
	说不清楚	160	5.3	5.3
	总　　计	3017	100.0	100.0

　　赋予人民法院独立地位，意在使其能够遵循法律的程序规定作出公平、公正的裁判结果。正基于此，司法在现有纠纷解决途径中一直作为最后一道防线的角色存在。那受访者对此是否认同呢？

　　大部分当事人对"上法院是解决争议最公平的方式"的说法还算认可。除实地调查中行政诉讼当事人对此说法持否定的意见的比例最低以外（包含"不太同意"和"完全不同意"共占比 7.5%），网络调查中持否定态度的当事人比例大约在 30%，分别是行政诉讼卷 29.5%、行政复议卷 30.9% 和民众卷 22.8%。而且，也仍然是行政纠纷的当事人的评价好于普通民众。总体来说，与上一问题类似，大部分受访者认同法院公平、公正的角色定位，但也有不少人对法院的公正性有所怀疑。

　　我们也再次考察当事人相关背景因素的影响。

169

表172　提起行政诉讼的次数与对法院看法的交叉分析表（实地调查行政诉讼卷）

| | | | 整体来说，"上法院是解决争议最公平的方式"，请问您是否同意这种说法？ | | | | | 总数 |
			非常同意	还算同意	不太同意	完全不同意	说不清楚	
您作为原告，提起过几次行政诉讼？	1次	数量	71	124	11	0	22	228
		百分比	31.1%	54.4%	4.8%	0.0%	9.6%	100.0%
	2次	数量	19	38	6	1	6	70
		百分比	27.1%	54.3%	8.6%	1.4%	8.6%	100.0%
	3次及以上	数量	32	60	9	6	21	128
		百分比	25.0%	46.9%	7.0%	4.7%	16.4%	100.0%
总数		数量	122	222	26	7	49	426
		百分比	28.6%	52.1%	6.1%	1.6%	11.5%	100.0%

　　与提起行政诉讼的次数进行多变量分析，我们发现，提起行政诉讼的次数与对法院看法仍然有微弱影响。与当事人是否聘请律师的交叉分析同样如此。实地调查行政诉讼卷中"请了律师"选择"非常同意""还算同意""不太同意""完全不同意""说不清楚的"比例分别是33.7%、52.3%、5.3%、1.5%、7.2%；"没有请律师"的比例分别是22.9%、54.3%、5.1%、1.7%、16.0%。

表173　有人说："司法会受到媒体报道的影响"，请问您是否同意这种说法？
（实地调查行政诉讼卷）

选　项		回答人次	百分比	有效百分比
有效回答	非常不同意	24	5.2	5.3
	不同意	88	18.9	19.5
	同意	101	21.7	22.4
	非常同意	21	4.5	4.7
	看情况	159	34.1	35.3
	说不清楚	58	12.4	12.9
	总　计	451	96.8	100.0
缺　失		15	3.2	
总　计		466	100.0	

表 174　有人说："司法会受到媒体报道的影响"，请问您是否同意这种说法？

（网络调查行政诉讼卷）

	选　　项	回答人次	百分比	有效百分比
有效回答	非常不同意	4	4.2	4.2
	不同意	6	6.3	6.3
	同意	56	58.9	58.9
	非常同意	3	3.2	3.2
	看情况	21	22.1	22.1
	说不清楚	5	5.3	5.3
	总　　计	95	100.0	100.0

表 175　有人说："司法会受到媒体报道的影响"，请问您是否同意这种说法？

（网络调查行政复议卷）

	选　　项	回答人次	百分比	有效百分比
有效回答	非常不同意	4	4.9	4.9
	不同意	16	19.8	19.8
	同意	32	39.5	39.5
	非常同意	11	13.6	13.6
	看情况	16	19.8	19.8
	说不清楚	2	2.5	2.5
	总　　计	81	100.0	100.0

表 176　有人说："司法会受到媒体报道的影响"，请问您是否同意这种说法？（民众卷）

	选　　项	回答人次	百分比	有效百分比
有效回答	非常不同意	95	3.1	3.1
	不同意	576	19.1	19.1
	同意	1321	43.8	43.8
	非常同意	148	4.9	4.9
	看情况	688	22.8	22.8
	说不清楚	189	6.3	6.3
	总　　计	3017	100.0	100.0

　　人民法院独立行使审判权，其应有之义除了不受行政机关、社会团体和个人的干涉外，也不应该受到其他外界力量的干扰。然而司法实践中干扰因素来自于方方面面，媒体影响即为其中之一。媒体与司法之间应当是一种宣传倡导和舆论监督的关系，媒体通过案件报道的方式宣传法律知识和法治精神，也通过案件报道的方式督促司法机关依法以及公开审判。但在实践中，两者的关系并非完全呈现良性互动，媒体不当干扰司法审判的现象时有发生。传统媒介时代，个别案件经由报道引起民众热议乃至普遍反对后，法院迫于舆情压力而作出判决的情况的确在一定程度上存在。① 随着互联网技术的发展、自媒体的出现，信息的传播格局发生了巨大的转变，网络已经成为各类信息和思想的集散地和社会舆论的放大器。在"蝴蝶效应"下，媒体影响甚至干预司法更有可能发生。

　　数据显示，仅有 24.8% 的行政诉讼当事人不同意"司法会受到媒体报道的影响"。网络调查中，行政诉讼卷、行政复议卷以及民众卷表示不同意的比例亦较低，分别为 10.5%、24.7% 以及 22.2%。结合前文中"关于是否会采取'网络发酵'的方式引起公众注意而解决纠纷"的数据结论，即部分当事人希望利用媒体舆论来改变纠纷结果，调查结果显示大多数人认可媒体对司法的影响，进而会考虑通过"网络发酵"的方式解决自己的纠纷，使得司法难以摆脱媒体舆论的裹挟。如网络调查民众卷问卷序号 748 文字反馈中即写道："广大普通民众其实并没有想象中的那么了解行政纠纷解决途径，在遇到纠纷时寻求律师帮助的也较少。现在给大家的印象是，以媒体舆论来为自己'主张正义，主持公道'往往会取得更好的效果。"

　　需要明确的是，该类现象的出现与法治建设的目标是存在一定冲突的。互联网时代，通过媒体达到影响司法结果的方式更加多元、门槛更低，由此，对媒体与司法的关系需要重新认识，并对其予以规制。也正如网络调查民众卷问卷序号 236 中所说的"支持公民合法维权固然很好，但在当下滥用诉权、利用媒体给行政机关施加压力，寻求不正当利益的也大有人在。保护当事人的合法权益、正当诉求，有效利用行政资源、司法资源很重要"。

---

① 例如曾被媒体大肆报道和渲染的"彭宇案""唐慧案""药家鑫案""邓玉娇案"等。

表 177　有人说：“司法只保障有钱有势人的权利”，请问您是否同意这种说法？
（实地调查行政诉讼卷）

	选　项	回答人次	百分比	有效百分比
有效回答	非常不同意	41	8.8	9.1
	不同意	221	47.4	48.8
	同意	42	9.0	9.3
	非常同意	17	3.6	3.8
	说不清楚	132	28.3	29.1
	总　计	453	97.2	100.0
缺　失		13	2.8	
总　计		466	100.0	

表 178　有人说：“司法只保障有钱有势人的权利”，请问您是否同意这种说法？
（实地调查行政复议卷）

	选　项	回答人次	百分比	有效百分比
有效回答	非常不同意	7	5.5	5.5
	不同意	76	59.8	59.8
	同意	7	5.5	5.5
	非常同意	4	3.1	3.1
	说不清楚	33	26.0	26.0
	总　计	127	100.0	100.0
缺　失		0	0	
总　计		127	100.0	

表 179　有人说：“司法只保障有钱有势人的权利”，请问您是否同意这种说法？
（网络调查行政诉讼卷）

	选　项	回答人次	百分比	有效百分比
有效回答	非常不同意	6	6.3	6.3
	不同意	54	56.8	56.8
	同意	13	13.7	13.7
	非常同意	3	3.2	3.2
	说不清楚	19	20.0	20.0
	总　计	95	100.0	100.0

表180 有人说："司法只保障有钱有势人的权利"，请问您是否同意这种说法？
（网络调查行政复议卷）

选 项		回答人次	百分比	有效百分比
有效回答	非常不同意	11	13.6	13.6
	不同意	31	38.3	38.3
	同意	16	19.8	19.8
	非常同意	8	9.9	9.9
	说不清楚	15	18.5	18.5
	总 计	81	100.0	100.0

表181 有人说："司法只保障有钱有势人的权利"，请问您是否同意
这种说法？（民众卷）

选 项		回答人次	百分比	有效百分比
有效回答	非常不同意	346	11.5	11.5
	不同意	1769	58.6	58.6
	同意	358	11.9	11.9
	非常同意	54	1.8	1.8
	说不清楚	490	16.2	16.2
	总 计	3017	100.0	100.0

对于法院的性质，民众往往将其与行政机关一起归为公权力机关，并不会刻意区分司法权与行政权，再加上我国历史上长期存在的"官官相护""官商勾结"的观念，容易导致"司法只保障有权有势人的权利"的说法。此种说法在民众中的真实看法如何呢？

从实地调查和网络调查的全部数据来看，不同调查对象均有超过50%的受访者表示不同意（包括"非常不同意"和"不同意"）此说法。其中，民众卷中的比例最高，达到了70.1%。与此同时，虽然有持肯定态度（包括"同意"和"非常同意"）的受访者，但占比较小。持肯定态度的原因，我们推测有以下两种可能：第一，尽管近年来人民法院内外都推行了各类举措以杜绝"关系案""人情案"，但不可否认实践中仍然存在干扰公正审判的因素；第二，"有钱有势人"可能投

人更多财力用于高质量的法律服务，"势单力薄"的当事人在专业性上难以对抗，因而产生这种感觉。文字反馈中对此也有涉及，网络调查民众卷问卷序号 1314 说："很少有人会跟政府打官司，尤其是人情社会的中国。也尤其是没钱的普通老百姓。大家更倾向于举报官员不作为或其他违法行为。"网络调查民众卷问卷序号 1401 提到："我们的法律会受到权利（应为"权力"）和人情关系所左右，而且时间和精力金钱都让人消耗不起，所以尽量少产生纠纷。"网络调查民众卷问卷序号 1710 提到："穷人难以保障自己的权益，和有钱人打官司大部分都是输，请不起律师是一个问题，有钱人通过关系也是一个问题。"

（2）小结

整体而言，调查对象对司法的评价尚可。在人民法院独立行使审判权方面，约七成的当事人同意我国可以做到独立审判，而普通民众对司法独立的认可最低，仅有 34.9%。同时，大部分人认为媒体会对司法结果产生影响。在司法公正方面，大约 60% 至 70% 的当事人认可法院是解决行政纠纷最公平的方式，并且大部分人并不赞同司法只保护有钱有势人的权利的观点。

在调查对象的回答中，我们可以感受到我国司法改革取得的进步。在一定程度上，行政纠纷当事人的选择反映当下我国行政诉讼制度的状况，而民众的观点则代表着社会对行政诉讼的一般印象，有过行政纠纷解决经历的当事人比普通民众对司法工作的评价更好，就意味着我国行政诉讼已经有了一定的进步与发展。

2."青天意识"与对公正法官的期待

在上文"在老百姓有理的前提下，想要告赢政府，您认为最重要的是什么？"一题中，行政纠纷当事人中有一半以上选择了"公正的法官"。由此可以看出，当事人对于纠纷解决中"人"的因素较为看重。由于历史的原因，我国社会观念中历来乐于把清廉、正直、秉公执法的官员称为"包青天"。这种"青天意识"在当今的行政纠纷当事人和普通民众中是否存在，情况如何，需要了解，而这也能够直观反映调查对象的诉讼意识、权利意识。

（1）调查结果

包青天是指我国北宋名臣包拯，以廉洁清明，执法严峻，不畏权贵著称。历史上流传许多关于包青天的轶闻事迹，他因此而被艺术化，成为中国传统戏曲中的重要角色，在现当代影视剧中也有大量表现。民众对包青天的认识，多来自此。广大社会公众对包青天的喜爱，实际上是通过这样一位理想化的人物，来表达自己对公正司法的向往。而刚正不阿、铁面无私、不畏权贵的精神，其实跟行政审判的需要非常契合。

表182　　当事人中存在一种心理："我要是遇到包青天就好了"，
请问您是否有同感？（实地调查行政诉讼卷）

	选　项	回答人次	百分比	有效百分比
有效回答	有	304	65.2	67.7
	没有	85	18.2	18.9
	说不清楚	60	12.9	13.4
	总　　计	449	96.4	100.0
缺　失		17	3.6	
总　　计		466	100.0	

表183　　当事人中存在一种心理："我要是遇到包青天就好了"，
请问您是否有同感？（实地调查行政复议卷）

	选　项	回答人次	百分比	有效百分比
有效回答	有	97	76.4	77.0
	没有	17	13.4	13.5
	说不清楚	12	9.4	9.5
	总　　计	126	99.2	100.0
缺　失		1	0.8	
总　　计		127	100.0	

调查数据显示，实地调查行政诉讼和行政复议当事人明确表示"有""我要是遇到包青天就好了"的比例较高，分别是 67.7% 和 77.0%。网络调查卷中，选择"有"该想法的比例下降，分别是行政诉讼卷的 57.9%、行政复议卷的 50.6%。因此在大部分当事人中是存在这一心理的，该点也说明了为什么存在对"公正的法官"的期待。例如实地调查行政诉讼卷 NTZY029 中提到："感觉法院高高在上，应该多听取群众的合理合法一件（应为"意见"），条条框框是死的，群众在乎的是民生，并不是过分（的）要求，希望法官多为民着想，按规定合情合理真正给到老百姓优惠的，就不会有民告官的事情发生，希望法院能有包青天。"实地调查行政诉讼卷 GTZY110 说："希望真的有公平公正包青天。"

其实，选择"有"此想法是正常的，来打官司的人当然期待遇到公正的法官。且此题中还有一个暗示，"当事人中存在一种心理"，那么选择同样心理应该也属正常。关键是当事人认为遇到"包青天"的可能性有多大。因此，我们就当事人对在纠纷解决过程中遇见"包青天"可能性的看法进行考察。

表 184　　　　　**您觉得在现实中遇到"包青天"的可能性有多大？**

（实地调查行政诉讼卷）

	选　　项	回答人次	百分比	有效百分比
有效回答	可能性很大，法官都应该是包青天	152	32.6	33.8
	可能性不大，遇到包青天是运气	148	31.8	32.9
	不可能遇到，都是官官相护	46	9.9	10.2
	说不清楚	104	22.3	23.1
	总　　计	450	96.6	100.0
缺　　失		16	3.4	
总　　计		466	100.0	

数据显示，实地调查行政诉讼卷中选择"可能性很大，法官都应该是包青天"的比例是各卷中最高的，为 33.8%。选择此项的其他各卷分别是实地调查行政复议卷 22.4%，网络调查行政诉讼卷 16.8% 以及网络调查行政复议卷 11.1%。其余部分受访对象则认为在现实中"可能性不大，遇到包青天是运气"。

表185　您觉得在现实中遇到"包青天"的可能性有多大?（实地调查行政复议卷）

	选　项	回答人次	百分比	有效百分比
有效回答	可能性很大，复议机关工作人员都应该是包青天	28	22.0	22.4
	可能性不大，遇到包青天是运气	62	48.8	49.6
	不可能遇到，都是官官相护	16	12.6	12.8
	说不清楚	19	15.0	15.2
	总　计	125	98.4	100.0
缺　失		2	1.6	
总　计		127	100.0	

可见，相当高比例的当事人"有"遇到包青天的期望，但认为"遇到"的可能性却相对较低。如在接受实地调查的行政诉讼当事人之中，70%左右的受访者表示期待"遇到包青天"，而仅有30%左右的受访者认为遇到的"可能性很大"。这一方面显示出当事人认为"人"在司法中的重要作用，另一方面也表现出其对当下法官队伍的不信任。

我们再次考察提起行政诉讼的次数对调查结果所产生的影响。

表186　提起行政诉讼的次数与青天意识的交叉分析表（实地调查行政诉讼卷）

			您觉得在现实中遇到"包青天"的可能性有多大?				总数
			可能性很大，法官都应该是包青天常同	可能性不大，遇到包青天是运气	不可能遇到，都是官官相护	说不清楚	
您作为原告，提起过几次行政诉讼?	1次	数量	87	67	13	63	230
		百分比	37.8%	29.1%	5.7%	27.4%	100.0%
	2次	数量	22	26	6	15	69
		百分比	31.9%	37.7%	8.7%	21.7%	100.0%
	3次及以上	数量	33	51	24	19	127
		百分比	26.0%	40.2%	18.9%	15.0%	100.0%
总　数		数量	142	144	43	97	426
		百分比	33.3%	33.8%	10.1%	22.8%	100.0%

网络调查行政复议卷交叉分析显示，作为申请人，提起行政复议的一次、两次和三次及以上，认为"可能性很大，复议机关工作人员都应该是包青天"的比例分别是 16.7%、15.4% 和 5.9%，认为"可能性不大，遇到包青天是运气"的比例分别是 58.3%、61.5% 和 61.8%，认为"不可能遇到，都是官官相护"的比例分别是 16.7%、15.4% 和 26.5%，觉得"说不清楚"的比例分别是 8.3%、7.7% 和 5.9%。

调查结果显示，提起行政诉讼次数越多的当事人，对法官越不信任。行政复议表现出同样的情况，提起行政复议次数越多的当事人，认为遇到"包青天"的可能性越低。相比较而言，提起行政诉讼和申请行政复议三次及以上的调查对象，对遇到公正裁判者的信心最低。

（2）小结

总体来说，在行政纠纷解决过程中，"人"的作用在当事人心中非常重要。大部分当事人都有"青天意识"，其期待遇到"包青天"的同时又认为真正遇到的可能性很小。就前述当事人对法官及行政复议人员的评价来看，法官受到的评价要好于行政复议人员。本题调查中，行政诉讼实地调查卷当事人选择遇到包青天"可能性很大"的比例也最高。可见当事人在解决纠纷过程中对纠纷解决机构的评价，与认为该机构"包青天"可能存在的几率是一致的。

同时，交叉分析显示，提起行政诉讼或行政复议次数越多的当事人，对相关机构的信心越低。行政纠纷解决经历多的当事人大致可分为两类，一类是就不同的行政纠纷提起了不同的行政诉讼或行政复议，一类是就同一个行政纠纷多次提起了行政诉讼或行政复议。[①] 前者可能基于对法治的期待和对行政诉讼及复议的深入了解，认为相关工作人员的表现差强人意；后者可能基于同一纠纷长期得不到解决，因而对相关工作人员产生负面评价。

---

① 行政诉讼中禁止重复起诉，这里就同一纠纷提起多次行政诉讼是指当事人为解决一纠纷以不同理由提起不同的行政诉讼，最为典型的是为解决拆迁纠纷，除针对行政机关的拆迁行为提起行政诉讼以外，部分当事人还会以信息公开为由提起行政诉讼。行政复议同理。

3. 法律服务认知与需求

在社会分工细化的背景下，法律职业化、专业化的趋势进一步发展。由此，当民众遇见纠纷时，获取法律工具的支持，特别是来自律师（含法律服务工作者）的法律帮助显得尤为重要。民众对法律服务的获得性以及看法如何，能够侧面反映司法制度建设以及我国律师群体（含法律服务工作者）法律服务的基本情况，以及社会公众的法律意识与诉讼意识。对此，我们设计了以下几个方面的问题予以考察。

(1) 调查结果

表 187　　假如您需要通过某种途径解决自身纠纷，请问您是否会请律师
（含法律服务工作者）从法律知识方面帮助您？（民众卷）

	选　　项	回答人次	百分比	有效百分比
有效回答	会请，律师帮助很大	2397	79.4	79.4
	会请，但估计没用	432	14.3	14.3
	不会请律师	188	6.2	6.2
	总　　计	3017	100.0	100.0

网络调查普通民众表示，如需通过某种途径解决自身纠纷时，愿意请律师的比例高达93.8%，并且大多认为"律师帮助很大"，远远超过当事人对此的看法。而且14.3%的调查对象认为即便"没用"，也会请律师。说明民众对获得法律服务帮助的意愿较为强烈。文字反馈也有很多这样的表述。"遇到事情，适当请律师还是有必要的"（网络调查民众卷问卷序号17）。"我认为行政诉讼中，律师不会作用很大，但也不会完全没作用"（网络调查民众卷问卷序号76）。"律师在案件中的作用还是非常大的"（网络调查民众卷问卷序号2096）。"有事找律师解决，法律途径是正确的"（网络调查行政诉讼卷问卷序号625）。

表 188　　　整体而言，您认为律师会不会尽力地保护当事人的权益？

（实地调查行政诉讼卷）

	选　项	回答人次	百分比	有效百分比
有效回答	一定会	198	42.5	43.9
	大概会	149	32.0	33.0
	大概不会	7	1.5	1.6
	一定不会	6	1.3	1.3
	不知道	28	6.0	6.2
	说不清楚	63	13.5	14.0
	总　　计	451	96.8	100.0
缺　失		15	3.2	
总　计		466	100.0	

表 189　　　整体而言，您认为律师会不会尽力地保护当事人的权益？

（网络调查行政诉讼卷）

	选　项	回答人次	百分比	有效百分比
有效回答	一定会	44	46.3	46.3
	大概会	41	43.2	43.2
	大概不会	2	2.1	2.1
	一定不会	3	3.2	3.2
	不知道	2	2.1	2.1
	说不清楚	3	3.2	3.2
	总　　计	95	100.0	100.0

　　大部分行政诉讼当事人认为律师会尽力保护当事人的权益，实地调查和网络调查中选择"一定会"和"大概会"的比重总和分别为 76.9% 和 89.5%。总体来说，行政诉讼当事人比较信任律师的帮助。

表 190　　　　**整体而言，您认为律师会不会尽力地保护当事人的权益？**

（实地调查行政复议卷）

	选　项	回答人次	百分比	有效百分比
有效回答	一定会	50	39.4	39.4
	大概会	52	40.9	40.9
	大概不会	2	1.6	1.6
	一定不会	2	1.6	1.6
	不知道	4	3.1	3.1
	说不清楚	17	13.4	13.4
	总　　计	127	100.0	100.0
缺　失		0	0	
总　计		127	100.0	

表 191　　　　**整体而言，您认为律师会不会尽力地保护当事人的权益？**

（网络调查行政复议卷）

	选　项	回答人次	百分比	有效百分比
有效回答	一定会	25	30.9	30.9
	大概会	48	59.3	59.3
	大概不会	0	0.0	0.0
	一定不会	0	0.0	0.0
	不知道	1	1.2	1.2
	说不清楚	7	8.6	8.6
	总　　计	81	100.0	100.0

　　与行政诉讼当事人的调查结果一致，行政复议当事人亦认可律师会尽力保护当事人的权益。实地调查和网络调查中选择"一定会"和"大概会"的比重总和分别为80.3%和91.2%。

　　民众卷进一步印证了上述结论。由此可见，绝大部分的行政纠纷当事人或普通民众，对于律师群体履行职责的认可程度较高。不过，文字反馈中也有调查对象特地留言对律师服务商业化的现象进行评说，"老百姓寻求行政纠纷解决的过程极为艰难，各行政部门相互推诿，避重就轻，不作为，让老百姓很难举证，加上律师商业化服务，不尽职，更让老百姓有冤无法诉，整个过程就是一部血泪史"（实地调查行政诉讼卷 NTZY028）。"老百姓出了事通过熟人找到律师来打官司，但是律师也是认钱的，很少的有凭着良心做事的"（网络调查民众卷问卷序号 1884）。

表 192　　整体而言，您认为律师会不会尽力地保护当事人的权益？（民众卷）

	选　　项	回答人次	百分比	有效百分比
	一定会	909	30.1	30.1
	大概会	1811	60.0	60.0
	大概不会	63	2.1	2.1
有效回答	一定不会	17	0.6	0.6
	不知道	56	1.9	1.9
	说不清楚	161	5.3	5.3
	总　　计	3017	100.0	100.0

表 193　　是否请律师与律师会不会尽力地保护当事人的权益的交叉分析表
（实地调查行政诉讼卷）

			整体而言，您认为律师会不会尽力地保护当事人的合法权益？						总数
			一定会	大概会	大概不会	一定不会	不知道	说不清楚	
在行政纠纷解决过程中，请问您有没有请律师（含法律服务工作者）从法律知识方面帮助您？	请了律师	数量	170	74	3	3	4	10	264
		百分比	64.4%	28.0%	1.1%	1.1%	1.5%	3.8%	100.0%
	没有请律师	数量	21	74	4	3	23	50	175
		百分比	12.0%	42.3%	2.3%	1.7%	13.1%	28.6%	100.0%
总　　数		数量	191	148	7	6	27	60	439
		百分比	43.5%	33.7%	1.6%	1.4%	6.2%	13.7%	100.0%

表 194　　是否请律师与律师会不会尽力地保护当事人的权益的交叉分析表

（网络调查行政诉讼卷）

			整体而言，您认为律师会不会尽力地保护当事人的合法权益？						总数
			一定会	大概会	大概不会	一定不会	不知道	说不清楚	
在行政纠纷解决过程中，请问您有没有请律师（含法律服务工作者）从法律知识方面帮助您？	请了律师	数量	35	23	0	1	0	1	60
		百分比	58.3%	38.3%	0.0%	1.7%	0.0%	1.7%	100.0%
	没有请律师	数量	9	18	2	2	2	2	35
		百分比	25.7%	51.4%	5.7%	5.7%	5.7%	5.7%	100.0%
总　　数		数量	44	41	2	3	2	3	95
		百分比	46.3%	43.2%	2.1%	3.2%	2.1%	3.2%	100.0%

　　请了律师的当事人对律师作用的评价应当会更为准确真实。交叉分析结果显示，请了律师的行政诉讼当事人较高程度地认可了律师会尽责履职。实地调查中，64.4%的当事人认为律师一定会尽力保护其权益，28.0%的当事人认为律师大概会尽力保护其权益，认可律师履职表现的比例总体达到了92.4%。而在网络调查中，这一总体比例更是高达96.6%。

表 195　　是否请律师与律师会不会尽力地保护当事人的权益的交叉分析表

（实地调查行政复议卷）

			整体而言，您认为律师会不会尽力地保护当事人的合法权益？						总数
			一定会	大概会	大概不会	一定不会	不知道	说不清楚	
在行政纠纷解决过程中，请问您有没有请律师（含法律服务工作者）从法律知识方面帮助您？	请了律师	数量	42	23	0	2	1	3	71
		百分比	59.2%	32.4%	0.0%	2.8%	1.4%	4.2%	100.0%
	没有请律师	数量	7	29	2	0	3	14	55
		百分比	12.7%	52.7%	3.6%	0.0%	5.5%	25.5%	100.0%
总　　数		数量	49	52	2	2	4	17	126
		百分比	38.9%	41.3%	1.6%	1.6%	3.2%	13.5%	100.0%

而没有聘请律师的当事人则对律师的履职情况不甚看好。虽然总体上，当事人对律师的履职表现还算认可，肯定其会保护当事人合法权益的总体比例大概为50%至70%。但是，实地调查中，仅有12%的当事人认为律师一定会尽力保护其权益。网络调查中，这一比例有所上升，为25.7%。

表196　　是否请律师与律师会不会尽力地保护当事人的权益的交叉分析表
（网络调查行政复议卷）

| | | | 整体而言，您认为律师会不会尽力保护当事人的合法权益？ | | | | | | 总数 |
			一定会	大概会	大概不会	一定不会	不知道	说不清楚	
在行政纠纷解决过程中，请问您有没有请律师（含法律服务工作者）从法律知识方面帮助您？	请了律师	数量	20	23	0	0	0	3	46
		百分比	43.5%	50.0%	0.0%	0.0%	0.0%	6.5%	100.0%
	没有请律师	数量	5	25	0	0	1	4	35
		百分比	14.3%	71.4%	0.0%	0.0%	2.9%	11.4%	100.0%
总　　数		数量	25	48	0	0	1	7	81
		百分比	30.9%	59.3%	0.0%	0.0%	1.2%	8.6%	100.0%

行政复议当事人的反馈与行政诉讼当事人基本一致。较之没有聘请律师的当事人，聘请律师的当事人对律师尽力保护当事人合法权益的履职表现甚是认可。整体而言，律师得到了当事人广泛的信任和肯定。

表197　　您觉得请到合适的律师（含法律服务工作者）困难吗？
（实地调查行政诉讼卷）

选　　项		回答人次	百分比	有效百分比
有效回答	非常顺利	129	27.7	28.7
	费尽周折才找到	110	23.6	24.5
	没有找到	30	6.4	6.7
	我没请律师	98	21.0	21.8
	不清楚	82	17.6	18.3
	总　　计	449	96.4	100.0
缺　　失		17	3.6	
总　　计		466	100.0	

表 198　　　**您觉得请到合适的律师(含法律服务工作者)困难吗?**
(实地调查行政复议卷)

选　　项		回答人次	百分比	有效百分比
有效回答	非常顺利	23	18.1	18.1
	费尽周折才找到	42	33.1	33.1
	没有找到	8	6.3	6.3
	我没请律师	33	26.0	26.0
	不清楚	21	16.5	16.5
	总　　计	127	100.0	100.0
缺　　失		0	0	
总　　计		127	100.0	

表 199　　　**您觉得请到合适的律师(含法律服务工作者)困难吗?**
(网络调查行政诉讼卷)

选　　项		回答人次	百分比	有效百分比
有效回答	非常顺利	34	35.8	35.8
	费尽周折才找到	29	30.5	30.5
	没有找到	8	8.4	8.4
	我没请律师	12	12.6	12.6
	不清楚	12	12.6	12.6
	总　　计	95	100.0	100.0

表 200　　　**您觉得请到合适的律师(含法律服务工作者)困难吗?**
(网络调查行政复议卷)

选　　项		回答人次	百分比	有效百分比
有效回答	非常顺利	18	22.2	22.2
	费尽周折才找到	19	23.5	23.5
	没有找到	4	4.9	4.9
	我没请律师	27	33.3	33.3
	不清楚	13	16.0	16.0
	总　　计	81	100.0	100.0

律师保护当事人合法权益的前提是能够聘请到合适的律师（含法律服务工作者）。截至 2022 年底，我国共有律师事务所 3.86 万多家，执业律师 65.16 万多人，基层法律服务机构 1.3 万多家，基层法律服务工作者 5.6 万多人[①]。相较于我国人口总数以及社会转型期的矛盾激增等现状，以及与域外国家和地区相比，整体而言，我国现有律师和法律服务工作者数量偏少。那么，当事人聘请律师和法律服务工作者的实际情况如何呢？

调查结果显示，选择"非常顺利"聘请到律师的比例并不高，最高的为网络调查行政诉讼卷的 35.8%。更多的人表示找到适合的律师很困难，其中有一小部分当事人甚至没有找到律师。除去"没请律师"和"不清楚"两项外，与"非常顺利"相比较而言，各卷中表示"费尽周折才找到"和"没有找到"的比例均要高于前项，比例分别是实地调查行政诉讼卷 31.2%（24.5%+6.7%）、行政复议卷 39.4%（33.1%+6.3%）；网络调查行政诉讼卷 38.9%（30.5%＋8.4%）、行政复议卷 28.4%（23.5%＋4.9%）。

当然，是否合适是一种个人的主观判断，但这一结果起码表示出当事人角度的不满意，说明我国法律服务行业（包括律师和法律服务工作者）仍有较大的发展空间。文字反馈中也有不少这样的表达。"看问题要细致，要帮人不要害人，行政机关过于腐败，行政诉讼方面律师很难请"（实地调查行政诉讼卷 DH007）。"行政纠纷，当地保护势力很严重，耗时耗力，不一定能得到公正公平的解决，有些律师也不敢乱接。所以老百姓只能认栽"（网络调查民众卷问卷序号 86）。就行政诉讼中聘请律师难的问题，文字反馈中也提出了如下建议："行政诉讼应当和刑事辩护一样实行律师服务全覆盖"（网络调查民众卷问卷序号 52）。"律师行业行政诉讼专业化发展不够，但行政诉讼中律师的作用可以很大"（网络调查民众卷问卷序号 888）。"行政诉讼也要律师强制代理"（网络调查行政诉讼卷问卷序号 1692）。

此外，有一定比例的调查对象在回答请到合适的律师是否顺利时说"不清

---

① 据司法部《2022 年度律师、基层法律服务工作统计分析》，数据来源自司法部官网 http：//www. moj. gov. cn/pub/sfbgw/gwxw/xwyw/202306/t20230614_480739. html？eqid＝b688005 e00042295000000066490242c。2023 年 8 月 12 日访问。

楚"，这是个有点奇怪的现象。调查对象自己是当事人，应该清楚请到合适的律师是否困难。从我们开展调查工作的角度看，少量回答"不清楚"是可以理解的，如此之高比例的调查对象回答不清楚，有点不好理解。分析起来，有可能是因为这部分调查对象根本没有尝试去聘请律师。我们的选项里有一项"没请律师"。结合起来分析，有可能是调查对象认为没请律师是尝试过但没请，而根本没有尝试请律师则选择了"不清楚"。

（2）小结

律师的作用得到了民众的普遍认可，但是在聘请律师的过程中，较多当事人表示寻找到合适的律师非常困难。根据调查对象的反馈，在既有的律师团队中，熟悉行政诉讼法的律师比例较少，并且出于对行政机关的顾虑，很多律师不接本地的行政诉讼案件，这使得行政诉讼或行政复议的当事人需要从外地聘请律师。总之，我国目前的行政诉讼律师团队建设，尚难满足实践中当事人的需求，这一方面的缺口亟待补足。

四、调查结论与建议

（一）主 要 结 论

1. 调查对象认可现有制度化的纠纷解决机制

就行政诉讼而言，当事人对行政审判工作的评价较高。大部分当事人认可我国人民法院可以独立审判，并且认为行政诉讼是解决行政纠纷最公平的方式。较之"2011年调查"，大部分当事人对法官持正面评价，认为法官对待双方当事人态度中立的比例有所提高，同时对法院能够保护当事人合法权益的认同比例也有所上升。

就行政复议而言，大部分当事人认可行政复议制度解决行政纠纷的效果，对复议机关工作人员的总体评价良好。目前，行政复议制度在纠纷处理效率方面受到当事人的青睐，但是在纠纷处理的专业性以及结果的公正性方面仍需要继续努力。调查结果显示，有40%至50%的当事人没有经过行政复议而直接提起了行政诉讼，这意味着行政复议制度尚未发挥"主渠道"的功能。

调查中也发现，不论是由调查对象主观上进行自我评价，还是课题组从客观上作出考察和判断，当事人和社会公众对行政诉讼法、行政复议法及其相关制度的确有所了解。这显示出多年的普法宣传已有一定的效果，政府和媒体的宣传教育起到了潜移默化的作用。行政诉讼、行政复议案件的数量逐年攀升，① 也进一

---

① 行政诉讼一审案件数量逐年攀升：2018 年共计 256656 件；2017 年共计 230432 件；2016 年共计 225485 件；2015 年共计 220398 件。参见中华人民共和国最高人民法院公报 http：//gongbao. court. gov. cn/ArticleList. html？ serial_no＝sftj。行政复议案件审结数量逐年攀升：2018 年共计 196716 件；2017 年共计 193740 件；2016 年共计 152310 件；2015 年共计 142139 件。参见中华人民共和国司法部、中国政府法制信息网 http：//www. moj. gov. cn/government_public/node_634. html，访问时间：2021 年 2 月 7 日。

步反映出公众越来越认可现行的行政诉讼与行政复议制度。

2. 调查对象通过非制度化方式解决行政纠纷的意愿较强

尽管调查对象对我国行政诉讼及行政复议制度的总体评价积极，但遇到具体纠纷时，当事人仍然倾向于选择非正式方式而不是制度化的方式。

首先，普通公众在纠纷发生后倾向于先跟行政机关沟通。在"忍了算了""与该行政机关沟通""找关系'私了'""申请行政复议""到法院打官司""去信访""找媒体曝光"和"其他"的选项中，民众卷选择"与该行政机关沟通"的比例高达48.5%。严格来说，在纠纷发生后与行政机关沟通不能算纠纷解决的途径，而更多是人们的一种习惯。加之在选择解决行政纠纷的途径时考虑的首要因素中，"程序简便、效率高"的比例也高达48.1%，因此，作为纠纷解决机制中之非正式途径的内容，制度设计上最好能够提供一个让当事人能便捷有效与行政机关沟通的渠道。

其次，从当事人角度，在提起行政诉讼之前，大多数当事人都有过主动跟对方交涉(含沟通、协调、反映、申辩等方式寻求解决)的经历。相当高比例的当事人在申请行政复议和提起行政诉讼之前经历过信访。正在进行行政诉讼或行政复议的当事人中，超过40%的当事人进行过或正在进行信访，40%左右的当事人尝试过运用市长公开电话、都市留言板等方式解决自己的纠纷。

再次，虽然行政复议和行政诉讼是当事人较为看重的途径，但大多数情况下其是当事人与行政机关沟通无效时的无奈选择。对正在进行行政复议或行政诉讼的当事人问到选择这一途径考虑的首要因素时，调查对象较多选择的并不是学界归纳的行政复议和行政诉讼的特点与优势。正在进行行政复议的当事人回答比例最高的是选项"先通过复议程序，不行再想其他办法"(32.5%)，正在进行行政诉讼的当事人回答比例最高的选项是"实在没有别的办法了，只能来法院打官司"(43.1%)。这种权衡和比较，也反映了行政纠纷解决多元化途径的重要性。

最后，从当事人对待信访、市长公开电话等方式的情况看，非正式途径得到一定程度的响应。采取上街、静坐、拉横幅、进京上访等方式争取解决问题，也被一部分当事人选择，通过"网络发酵"引起公众注意而使问题得以解决则被更高比例的当事人所接受。在提起复议或诉讼之前，有过信访经历的占比40%左右，说明了以信访为代表的非正式化纠纷解决途径在民众间仍有着很大的"吸引力"。

3. 司法最终解决观念尚未形成

当事人和普通民众普遍认可我国已有的制度化或非制度化的纠纷解决机制，与此同时，在当事人不认可行政诉讼的结果时，大部分当事人表示可能会通过"网络发酵"以及上街、静坐等方式进一步争取自身的权益，显示司法最终解决的观念尚未形成。首先要肯定的是，这一现象并不影响行政诉讼、行政复议仍为当事人选择的主要解决途径的事实。就"网络发酵"这一方式而言，普通公众不会以其作为纠纷解决的主要或首选的途径。在回答如果不服行政机关的处罚，首先会怎么办这一问题时，普通民众在对多个选项中，选择找媒体曝光的比例非常之低，说明在调查对象心目中，"网络发酵"等方式并非解决行政纠纷的主要方式。但是，仍有大约一半的当事人表示如果不满意行政诉讼的结果，有可能会采取上街、静坐等方式，80%至90%的当事人表示有可能会采取"网络发酵"的方式。并且，不少当事人认为司法可能会受媒体报道的影响。这意味着还是有相当比例的当事人试图扩大案件的社会影响来挑战法院判决，并认为这一做法有可能扭转既有判决的结果。这表明行政诉讼作为当事人最后解决途径的定位受到挑战。显然，这种情况会影响行政判决的效力以及司法权威。司法裁决的终局性是司法权威的重要体现和保障，若生效裁判的法律效力无法得到承认，裁判结果始终被质疑而处于可能被推翻的不确定状态中，司法的权威性将被大大削弱。① 而对于管理者而言，也增加了"维稳"的压力。

4. 在纠纷解决制度的公正与效率价值之间更要求公正

公正与效率仍然是当事人对纠纷解决制度的最主要要求，但二者比较，公正更受重视。调查对象期待纠纷解决途径公正与效率兼得。无论当事人还是普通民众，绝大多数不在意通过何种途径，而是"只要能够公正"和"只要能够简便快速"解决自己的问题就可以。即便隐含了唯一性，大多数调查对象还是同时选择

---

① 参见卞建林：《我国司法权威的缺失与树立》，载《法治论坛》2010 年第 1 期。

公正与效率。但如果将公正与效率作为唯一追求来进行对比，调查对象对公正的认同度要高于效率。

就选择行政纠纷解决途径的具体情况来看，不少当事人在案件进入行政复议或行政诉讼程序之前，选择通过"市长热线"和"网络留言板"等方式，以试图高效解决行政纠纷。如果问到选择行政纠纷解决途径时考虑的首要因素是什么，普通民众选择最多的一项是程序简便，效率高。而对于正处于纠纷解决过程中的当事人，选择行政复议的大部分是因为行政复议效率高，而选择行政诉讼的则主要是认为行政诉讼能够公正地解决行政纠纷。

总体来说，调查对象对于现有的纠纷解决制度的特点与优势有着较为客观的认知，但对于某一特定的纠纷解决途径在兼顾公正与效率上的难度缺乏认识。在纠纷解决机制的制度设计上，如何最大化地实现公正和效率的平衡和统一，仍然是立法面临的挑战。

5. 调查对象对自身纠纷获得公正解决信心不足

当事人及民众普遍表现出对自身纠纷通过目前的解决机制获得公正解决信心不足。调查过程中，当事人及普通民众一方面对行政诉讼和行政复议制度及相关工作人员的评价较好，一方面又认为自身案件难以获得公正解决，并持有很难遇到"包青天"式的法官及行政复议机关工作人员的观点。这一现象似有矛盾，其产生的原因可能有二。

首先，当事人对自身纠纷的评价与对行政纠纷解决机制的评价不一致。这一结论亦存在于其他学者的调研结果中。有学者研究认为："在普通民事诉讼中，很多当事人没有'感受到'主审法官（法院）的公平正义，他们在特定支持层面的信任有所下降"。"其不满仅针对主审法官或诉讼法院（限于特定支持层面），尚未波及普遍支持层面（对法院系统和司法制度仍然信赖）。"[1]本次研究再次印证了这一结论，即当事人对司法系统普遍支持和对个案处理缺乏特定支持。而之所以当事人对自身纠纷的评价没有影响其对整体行政纠纷解决制度的评价，其原因可

---

① 冯晶：《支持理论下民事诉讼当事人法律意识的实证研究》，载《法学研究》2020 年第 1 期。

能是既有的行政纠纷解决途径在一定程度上帮助解决了其纠纷。如在行政诉讼当中，法院审理虽然没有达到公正解决其行政纠纷的效果，但是可以在以下三方面帮助当事人解决纠纷：第一，在原告诉请发生错误时，法院向原告释明正确的起诉方式，以帮助其调整纠纷解决的方向；第二，通过法院的调解，当事人获得了其尚可接受的纠纷处理结果；第三，法院庭审为原告提供了与被告行政机关深入交流的机会，促进了行政纠纷的解决。

其次，调查对象评论的出发点不同，其逻辑存在现实与理想两个维度。从现实角度考量，我国"官本位"思想历史很长，"民告官"之路的发展崎岖蜿蜒，是我国行政纠纷解决制度所面临的现状。若当事人及普通民众对行政纠纷解决效果的心理预期较低，那么在实际纠纷解决过程中，面对行政复议及行政诉讼的发展现状，调查对象给出较好的评价意味着肯定了我国的发展成果，但并不意味着我国行政复议及行政诉讼的制度效果已经实现了从现实到理想的飞跃。而案件得到公正处理、法官及行政复议人员符合"包青天"的要求，则是行政纠纷解决的理想状态。在这之中，公正是一个不确定性概念，不同当事人心中对公正的理解不同，具体到个案之中则更加丰富多样。加之裁量行政的大量存在，对于行政机关在自由裁量空间内的行为合法性，法官的裁判与当事人的内心预设存在出入，是一个普遍现象。如此一来，当事人及民众看似矛盾的选择实际上出于现实和理想两个角度的考量。基于理想，调查对象对各行政纠纷解决途径给予较好评价；基于现实，调查对象认为自己的纠纷难以被公正处理。

6. 所涉纠纷背景信息及当事人经历对选择行政纠纷解决途径存在明显影响

就行政纠纷当事人而言，我们将其信息分类为调查对象基本信息、调查对象相关信息和所涉纠纷背景信息三种。调查对象基本信息为性别、年龄、学历和职业。调查对象相关信息则是指调查对象作为纠纷当事人，与纠纷解决相关的某些经历等信息，如与行政机关打交道情况、提起诉讼或申请复议次数等。所涉纠纷背景信息，则是指当事人正在寻求解决的纠纷的一些信息，如本次纠纷双方当事人人数、当事人是个人还是组织等信息。

调查结果显示，调查对象基本信息对行政纠纷途径的选择没有表现出规律性影响。调查对象基本信息中，性别对当事人选择纠纷解决途径没有实质影响，虽然在实际行政纠纷中，男性当事人比例要高于女性当事人。学历和职业对某些途径的选择存在一定影响，但并没有明显的规律性。而且有些职业比如机关干部，本能上不倾向于选择某些略显激烈的非"政治正确"的途径，务农人员、个体工商户更不倾向于选择复议和诉讼救济，似乎都是可以理解的，因而在此不做渲染。

比较调查对象基本信息，调查对象的相关信息和所涉纠纷的背景信息对当事人选择行政纠纷解决途径的影响较大。其中，与行政机关打交道的经历、当事人人数以及提起过行政诉讼或行政复议的经历等诸多因素都有明显影响。

与行政机关打交道多的当事人更倾向于在发生纠纷后主动跟行政机关交涉，更愿意先经过行政复议再提起行政诉讼，更认同尝试通过拨打市长热线（市长公开电话）以及网络留言板等网络留言方式来解决自己的纠纷，不倾向于通过"网络发酵"、上街游行、静坐等方式解决自己的问题。

纠纷当事人双方人数更是对当事人选择途径发生明显影响。在人数众多的情况下，当事人更倾向于选择信访途径。并且同类型案件的其他当事人的选择会影响受访当事人选择同样的行政纠纷解决途径。

而提起诉讼和申请复议次数越多的当事人对"我国法院能够独立审判，不受行政机关、社会团体和个人的干涉"和"上法院是解决争议最公平的方式"认可程度越低，对相关制度的评价也较低，对于遇见"包青天"可能性的预期也更悲观。这是一个令人担忧的发现，需要我们进一步去检讨制度实施的具体情况和效果。

7. 当事人对纠纷解决途径的了解影响其选择

对行政诉讼及行政复议越了解的当事人，越倾向选择制度化的纠纷解决途径。首先，当事人对行政诉讼、行政复议制度都有一定的了解，且了解程度高于普通民众；其次，对行政复议制度越了解的当事人，越愿意将行政复议作为纠纷解决的首要途径；最后，对行政诉讼及行政复议制度了解程度越高的当事人，越不倾向选择信访。可见，对纠纷解决途径的了解有助于当事人选择制度化的纠纷解决途径。

同时，当事人对纠纷解决制度的不信任有部分原因在于其对相关制度的不了解。如在行政复议的相关交叉分析中，我们发现当事人对行政复议制度的不信任很大程度来源于对复议制度的不了解。交叉分析结果显示，对行政流程了解的当事人，以及有过行政诉讼经历的当事人，选择行政复议的比例更高。现实中行政复议制度的功能没有得到更大程度的发挥，其原因有可能是公众的不了解。

在开放性问题中，不少当事人呼吁加强对行政纠纷解决途径的宣传。甚至有当事人表示，做问卷时才意识到可以不服行政机关的处罚。我们在座谈调研中也发现，有的调查对象甚至认为行政复议就是信访。而关于行政诉讼或行政复议制度了解程度的交叉分析显示对制度越了解的调查对象对该途径的评价也相对较高。可见当事人及普通民众对行政纠纷解决机制的了解至关重要。这方面的影响也可见于教育程度较高或可能更多接受法治信息的人群，如调查结果显示，本科及以上学历的当事人以及"党、政、司法等机关"的当事人，选择信访的比例较低。可见，落实并提升法治宣传的效果，对于行政纠纷解决机制良性运行意义重大。

8. 制度的设置及运行效果对当事人选择行政纠纷解决途径存在影响

行政诉讼和行政复议的运行效果对当事人选择行政纠纷解决途径有一定影响。行政诉讼及行政复议运行效果的评价基于当事人的个人感受和认知。目前，行政纠纷当事人并没有对行政诉讼及行政复议的运行效果形成统一的认知。在这一前提下，调查结果显示出一定的规律性。

第一，对行政诉讼制度越认可的当事人不选择其他纠纷解决途径的比例越高。其中，当事人对行政诉讼的认可对于选择行政复议途径的影响程度较低。但是认可行政诉讼制度效果的当事人没有信访经历的比重远高于其他情况。

第二，当事人对于复议机关的设置比较介意。从调查的数据来看，当事人倾向于由"与自己发生纠纷的行政机关的上一级行政机关"来作为复议机关，更担心若司法局作为复议机关会影响复议的公正性。

第三，认可行政复议制度效果的当事人亦不倾向选择其他纠纷解决途径。首先，对行政复议解决纠纷效果的认可程度影响其是否将其作为解决自身纠纷的第一选择。当事人对行政复议的认可程度越高，越愿意选择行政复议，认为行政复议效果"很好"的当事人选择"会"将其作为解决自身纠纷的第一选择的比例最高。其次，对行政复议效果不认可的当事人更愿意提起行政诉讼。越不认可行政复议效果的，表示如果不服行政复议结果，"一定会"提起行政诉讼的当事人的比例越高。再次，对行政复议解决纠纷效果越认可的当事人在申请行政复议之前"没有信访"的比例越高。选择行政复议效果很好的当事人中没有信访的比例远高于认为行政复议效果较差的当事人。

9. 社会公众和当事人心理上普遍存在"青天意识"

调查对象普遍认为"人"在行政纠纷解决中的作用很大。普通公众和当事人大多认为公正的法官是赢得诉讼的主要因素，而不是在事实和法律层面"有理"。大部分当事人期待自己能够遇到"包青天"，尽管他们也感觉遇到的可能性不大。这反映出当事人认为纠纷的解决不是制度运行的结果，"人"在制度之中有很大的作用空间，或者说，制度运行的结果不是唯一的，"人"的因素要大于"制度"的作用。对"包青天"的普遍期待意味着"青天意识"广泛存在，除了封建传统思想遗留的历史原因外，还说明了在社会事务以及纠纷处理的过程中存在着过多的人为因素。

法治国家的要义之一是将权力关进制度的笼子，而公共事务按照法律规定以及法治逻辑运行。但是，行政权的行使确实具有一定的裁量空间。自由裁量权本身是立法时所不可避免，也是执法时所必须的。同时，由于法律的滞后性、不明确性等原因，法官或者行政复议人员在作出裁决时客观上也具有一定的裁量余地。从这一角度来看，"人"的作用当然是存在的。但是，自由裁量不是任意裁量，行政决定和司法裁决必须依法作出，不能超越立法目的和法律原则以及良知和善行。在法治社会中，公众信任的应该是法律，而不是执行法律的人。

问题是，"青天"固然是好的，但追求"青天"可能是人治的。个案中，当事人的利益深陷其中。在这种观念的推演下，为了维护个人的利益，当事人在纠纷发生以后所重点关注的，可能就不是去保全资料，收集证据，寻求法律服务等，而是从"人"的角度去努力。如果是这样，其对于法治建设而言，显然是非常危险的。①

---

① 2021年1月12日发生的湖南省高级人民法院法官周春梅因拒绝为同乡"走关系"而惨遭同乡蓄意杀害的事件，从某种角度也映射出当事人对于"关系"的看重。参见腾讯、搜狐多家网络媒体报道，"因拒绝走关系，湖南一女法官遭同乡闺蜜'毒手'！最高法最高检发声"，https：//new.qq.com/rain/a/20210113A07V2E00；https：//m.sohu.com/a/444274607_120877946/。2021年1月31日访问。

究竟是这种观念造就了"打官司就是打关系"的现实环境，还是由于现实中确实存在法官"徇情不枉法"甚至贪赃枉法的现象，社会公众和当事人普遍有此认识？尽管二者具有关联，但后者应该是主要原因。我们也看到，虽然中央三令五申，虽然从最高人民法院到各级纪检监察部门一再对法官进行各种政治、思想培训教育，对违法违纪法官进行党纪政纪国法处理，但法官贪污受贿、徇私枉法事件仍然存在，公众在媒体上经常看到关于这类案件的报道，甚至最高人民法院都有三任副院长被判贪污受贿并施以重刑①。如何从制度上解决这一问题，值得深思。

10. 法律服务需求与供给之间存在较大差距

在民众卷中，绝大多数调查对象表示愿意聘请律师处理行政纠纷。当事人对律师的法律服务在主观上作出了较好的评价。在履职态度方面，调查对象普遍认为律师会尽力保护当事人的合法权益；在履职能力方面，大多数行政纠纷当事人认为律师帮助很大。同时，聘请了律师的当事人对律师的评价要高于没有聘请律师的当事人，意味着律师的作用确实得到了有效发挥并得到了认可。对律师作用的正面评价以及聘请律师的较高意愿表明，律师所提供的法律服务在行政纠纷当事人之中存在普遍需求。

但是调查结果显示，仅有略超过一半的行政纠纷当事人实际聘请了律师，不少当事人反映聘请律师过程曲折。究其原因，我们认为可能有以下三点，第一，行政诉讼案件数量少，地域分布分散，并且代理费用偏低，律师缺乏利益驱动去代理行政诉讼案件；第二，行政诉讼难度大，专业性强，涉及的规范性文件数目多，代理案件的工作量大，起诉方式及技巧异于常见的民事诉讼，熟悉行政诉讼业务的律师少。第三，律师对原告胜诉率不看好，以及不愿处于行政机关对立面

---

① 2010 年 1 月 19 日，河北省廊坊市中级人民法院作出一审判决，认定原最高人民法院副院长黄松有犯受贿罪和贪污罪，判处无期徒刑，剥夺政治权利终身，没收个人全部财产。2017 年 2 月 16 日，天津市第二中级人民法院公开宣判最高人民法院原副院长奚晓明受贿案，对被告人奚晓明以受贿罪判处无期徒刑，剥夺政治权利终身，并处没收个人全部财产；对奚晓明受贿所得财物及其孳息予以追缴，上缴国库。2023 年 8 月 4 日，浙江省宁波市中级人民法院公开宣判十三届全国政协原常委、社会和法制委员会原主任沈德咏受贿一案，以受贿罪判处被告人沈德咏有期徒刑十五年，并处罚金人民币六百万元；对查扣在案的沈德咏受贿所得及其孳息，依法予以追缴，上缴国库，不足部分，继续追缴。

的情绪影响，使得其不愿代理行政案件。专业性强，加之缺乏利益驱动，某种角度上又有政治风险，就使得具有较强行政法与行政诉讼法专业能力的律师难以成长起来。目前，已有律所设立了政府合规审查及行政诉讼部门，专门负责代理政府方面的行政诉讼案件。而与之同时，专门从事行政相对人代理工作的诉讼律师队伍尚未发展壮大，律师为行政相对人提供的法律服务供给存在缺口。①

(二) 若 干 建 议

1. 提升多元纠纷解决机制认识，保障非制度化解决途径供给

(1) 多元纠纷解决机制的必要性

行政纠纷的多元性及其与公共利益的关联决定了多元纠纷解决机制的必要性。行政纠纷解决的新途径更集中地体现了现代行政法公开透明、政务民主、公众参与和社会监督等基本理念。传统上对政府管理行为的监督，主要是法律监督，即通过权力机关对行政机关的监督以及行政系统内部上下级之间的隶属与管理关系进行监督，以及事后的司法监督。为适应现代社会发展的需要，在公开透明的前提下，民主的形式向着多样化的方向发展，其必然结果就是加强了社会监督。而新的媒介手段正为社会监督提供了便捷、及时的途径。传统途径注重个体利益的保护，新的途径重视公共利益的维护；传统途径成熟，有一套固定的理论阐释和程序模式，新途径的机制则尚处于探索之中，有可能发展为某种类似诉讼的完全的解决机制，也有可能逐渐消失。但相应的探索是必要的。美国已经颁布的《替代性行政争议解决法》也明确"行政机关也应在适当的情况下不断探索和实

---

① 据 2017 年至 2019 年全国律师、基层法律服务工作统计，律师办理的行政诉讼案件占其总办理诉讼案件的比例一直保持在 3% 左右。参见中华人民共和国司法部、中国政府法制信息网 http://www.moj.gov.cn/government_public/node_634.html，访问时间 2021 年 2 月 7 日。这一比例大于行政诉讼案件在全国法院诉讼案件中的比例(全国法院一审案件中，行政案件数量占比不到 2%，数据可见历年法院统计公报)，但律师在行政诉讼案件中是作为被告代理还是原告代理尚无数据披露。

施新型的替代性纠纷解决方式"。[①] 这本身也体现了纠纷解决途径与对象相适应的原则。而新途径在提高行政管理水平,抒发民众怨气,沟通政府与民众关系等方面,无疑能够发挥更为重要的作用。在社会管理创新视野下,既要发挥传统途径解决具体纠纷、化解个案的作用,又要借助新兴手段和媒介,应对行政失当和公共利益保护等新的问题,从而构建一套多元化的行政纠纷解决机制,提高行政机关依法行政的质量和水平。当然,由于新途径与当今新兴的信息沟通媒介息息相关,而这些媒介具有明显的时代特征和潮流时尚的特点,容易表现为"一阵风"现象,因此,新途径的具体形式也会随之而发展变化,不会一成不变。这也正是新途径的魅力,需要我们时刻关注,保持创新。

(2) 多元化行政纠纷解决机制的目标和标准

多元化纠纷解决机制运作的目标应当是实现完整、无漏洞的纠纷解决,达到系统化和协调化之要求。系统、协调的行政纠纷解决机制应当从救济对象、途径、方式以及机制运作的可得性等方面加以建设和完善。[②]

1)救济对象的完整性。于"有权利,即有救济"之法理,行政救济之范围,应力求完整,避免存在"死角"或者漏洞。[③] 因此,救济对象的完整性,是实现多元化纠纷解决机制目标的必要条件。《行政复议法》规定对行政机关侵犯其"合法权益"的具体行政行为可以申请行政复议。2014 年修订的《行政诉讼法》将"具体行政行为"的表述修改为"行政行为",同时扩大了受案范围,将对征收、征用及其补偿决定不服的,行政机关滥用行政权力排除或者限制竞争的,违法集资、摊派费用的,没有依法支付最低生活保障待遇或者社会保险待遇的行政行为纳入了受案范围,并规定"认为行政机关侵犯其他人身权、财产权等合法权益"的行政行为也可以被诉,如此,纳入司法保护范围的权利类型可能超出人身权、财产权

---

① Robin J. Evans, The Administrative Dispute Resolution Act of 1996: Improving Federal Agency Use of Alternative Dispute Resolution Processes. Administrative Law Review, Vol. 50, No. 1, Winter 1998.

② 此部分内容见林莉红:《法治国家视野下多元化行政纠纷解决机制论纲》,载《湖北社会科学》2015 年第 1 期,《新华文摘》2015 年第 7 期全文转载。

③ 蔡志方:《行政救济法新论》,台湾元照出版公司 2007 年版,第 10 页。

的范围。同时，随着行政行为的日益规范，违法行政行为数量减少，失当行政侵犯公民权益，减损行政管理效率以及公共利益遭受侵害的情况成为更加需要加以解决的问题，对此，也需要探索相应的解决途径和方式。

2）解决途径的全面性。解决途径的全面性意味着纠纷解决机制途径类型丰富，不同的救济对象都有与之相适应的解决途径。各种解决途径互相衔接，具有递进、补充关系，构成优化的系统。我国现有的行政纠纷解决途径的类型非常丰富，既有需要通过一定的行为方能实现纠纷解决的动态途径，如行政诉讼、行政复议、调解、仲裁等，又有在立法上直接规定有利于相对人的结果之静态途径。随着科技进步和文化发展，实践中还出现了一些新型的手段和方法。如何看待这些新出现的手段和方法，其是否能够成为解决纠纷的途径，以及这些新途径与传统的纠纷解决途径如何互相配合，互为补充，相得益彰，共同实现纠纷解决机制的系统化、协调化，仍然有待实践的进一步发展。

3）责任方式的适当性。由于行政纠纷的性质和特点，行政纠纷解决机制中责任方式所需要研究的只是行政机关侵犯相对人权利时所需要承担责任的方式。行政机关承担责任的方式必须全面、适当，足够应对救济对象的广泛性和特殊性需要。对此，可借鉴域外行政诉讼类型化的制度设计，逐渐实现"对于侵犯公民权利的每一种国家权力行为，都必须有一个适当的诉讼种类可供利用"。[①] 遗憾的是，2014 年修订的《行政诉讼法》未在这方面有所突破。目前我国已有《行政复议法》《行政诉讼法》《国家赔偿法》等法律涉及行政权力侵犯公民权利所需要承担责任的方式，包括撤销、确认违法或无效、变更、责令履行职责或作出给付行为、赔偿、补偿、恢复原状、返还原物、赔礼道歉等。但还缺乏一些方式的规定，如废止、追认、补正与转换。对此，迫切需要制定行政程序法加以完善。

4）机制运作的可得性。行政纠纷解决机制的制度设计需简便、易行，并且应当以便于相对人实现权利为原则。可得性意味着在兼顾公正和事实发现的基础上，尽量使制度设计简化、流程简单、时间缩短。新修订的《行政诉讼法》在这方面采取了不少措施，力图解决"立案难、审理难、执行难"，如规定立案登记

---

① [德]弗里德赫尔穆·胡芬：《行政诉讼法》，莫光华译，法律出版社 2003 年版，第204 页。

制、起诉期限从三个月放宽至六个月、增设简易程序、明确调解范围等。

（3）非制度化行政纠纷解决途径的发展方向

市长热线、网络留言等非制度化纠纷解决途径是随着我国社会发展，为应对现实中复杂多变的纠纷情形而产生的。数据表明，实践中已有不少行政纠纷当事人在申请行政复议或提起行政诉讼前通过市长热线、网络留言等方式寻求纠纷的解决。但由于其与当今新兴的信息沟通媒介息息相关，也容易表现为"一阵风"现象，需要随着新技术的发展而实时更新，以满足纠纷解决的及时性与便捷性。

对于非制度化纠纷解决途径，我们应在对整个行政纠纷解决机制通盘考虑的基础上，分析各项具体途径的特点、优势，提出发展方向，以与传统制度化途径达成互补与融合。第一，明确其职能定位和权力配置，厘清非制度化纠纷解决途径的重心究竟在于沟通民意还是纠纷解决抑或是纠纷解决的中转站？在明确其职能定位的基础上，还需配以相应的权力，以保证该机制的实效性。第二，明确非制度化纠纷解决途径在整个纠纷解决体系中的适用顺位，坚持司法最终解决原则。第三，建立系统化、制度化的工作流程，规范从受理到解决的一系列环节。建立科学的分析机制，及时从来电或留言中抓取热点问题或可能导致群体性事件的重大问题，避免纠纷解决的任意性和选择性。第四，建立相应的制度评价机制。及时对纠纷处理结果进行公示，做到透明化、公开化，确保权力的行使处于公众的监督之下。

市长热线可定位为当事人与行政机关沟通交涉的主要途径。鉴于市长热线广泛的知晓度以及应用范围，可将市长热线作为当事人与行政机关沟通的主要途径。其具体原因如下：第一，市长热线的服务范围广，可适用于当事人各种需求的沟通。《政府热线服务规范》①规定的政府热线受理事项有：对国家有关法律、法规、规章、政策等方面的咨询事项；需要政府及相关部门或单位解决的诉求事项；对政府部门及本行业内工作人员在工作作风、工作质量、工作效率等方面的意见、建议或投诉事项；对公共服务类信息的综合查询事项。可见，政府热线的

---

① 《政府热线服务规范》（标准号：GB/T 33358 - 2016），查询网址为 http：//openstd. samr. gov. cn/bzgk/gb/newGbInfo？hcno = 1F2DA1097CFC638D97F90D46B7A4A30E。

服务范围很广，兼具法律法规及公共服务查询、行政救济和行政监督的属性。第二，市长热线可以监督行政机关工作。根据《政府热线服务规范》在受理服务对象的事项后，服务人员可根据情况选择直接办理、转交办理，对于一些特殊事项，如突发应急事件、服务对象多次或集中反映的事项等，政府热线服务提供者应进行督办。同时，该规范还规定了对服务人员诸如接听时间、呼叫接通率等工作要求。因此，市长热线可以督促行政机关尽快进行工作反馈。第三，市长热线有较为完善的监督机制，可保障其功能的正常发挥。目前，各地开始建立市长热线工作绩效考评办法，并且会对市长热线工作的情况进行政务公开。如西安市人民政府公报会公布每季度市民热线运行情况，包括呼入呼出总数、呼入接通数、呼入接通率、振铃接通率、自动回访满意率，以及人工回访满意率。[①]

网络留言板是近年来在网络化背景下发展而来的政府部门的一种新的工作方式，与市长公开电话功能相似，具有一定的纠纷解决功能。作为网络运用，优缺点都与网络运用的特点相关。优势在于效率高，有文字保留，还可以上传图片、文件等作为佐证；而劣势则在于操作门槛较高，需要有一定的网络运用能力，发布网络留言需要当事人登录各政府部门的网站，故其普及度略有欠缺。

除了前述市长公开电话和网络留言方式，实践中还有电视问政、微博问政、微信问政等方式。由于电视问政终究还是属于电视节目，需要有关部门和电视台的参与，难以做到常态化，现已逐渐淡出人们的视线。微博问政可进行舆论引导，但放开评论会有舆情失控的可能性，目前实践中官方微博主要起信息发布的作用，尚难作为纠纷解决途径。微信问政的实质与网络留言板相近，其优势在于可以将当事人诉求书面化，故可作为市长热线的补充方式。

2. 明确诉讼救济定位，实现案件分流

（1）对司法救济性质与特点的分析

没有一种制度是万能的。"基于将行政行为与行政救济都看作是一个完整的

---

① 参见《西安市人民政府公报》，查询网址为 http://www.xa.gov.cn/gk/zcfg/zfgb/1.html。如 2020 年三季度 12345 市民热线运行情况 http://www.xa.gov.cn/hd/sjtj/5ffec2d8f8fd1c59665bbeb6.html，2021 年 8 月 6 日访问。

系统的观点，在设置行政救济制度时，应当遵循救济途径、救济方式与被救济行为相适应的原则。""对不同的行为应相应设置不同的救济途径、方式；反之，救济途径、方式亦应与被救济的行为相适应，应根据被救济行为的不同特性设置，具有与被救济行为相适应的程序和制度。对不同的行政行为，不可能也不应该设置相同的救济途径和救济方式。救济途径的设置与被救济行为不相适应，不仅达不到设置救济制度的目的，反而会产生负面影响。"①

司法解决行政纠纷的范围是有限的。目前还没有发现哪一个国家规定所有的行政行为都要纳入司法审查的范围。这固然涉及司法权与行政权的关系，但也与司法途径解决纠纷的特点有关。司法所擅长的是合法性审查，而不可能对所有的行政行为都实施救济。就司法权救济权利的功能而言，国家仅对其已经授予的权利进行保护，② 换言之，国家并非保护所有的公民权利，司法实际上也不可能解决所有的公民权利纠纷。如此便涉及纠纷可诉性与法院受案范围这组相对应的学理概念。两者的关系表现为：若纠纷具备可诉性，则司法即能解决该纠纷；若某纠纷属于法院的受案范围，则该纠纷也即具备可诉性。③ 现实中，并非所有的公民纠纷都可以诉诸司法。那么，司法解决纠纷的范围或者纠纷的可诉范围应当受到内在与外在因素的控制，前者主要指司法的固有属性；后者主要指特定国家或地区自身的司法传统和观念等。

内在层面上，司法解决纠纷的范围限于"法律上的纠纷"。司法解决纠纷的范围受其内在本质属性的控制。也就是说，在众多社会纠纷中，只有符合司法本质属性的纠纷才能纳入法院的管辖范围，反之，纠纷便不具备可诉性，被排除在诉讼大门之外。司法解决纠纷的范围受司法本质属性的控制，应当限于"法律上的纠纷"。所谓"法律上的纠纷"，至少应当具备两个条件：其一，案件性，即法主体之间发生了纠纷，且该纠纷具备法律上的争讼性。据此，事实上的纠纷将排

---

① 林莉红主编：《行政诉讼法问题专论》，武汉大学出版社 2010 年版，第 26 页。

② ［德］马克斯·韦伯：《论经济与社会中的法律》，张乃根译，中国大百科全书出版社1998 年版，第 343 页。

③ 关于纠纷可诉性与法院管辖范围的区别，有学者指出，前者侧重于当事人权利保护的范围，强调的是权利本位观念；后者侧重于司法权的管辖范围，强调的是权力本位观念。参见廖永安：《民事诉讼理论探索与程序整合》，中国法制出版社 2005 年版，第 137 页。

除在法院管辖的范围之外，如公民之间的情感纠纷、单纯的事物真伪纠纷等。其二，现实发生的纠纷必须是通过法律能够判断的。[①] 从最为宏观的层面观察纠纷，只有通过法律能够判断的纠纷（法律上的纠纷）才能够纳入司法管辖的范围，且必须依当事人的申请，法院及法官才能按照诉讼程序对诉请之纠纷进行法律上判断。当然，需要说明的是，法律纠纷与其他种类的纠纷的界限并非一成不变的。例如，有学者以政治纠纷与法律纠纷的关系为例，认为政治问题需要通过政治途径解决（如投票、集会、游行等），"当然，政治纠纷都可以转为法律问题，但在转化为法律纠纷之前，其仍然是一个政治纠纷"[②]。也就是说，若其他纠纷能够转化为法律纠纷，即能纳入司法解决纠纷的范围之内。

外在层面上，司法所解决的纠纷的样态具有多样性。"法律上的纠纷"是司法解决纠纷范围的原则性标准。但是，司法解决纠纷的范围在具体实践中并非具有一致性，具体体现为以下几个方面：其一，受一国宪制结构中司法权定位的影响，司法解决行政纠纷的范围往往比民事纠纷的范围要窄。在民事纠纷解决中，司法权代表国家（权力）进行纠纷解决，与行政权之间的关系不会牵涉其中。而在行政纠纷解决中，司法权之所以能够解决行政纠纷，在于其权力来源于国家的宪制结构下宪法的授权，即司法对行政的监督权。纵观世界范围内主要的宪制模式，其内部的行政纠纷司法解决的范围都窄于民事纠纷司法解决的范围。也就是说，并非所有的行政纠纷都可以纳入法院管辖的范围。例如，日本行政诉讼中，抽象争议法令效力的规范统治诉讼不在《行政事件诉讼法》规定的审查范围之内。[③] 以我国的抽象行政行为为例，其受到司法权与行政权关系的影响，实行的是附范围、附条件的司法审查方式。[④] 所谓附范围，是指司法只能够审查规章以下的抽象行政行为（规范性文件），其他位阶较高的规范性文件只能由立法机关和行政机关进行审查；所谓附条件，根据我国《行政诉讼法》第 53 条、第 64 条的规定，公民对规章以下的规范性文件提出的审查诉请只能与被诉的行政行为一并提起。其二，受一国所提倡的司法观念的影响，司法解决纠纷的范围亦有所区

[①] 杨建顺：《公共选择理论与司法权的界限》，载《法学论坛》2003 年第 3 期。
[②] 林莉红：《行政诉讼法学》，武汉大学出版社 2015 年版，第 1 页。
[③] ［日］盐野宏：《行政救济法》，杨建顺译，北京大学出版社 2008 年版，第 189 页。
[④] 林莉红、李淮：《行政规范性文件司法审查构造论》，载《学术论坛》2017 年第 6 期。

别。纵观世界各国的司法实践，大致存在着"法条主义"和"实用主义"两种不同的司法观念。就"法条主义"司法观而言，其强调公民权利存在于制定法中，也就是说，只有法定权利发生的纠纷才是法院管辖的范围。"法条主义"司法观实质上假设了一个前提，即立法机关能够制定一部包罗万象，且能够预示未来的法典。如实证法学派所认为的那样，规定在法典中的"实证法乃是一种全面的、详尽的、在逻辑上自洽的规范体系，而且该体系为法院所可能面临的一切法律问题提供答案"[①]。即便无法直接找寻到直接的制定法依据，至少可以通过法官的解释指向一条法律规范，[②] 或者根据法律原则(如公平原则、诚实信用原则等)的解释作出裁判，以实质性地解决权利纠纷。[③] 就"实用主义"司法观而言，其倡导法院及法官要从相关人不满或者主张所据以的事实中去发现法律，[④] 而非对制定法唯命是从。该种司法观念在美国受到推崇，是美国理想主义倾向下，实用主义哲学在司法救济领域的集中体现。[⑤] 从以上两种司法观念的解读可以发现，在倡导"实用主义"司法观的国家中，司法解决纠纷的范围，明显宽于倡导"法条主义"司法观的国家。其三，基于司法解决纠纷现实能力的考量，特定国家会通过立法的方式对部分司法解决纠纷的范围作出限制。需要说明的是，此情形下立法对司法解决纠纷范围的限制是在纠纷可诉性的框架下进行的，也就是说，被限制的纠纷在应然层面应当属于法院管辖的范围。具体包括三种情形：①自由选择型。针对具备可诉性的纠纷，设置一种与司法并行的纠纷解决途径，供当事人自由选择。②司法途径后置型。即针对具备可诉性的纠纷，设置一种纠纷解决途径由当

---

① ［美］博登海默：《法理学——法律哲学与法律方法》，邓正来译，中国政法大学出版社 1999 年版，第 442 页。

② ［法］勒内·达维德：《当代主要法律体系》，漆竹生译，上海译文出版社 1984 年版，第 340 页。

③ 如"沈阳市东陵区鸿润水族养殖厂诉沈阳市浑南区人民政府履行征收补偿职责"案中，人民法院认为："在无法清晰还原事实的情况下，本着司法救济是保障原告权利的最后一道屏障，行政诉讼以解决官民矛盾为目的，法院不得拒绝裁判为原则，故将酌情裁量确定补偿标准和金额。"参见辽宁省高级人民法院(2019)辽行终 1139 号行政判决书。

④ ［日］中村英郎：《新民事诉讼法讲义》，陈刚、林剑锋译，法律出版社 2001 年版，第 19~20 页。

⑤ ［日］谷口安平：《程序的正义与诉讼》，王亚新、刘荣军译，中国政法大学出版社 2002 年版，第 196 页。

事人先行使用，若对处理结果不满，方可诉诸法院。例如我国行政纠纷解决中的行政复议前置，劳动争议解决中的仲裁解决前置等。③明确排除型。即通过立法的方式明确地将一部分纠纷排除在司法解决途径之外。如苏联时期，在法院之外，"同志委员会""仲裁法院"扮演着解决部分法律纠纷的角色。① 综上所述，司法解决纠纷的范围是有限的，且司法解决纠纷的现实能力也是有限度的。②

（2）行政诉讼不宜审查的行政纠纷

行政诉讼中，法院可以审查行政行为是否具有事实依据和法律依据，是否合法、公正，适宜作出合法与否的判断，并作出撤销、责令补正、责令履行、赔偿或补偿的裁决。

作为一种传统的救济途径，司法途径不适合对失当行政行为实施救济。对失当行为是难以作出是非判断和法律评价的。对失当行政行为救济制度的设立，主要是为了抒发当事人对行政机关的不满和愤懑，使当事人受到的不公平待遇得到纠正，从而促进行政公平与效率。处理对失当行政行为的投诉，需要有一种灵活性和务实性，以及对争议问题进行调查和提出建议，而不作出裁决的独立性和超然性。正因为如此，20世纪60年代以来，现代各国纷纷借鉴斯堪的纳维亚半岛国家瑞典的经验建立起专门对失当行政行为进行救济和实施监督的申诉专员制度。申诉专员制度是一项比较典型的体现救济途径与被救济行为相适应原则的制度。这一制度是由于现代社会的发展，适应行政行为和行政救济途径多元化的趋势，而在传统的司法救济途径之外另辟蹊径建立和发展起来的。

司法途径也不宜于审查行为是否公平。行政机关在作出行政行为时对相对人同种情况不同对待，或者不同情况同种对待，这种情形属于不公平的行政行为，并不适宜通过诉讼方式予以审查，实施救济。司法所能够并擅长审查的是公正问题，而不是公平问题。有些情况下行政决定是公正的但可能是不公平的。如香港大法官李宗锷在通俗本法律丛书《香港法律大全》中谈到："公正和公平是两个不

① 刘敏：《论纠纷的可诉性》，载《法律科学》2003年第1期。
② 范伟：《"法官不得拒绝裁判"原则的逻辑再造：从绝对性到相对性》，载《政法论坛》2021年第1期。

同的概念。譬如有五部汽车在同时同地违例泊车，警员只检控其中一部汽车的司机，该名被告司机可能抱怨，检控不公平，因其他相同违法者没有被同时检控。但法庭只有该名被告的案件，法官只能根据该名司机的所作所为，判决他是否违例泊车。如果事实上该司机的确违例泊车，法庭将他定罪便是公正的判决。其他违例泊车的司机没有受罚，虽然对被告司机而言不公平，却不算司法不公正。"①行政诉讼中遇到的情形还有如治安行政案件中两人互殴，公安机关处罚其中一人而未对另一人作出处罚。再如工商局处罚售假者而不处罚制假者等。司法途径解决纠纷的实质是以法院日常的诉讼活动，通过审理个案的形式，遵循"不告不理"原则进行的，其所实施的救济和进行的监督只能是个别的和事后的。公平问题则涉及对不同对象的比较，此非司法途径所能为。从另一个角度说，当行政诉讼的原告以被诉行政行为不公平为理由要求法院予以审查时，如果自己并无合法权益遭受侵害，司法事实上难以审查，亦无法（甚至是无需）给予救济。例外的情况是歧视。因歧视而权益受损，应当可以以违反平等原则而进行司法审查。但反歧视案件之所以可以成立，一是需要有反歧视的相关立法，二是可以以被告在作出歧视行为时考虑了不应该考虑的因素而构成滥用职权为违法的理由。现代行政法上规定有平等原则。平等原则拘束行政机关。但法院在司法审查中如何适用，也是一个需要讨论的问题。因为从行政机关自我拘束的角度出发，对平等原则的遵守应该是一个一以贯之的过程，行政机关对某一类案件作出的第一个行政行为即对后续行政行为的作出产生约束力；而从司法审查的角度出发，行政机关对平等原则的落实存在理想与现实的差距，实践中行政机关对同一类问题的不同处理屡见不鲜，进而形成了众多可供选择的参考依据，法院首先面临的问题就是审查原被告提供的参考依据是否可以被采纳。② 因此，平等原则在司法审查的适用有其限定范围，明确平等原则的适用边界具有必要性。

综上，在明确认识诉讼救济有限性的基础之上，应将行政纠纷类型对应于相应的解决途径，发挥不同途径各自的功能和优势，从而分流诉讼案件，使行政纠

---

① 李宗锷：《香港日用法律大全》，商务印书馆（香港）有限公司1995年版，第88页。
② 林莉红、任沫蓉：《论行政审判中平等原则的审查基准及完善》，载《中南大学学报（社会科学版）》2023年第1期。

纷得到更为合理高效的处理。

3. 改革行政复议制度，发挥"主渠道"优势

《行政复议法》自 1999 年颁布施行以来已有二十余年，其间学界和实务部门关于修法的建议一直存在，特别是 2014 年《行政诉讼法》修订之后，为与行政诉讼制度同步衔接，修法的呼声日益高涨。2018 年《行政复议法》修改列入十三届全国人大常委会立法规划，属于本届人大常委会任期内拟提请审议的第一类法律草案项目。[①] 2020 年 11 月 24 日，司法部公布了《行政复议法（修订）（征求意见稿）》，将"发挥行政复议化解行政争议的主渠道作用"列为立法目的之一。本次调查从当事人角度对行政复议制度的运行情况进行了考察，结论再次证明了行政复议的实施效果不佳，实施情况与我国将行政复议作为行政争议解决主渠道的期望差距较大。[②] 特别是在《行政诉讼法》修改之后，行政诉讼的实施效果已有所改善的情况下，行政复议制度的地位更加尴尬。由此，从各方面来看，行政复议制度改革已十分必要。

当然，如何修改还需要学界和实务部门从更多方面进行研讨。从本次调查所反映的情况来看，行政复议制度改革需要进一步凸显其制度优势。

第一，进一步满足当事人对"与行政机关沟通"以及"程序简便快捷"的需求。上文已述，当事人在选择行政纠纷解决途径时首先考虑的是是否能够与行政机关沟通以及能够快速解决的问题，而此种功能却被信访所取代。行政复议制度使得行政纠纷可以在行政系统内部解决，是可与行政机关沟通的制度化渠道。行政复议简便高效的优势已经得到广泛认可，未来要做的应当是进一步巩固这一优势，

---

① 行政复议法的修改议程几经波折，2013 年曾被作为立法预备项目列入全国人大常委会立法工作计划，2014 年、2015 年作为初次审议的法律案列入立法工作计划，2016 年则回到预备项目中，2017 年修法安排被取消。转引自王万华：《行政复议法的修改与完善——以"实质性解决行政争议"为视角》，载《法学研究》2019 年第 5 期。

② 2011 年 3 月，胡锦涛在中共中央政治局第二十七次集体学习讲话中第一次指出：要在深入研究把握新形势下社会矛盾纠纷的特点和成因的基础上，更加注重依法化解社会矛盾纠纷。特别是要完善行政复议制度，加大复议纠错力度，充分发挥行政复议作为解决行政争议主渠道的作用。2020 年 2 月 5 日，中央全面依法治国委员会第三次会议，习近平总书记再次明确指出，要发挥行政复议公正高效、便民为民的制度优势和主渠道作用。

而不是走向"司法化"。①

第二，提高复议机构的专业处理能力。行政复议的制度优势之一在于行政机关处理纠纷具有专业性，且对行政行为的合法性和适当性都可进行审查。然而，行政复议机关较高的复议维持率使得当事人丧失对行政复议制度的信心。在行政复议改革中，专业性、全面性的优势应当继续得到发挥，并使当事人看到这种优势。比如复议机构配备专业化、职业化的从事行政复议工作的人员，复议机构设置专门化等。

第三，解决行政复议机构的相对独立性问题。调查中，当事人对于行政复议机构的设置较为在意，其背后所体现即是其对行政复议机构独立性以及所延伸出的能否公平公正审理案件的顾虑。实际上，行政复议的专业性优势正是依赖于复议机关与原机关在行政上的关联，因此，如何在确保专业性的同时实现独立性，是当下亟需解决的问题之一。② 学界和实务部门对此提出了行政复议局、行政复议委员会等改革方向，但仍需要对其试点实践中的效果加以考察。

第四，以行政诉讼为参照，突出行政复议的竞争优势。作为行政系统内部的自我纠错机制，行政复议具有高效、便捷等制度优势，是当事人可与行政机关直接沟通的制度化渠道，但在实践中，此种功能却在相当大的程度上被信访所取代。在接下来的行政复议改革中，应"整体性考量行政化与司法化、独立性与专业性、统一性与分散性等价值的平衡"③，在受理条件、审理程序、复议决定对复议申请的回应程序、审查强度等方面突出其便捷、高效和专业的优势，将制度优势转化为实践效能。

4. 提高审判质量，增强判决权威

当事人对判决是否公正的评价影响法院判决的权威性。"公正"作为一种价值判断，对于不同主体而言，可能存在多种衡量标准，亦会由此产生不同的判断

① 有学者对行政复议制度进行调查，以探讨行政复议存在困局的原因。其观点可与本次调研结论相互印证。参见杨海坤、朱恒顺：《行政复议的理念调整与制度完善——事关我国〈行政复议法〉及相关法律的重要修改》，载《法学评论》2014 年第 4 期。

② 参见杨伟东：《建立行政法院的构想及其疏漏》，载《广东社会科学》2008 年第 3 期。

③ 高秦伟：《行政复议制度的整体观与整体设计》，载《法学家》2020 年第 3 期。

结果。从法官等法律专业人士的角度，其所追求的是法秩序下的"客观公正"。但从当事人角度而言，其所追求的公正通常含有主观色彩，以是否符合自己对法律条文的理解以及是否满足自身利益诉求为标准。因此，当事人追求的公正可称之为"主观公正"。衡量标准的差异导致不同主体对同一案件的评价存在分离，更由此引发当事人对某一具体案件判决结果公正性的质疑。

当事人对自己能够遇到公正法官的信心不足，且部分认为法院对行政机关的态度好于对原告的态度，是欠缺公正感的体现。值得庆幸的是这种个案公正感的欠缺并未扩及对整个司法系统和法律制度层面。然而不可忽视的是，这虽仅是公民个体对具体案件的一般感受，但"个案公正是普遍公正的前提和基础，是实现司法公正的具体路径，是司法公正基本要素的微观展示和具体实现过程"。质言之，个案公正缺失的规模效应将对司法公正带来不可避免的消极影响。中国共产党第十八届四中全会通过的《中共中央关于全面推进依法治国若干重大问题的决定》指出："努力让人民群众在每一个司法案件中感受到公平正义。"这一要求在行政诉讼中更为突出。

如何让当事人认可司法裁判的正当性并接受判决结果，是增强法院判决权威性的核心要义。对此，可能需要做的工作还有很多。

(1) 保障司法独立，明确法官责任

自公力救济成为主流化的纠纷解决模式以来，司法担当着保障公民基本权利，解决社会冲突的重任，被视为维护社会公平正义的"最后一道防线"。[①] 社会公众对司法公正、司法权威的仰赖与信服乃司法能够担此重任的前提和逻辑起点。就法官而言，其不仅是具体纠纷的裁判者，于社会公正来说，也是法律的宣告者。[②] 基于对司法公正、司法权威价值的永恒追求，需要在"司法独立"与司法责任之间找寻到平衡。在中国语境下，体现为法官有限的司法责任，即在遵循司法规律的基础上，妥善处理法官裁判权之保障与法官裁判之监督这对相对矛盾的问题。换句话说，不仅要强调对法官的不当裁判(包括违法裁判及"拒绝裁判"

---

① 李林：《"司法防线理念"渊源与实质》，载《北京日报》2015 年 11 月 16 日，第 22 版。
② 贺卫方：《司法的理念与制度》，中国政法大学出版社 1998 年版，第 9 页。

等）的责任追究，同时也要强调对法官依法独立办案、法官职业权利的保障。① 在司法裁判过程中，对这对矛盾体应作全面分析。

就法官裁判权之保障而言，集中表现为对法官的足够信赖。② 具体来说，包括对法官独立行使裁判权的保障，对法官公正、廉洁行使裁判权的足够信赖。在我国，对法官裁判权的保证见诸《宪法》与《法官法》的相关规定。前者体现为"人民法院依法独立行使审判权"，法官作为人民法院的工作人员，且为个案裁判中的实际裁判者，也应当依法独立行使审判权。也就是说，在个案的具体裁判过程中，法官仅须对法律负责，依据诉讼资料，客观公正地作出判决或者裁判，不受行政机关、社会团体和其他个人的干涉。就后者而言，则是在具体的司法裁判过程中，法官应当在双方当事人之间保持中立、公正、廉洁之状态，不偏不倚地依法作出裁判。

就法官裁判权之监督而言，"绝对的权力导致绝对的腐败"，理应为法官裁判权设置必要的监督，其终极目的在于更好地保障法官裁判权的行使。纵然法官在司法裁判过程中担当举足轻重的作用，其裁判权的行使应当得到足够的信任，但是，法官首先是一个自然人主体，其次才是裁判者，具有趋利避害之本性。是故，为了防止法官在司法裁判过程中为了一己私利作出有失公允之裁判，践踏司法公正与司法权威，确有必要对法官裁判权的行使进行必要的监督。

法官司法责任的有限性，正是妥善处理这对相对矛盾体的良方。具体来说，一方面，在遵循司法规律的基础上，充分保障法官裁判权的行使，表现为对法官独立、公正、廉洁地依法行使裁判的足够尊重；另一方面，鉴于对绝对权力之腐败可能性的防范，在保障与尊重之余，须设置必要的、有限的司法责任。两者在价值和终极目的上具有一致性，皆为追求并营造一个公平公正、权威的司法环境，以充分且有效地保障公民的基本权利。③

---

① 陈光中、王迎龙：《司法责任制若干问题之探讨》，载《中国政法大学学报》2016 年第 2 期。

② 刘练军：《如何控制法官》，载《东方法学》2012 年第 4 期。

③ 范伟：《"法官不得拒绝裁判"原则的逻辑再造：从绝对性到相对性》，载《政法论坛》2021 年第 1 期。

（2）法官积极做好释明和相关解释工作

诉讼法上的释明最早见于 1877 年《德国民事诉讼法》中，其目的在于促进司法积极作为，明晰案件事实关系和法律关系，规避当事人主义模式下可能导致的案件阻滞、司法不公等风险。① 相较于民事诉讼，我国行政诉讼中双方当事人诉讼地位存在天然失衡，这决定了行政诉讼中的释明除了畅通案件审理进程外，亦须包含补足行政相对人诉讼能力这一目标。质言之，在行政诉讼中，释明作为法院与当事人互动的一种形式，应以达成双方当事人诉讼地位的实质平等为目标之一。据此，释明具有司法救助的性质，不仅是法官的一项权利，更是其不可推卸的义务和职责。我国行政诉讼法和司法解释都规定法院在审理行政案件过程中的释明职责。《行政诉讼法》第 51 条规定，起诉状内容欠缺或者有其他错误的，应当给予指导和释明。2018 年《司法解释》第 2 条规定，当事人未能正确表达诉讼请求的，人民法院应当予以释明。除了法律明确规定的释明职权与职责之外，人民法院在案件审理过程中，在尊重当事人处分权及中立性原则的前提下，若当事人对证据规则、当事人资格、审理程序等案件事实及法律问题的陈述或理解存在不明确、不恰当时，还可以采取告知、发问、解释、说明以及建议等多种方式对其加以引导和帮助，以弥补当事人诉讼能力上的欠缺，实现行政诉讼的公正性和双方当事人的实质平等。② 在判后阶段，若当事人对判决结果存在质疑，法院应当积极对裁判中所认定的法律事实、适用的规范依据、证据采信的理由等加以阐释、说明，说服相对人理性看待判决结果。

（3）塑造法院与当事人之间的友好沟通模式

有学者已经意识到，人际公正对于公民司法公正感的获取具有重要作用。③

---

① 参见张卫平：《民事诉讼释明概念的展开》，载《中外法学》2006 年第 2 期。

② 对于这些情形，部分地方法院认为亦属于"应当"释明的事项。相较于《行政诉讼法》及其司法解释对释明的简单规定，地方法院对释明规则的探索拓宽了释明的边界，丰富了释明的内涵。相关文件可见于 2015 年上海市第三中级人民法院出台的《行政诉讼释明规则》、2016 年兰州铁路运输中级人民法院出台的《行政诉讼释明规则（试行）》等。

③ 参见马恺、李婕：《法律何以信仰：中国公民司法公正感实证研究》，中国政法大学出版社 2017 年版，第 218~227 页。在组织行为学中，人际公正是指，在执行程序或决定结果时，权威或者上司对待下属是否有礼貌、是否考虑到对方的尊严、是否尊重对方等。参见李晔、龙立荣、刘亚：《组织公正感研究进展》，载《心理科学进展》2003 年第 1 期。

亦有学者提出法官行为公正作为司法公正的"第三种样态"。① 在诉讼中，法院应当注重与当事人的沟通方式与理念。首先，应树立平等沟通的理念。一是法官对待当事人与行政机关的态度应当一致，不可"厚此薄彼"；二是法官应秉持尊重当事人的态度与其进行沟通、交流，避免"高高在上"，应耐心倾听当事人对案件审理流程、判决结果中的疑惑，并耐心解答。这不仅使当事人获得被认真对待的受尊重感，也可减少因情绪上的不满而导致的后续纠纷。

5. 构建智慧法院，兼顾双重价值

公正和效率是当事人在行政纠纷解决过程中所追求的双重价值，而目前的司法系统对此支持不足。在保证公正的前提下，提高审判效率，破解行政诉讼"立案难、审理难、执行难"之难题，智慧法院建设可能是其中的必要探索之一。

(1)人工智能在我国司法裁判中的应用

为了促进司法公正，提升司法效率，我国努力将人工智能引入司法领域。近年来，我国出台了一系列政策法规，以助力智慧法院的发展。2016 年 12 月发布的《"十三五"国家信息化规划》明确指出，支持"智慧法院"建设，推行电子诉讼，建设完善公正司法信息化工程。2017 年 4 月 20 日，最高人民法院印发的《最高人民法院关于加快建设智慧法院的意见》指出："不断提高法律文书自动生成、智能纠错及法言法语智能推送能力，庭审语音同步转录、辅助信息智能生成及实时推送能力，基于电子卷宗的文字识别、语义分析和案情理解能力，为辅助法官办案、提高审判质效提供有力支持；深挖法律知识资源潜力，提高海量案件案情理解深度学习能力，基于案件事实、争议焦点、法律适用类脑智能推理，满足办案人员对法律、案例、专业知识的精准化需求，促进法官类案同判和量刑规范化。"2017 年 7 月 8 日，国务院发布的《新一代人工智能发展规划》更是将人工智能提升到国家发展规划的战略高度，并且部署了分为"三步走"的战略目标。这些政策法规的颁行，旨在推进人工智能在司法领域的应用，提高司法决策的科学性，推动司法改革朝着高效、公正的方向发展，让人民群众在每一个司法案件中

---

① 孙辙、张龚：《行为公正：司法公正的"第三种样态"》，载《学海》2020 年第 6 期。

感受到公平正义。

在实践领域，各级司法机关也在积极探索，纷纷将人工智能引入司法裁判工作。例如，北京法院推出了智能研判系统"睿法官"，它可以提取一审案件信息和上诉状信息，实现案件自动立案，对案情初步"画像"，在庭审准备阶段还可以自动梳理出待审事实，生成庭审提纲，并推送到庭审系统中。[①] 上海法院的刑事案件智能辅助办案系统，具有法官办案智能辅助、裁判文书智能分析、移动智能终端办案 APP 等 35 个子系统。[②] 贵州法院打造了司法大数据系统，通过大数据及时发现被执行人行踪、财产线索，利用网络快速查控，切实提高实际执行率；又建立了公检法监狱系统互联共享平台，实现数据运用的最大公约数。[③] 深圳法院的"鹰眼执行综合应用平台"成立了 8 个 JEC 团队，包括推进电子卷宗随案生成、鹰眼执行综合应用平台、融合多元化纠纷解决应用平台、移动办案平台、矩阵证据中心、E 键确认中心、庭审记录中心、文书生成等项目。[④] 河北省研发出了"智审 1.0 系统"，具有自动生成电子卷宗、自动关联与当事人相关的案件、智能推送辅助信息、自动生成与辅助制作各类文书、智能分析裁量标准的五大功能。[⑤] 总之，随着科技的突飞猛进以及国家政策的大力支持，近些年来，人工智能在司法裁判领域的各种应用场景中逐步落地，出现了方兴未艾的良好态势，还将向更为广阔的空间发展。

（2）人工智能对司法裁判的意义与作用

保障司法裁判公开透明。我国的智慧法院建设工程，强调推进"互联网+阳光司法"，以促进法院工作透明便民，提升司法公开工作水平。[⑥] 智慧法院构建

---

① 参见徐隽：《"睿法官"辅助审案还远吗》，载《人民日报》2017 年 1 月 4 日，第 4 版。

② 参见罗书臻：《以大数据战略助推智慧法院》，载《人民法院报》2016 年 11 月 18 日，第 2 版。

③ 参见金晶、汪怡潇、舒宇亮：《贵州深化司法改革打造智慧法院》，载《人民法院报》2017 年 3 月 13 日，第 10 版。

④ 参见胡志光、王芳：《智慧法院建设的思维导图——以深圳法院"鹰眼查控网"建设为案例》，载《中国应用法学》2018 年第 2 期。

⑤ 参见罗书臻：《建立"互联网+"时代下的智能庭审》，载《人民法院报》2016 年 11 月 18 日，第 2 版。

⑥ 参见《最高人民法院发布关于加快建设智慧法院的意见》。

了多渠道权威信息发布平台，如中国裁判文书网、中国审判流程信息公开网和中国庭审公开网等信息渠道，向社会公众推行司法公开，以司法公开回应公众关切。"互联网+阳光司法"最初是由裁判文书的网上公开实现的，裁判文书内容从面向当事人到面向社会大众的公开，使公众足不出户就可以利用互联网获取裁判文书信息。截至 2020 年 8 月 30 日 18 时，中国裁判文书网文书总量突破 1 亿篇，访问总量近 480 亿次。① 除了通过人工智能让裁判文书在外部平台上向公众公开，最高人民法院还要求各级法院以人工智能为技术依托将裁判文书公开纳入审判流程管理，法官可以在内部平台一键自动公布，不会因文书公开而加重法官的工作量，还能保障公开的及时与高效。② 中国庭审公开网覆盖了全国的各级法院，公众可以利用直播平台身临其境地感受法庭审判。贵州省高级人民法院还根据大数据判决的系统，基于同种原理建立起对社会公众开放的智能模拟判决系统。根据每个案由模型，智能模拟判决系统的用户可以输入或者选择与其案情相适应的案情描述，由人工智能系统模拟审判，并且推送与输入案情相似的案例给当事人参考。智能模拟判决系统可以保障当事人对案件的结果预先产生合理的预期，对同类案件的判决结果事先了解，实现司法信息资源的对称，当事人也可对法院的判决结果进行监督。"阳光是最好的防腐剂"，利用人工智能的方式使司法裁判的文书、审判流程信息和庭审现场公开，让社会公众了解法院的司法裁判过程，受到人民监督的法院可以更好地定分止争，从而提高司法裁判的公信力。人工智能可以保障司法公开的及时性，以最大限度地满足公众的知情权、参与权和监督权。人工智能使司法公开化减少了政府和公众在信息处理能力上的不对称，③ 公众可以根据自己的需要挖掘、分析公开的数据，监督公权力的运行，促进司法裁判的公开公正。

提升司法裁判的效率。人工智能运用于司法裁判的整个过程，大大提高了办案人员的工作效率。在立案过程中，人工智能的运用缓解了"立案难"的问题，

① 参见罗莎：《中国裁判文书网文书总量突破 1 亿篇》，访问地址：http://www.xinhuanet.com/2020-09/02/c_1126444909.htm.

② 参见王小梅：《"互联网+阳光司法"：智慧法院的重要维度》，载《中国党政干部论坛》2017 年第 10 期。

③ 参见胡小明：《从政府信息公开到政府数据开放》，载《电子政务》2015 年第 1 期。

一些法院还推出了二维码自助立案系统，诉讼参与人可以通过扫描二维码完成案件信息的录入，法官扫描二维码可以快速完成信息的导入，使立案时间从原来的一个小时缩减到一刻钟。[①] 经了解，贵州省高级人民法院立案系统与检察院、公安局、监狱管理局的办案系统对接，实现了同一案件数据自动采集的共享模式。针对案件资料，采用统一证据规则的数据格式，将原来的纸质或者扫描件改为格式化数据，并对纸质的证据进行系统扫描、自动识别，识别率可达到90%，最后将扫描件和识别的文字一起保存。立案环节利用人工智能的便利实现自助化，有效地节省了人力成本，也提高了工作效率。在庭审过程中，借助语音识别和图像识别技术，将声音和图像形态的数据直接同步转化为电子文本，并且随着人工智能辅助司法系统的不断升级，声音与图像识别的精确度将不断提高。通过自动的电子化处理方式，极大地缓解了在"案多人少"情况下司法工作人员的压力。除此之外，远程诉讼、大屏公告显示、证据分析功能等的应用，也提高了审判的效率，方便了诉讼参与人的诉讼。在制作文书过程中，裁判文书系统可以根据在立案阶段已经存储于司法大数据系统之中的案由、当事人信息、诉讼请求、事实与理由等数据，自动生成传票、举证通知书等法律文书，法官可以在自动形成的文书上修改。[②] 贵州省高级人民法院的法镜智能机器人可以针对每种案由，整理成案由模型，在案例库中匹配相似的案件推送给法官，帮助法官结合案件的情况，形成裁判文书。在执行过程中，司法智能机器人可以通过数据分析，综合更多的社会数据，设计出执行方案，提高执行效率。由上可见，人工智能的应用，可以促进法院工作高效运转，为社会公众提供及时、便捷的司法服务，提高司法效能，减少司法成本。

统一司法裁判的尺度。最高人民法院的"类案智能推送系统"于2018年1月正式上线运行，该系统能实现类案快速查询和智能推送，有利于司法工作人员作

[①] 参见冯姣、胡铭：《智慧司法：实现司法公正的新路径及其局限》，载《浙江社会科学》2018年第6期。

[②] 参见杨焘、杨君臣：《人工智能在司法领域运行的现状及完善对策研究——以成都法院为样本进行分析》，载《科技与法律》2018年第3期。

出量刑决策、规范裁判尺度、统一法律适用。① 一些地方法院也推出了类似的人工智能系统,如贵州省高级人民法院利用司法大数据系统,建立了类案类判标准数据库,结合当前案件的要素精确匹配案例库中的案例,同时提供相似案例的判决结果的统计数据给法官参考。安徽省高级人民法院与安徽富驰信息技术有限公司合作开发了"类案指引项目",该平台可以为法官提供多维度、多案件的分析场景,具备自动检索、类案推送、统计分析等功能,还能够对异常案件设置自动预警提醒。② 由此可见,人工智能的介入,能对裁判结果进行预判,有利于及时发现案件审判中存在的问题,并予以纠正,从而实现类案类判,统一司法裁判的尺度,使相同或者类似案件得到相同或者类似的判决结果,确保法律适用的统一与公正。人工智能介入司法裁判之所以能取得上述质效,根本在于人工智能具有如下一些特性和优点:第一,人工智能辅助司法系统有统一的证据规则和证据标准指引。根据破案内在逻辑联系设计出证据模块,司法工作人员可以根据证据模块的指引分阶段地收集证据,将证据扫描并通过系统转化为结构化或者文本化的数据,采用数字签名技术防止证据被篡改,然后将结构数据和扫描原件同时存储。系统会自动核验并审查证据是否充分,是否存在瑕疵以及是否能够形成完整的证据链。一旦发现违法证据、瑕疵证据以及证据之间相互矛盾无法形成完整的证据链的情况,系统会自动提示司法工作人员补正或者说明,待到证据链各要素之间形成逻辑严密的链条时,方可通过系统的核验并进行下一步操作。③ 第二,人工智能运用于司法领域,同时可以保障整个司法审判过程严格按照系统设置的流程进行,可以避免完全由人工操作所造成的疏忽、遗漏等。人工智能还能对整个过程实时监控,发现问题及时提示司法工作人员予以纠正。实践中,有些司法工作人员在发现冤假错案后不敢纠错、不愿担当,反而故意回避和遮掩。④ 而人

---

① 参见罗书臻:《认真学习贯彻党的十九大精神 深入推进智慧法院建设》,载《人民法院报》2018 年 1 月 6 日,第 1 版。

② 参见李忠、姜浩:《安徽研发类案指引项目并试用》,载《人民法院报》2016 年 6 月 21 日,第 1 版。

③ 参见潘庸鲁:《人工智能介入司法领域的价值与定位》,载《探索与争鸣》2017 年第 10 期。

④ 参见刘宪权:《克减冤假错案应当遵循的三个原则》,载《法学》2013 年第 5 期。

工智能辅助司法系统是人类司法经验的结晶，尊重和执行预先设定的法律程序，"以事实为依据、以法律为准绳"，一旦发现证据链不完整、存在逻辑上的矛盾，或者是判决的偏离度过高等问题，系统会通过提示或者预警的方式告知，督促司法工作人员进行完善或矫正。第三，人工智能可以排除民意、舆论等非理性情绪的影响，坚守法律的良心，做到"裁判不知父、不知母、只顾正义（真理）"，① 使司法裁判有统一的尺度和标准，最大限度地实现公正化。

但是，智慧法院的构建尚存在人工智能介入司法裁判的失误归责难、人工智能介入司法裁判的角色定位难、数据缺陷制约司法裁判的准确性、人工智能算法偏见影响司法公正等问题，理论界与司法实务部门应给予足够关注并提出解决方案。②

6. 厘清信访职能，明确制度定位

信访具备程序简便、方式多样、事项包容性强的特点，在纠纷解决途径选择的节点上满足了当事人与行政机关沟通的心理需求，某种程度上成为民众眼中更优于行政诉讼以及行政复议的纠纷解决途径。加之时有媒体对信访的制度定位进行错误宣传、渲染，大量行政纠纷特别是社会影响大的纠纷直接进入了信访途径，信访制度已然承担了远远超出其能力范围的权利救济功能。也有信访群众秉持"大闹大解决，小闹小解决，不闹不解决"的思维，采取闹访、缠访等激烈手段，更是会对社会秩序造成严重影响。信访制度的定位出现问题，不仅会在客观上消解行政复议和行政诉讼的作用，还可能阻碍其他各项纠纷解决制度功能的实现。

为规范信访秩序，国务院于 1995 年出台《信访条例》并于 2005 年修订了这一行政法规。2022 年 4 月 7 日，中共中央、国务院印发《信访工作条例》，取代了国务院《信访条例》，并已于 2022 年 5 月 1 日生效。与《信访条例》是行政法规不同，《信访工作条例》由中共中央、国务院制定发布，强化了党领导信访工作，

---

① 郑玉波著：《法谚（一）》，法律出版社 2007 年版，第 176 页。
② 参见曹奕阳：《人工智能时代司法裁判的机遇、挑战及应对》，载《法治论坛》2019 年第 3 辑。

适用于各级党的机关、人大机关、行政机关、政协机关、监察机关、审判机关、检察机关以及群团组织、国有企事业单位等开展信访工作。该条例明确："信访工作是党的群众工作的重要组成部分，是党和政府了解民情、集中民智、维护民利、凝聚民心的一项重要工作，是各级机关、单位及其领导干部、工作人员接受群众监督、改进工作作风的重要途径。"

《信访工作条例》明确了信访工作体制是坚持和加强党对信访工作的全面领导，构建党委统一领导、政府组织落实、信访工作联席会议协调、信访部门推动、各方齐抓共管的信访工作格局。各级党委和政府信访部门是开展信访工作的专门机构，履行下列职责：（1）受理、转送、交办信访事项；（2）协调解决重要信访问题；（3）督促检查重要信访事项的处理和落实；（4）综合反映信访信息，分析研判信访形势，为党委和政府提供决策参考；（5）指导本级其他机关、单位和下级的信访工作；（6）提出改进工作、完善政策和追究责任的建议；（7）承担本级党委和政府交办的其他事项。

《信访工作条例》将信访事项分为建议意见类、检举控告类和申诉求决类三类事项，采取不同的方式，由有权处理的机关分别办理。其中申诉求决类事项，涉及我们讨论的纠纷解决机制主题。不过，从处理方式上看，主要还是转送、转交以及导入相应程序处理，实际上还是利用现行的相应制度。不过该条例第33条明确规定了调解，"各级机关、单位在处理申诉求决类事项过程中，可以在不违反政策法规强制性规定的情况下，在裁量权范围内，经争议双方当事人同意进行调解；可以引导争议双方当事人自愿和解。经调解、和解达成一致意见的，应当制作调解协议书或者和解协议书"。依我们对纠纷解决机制范畴的认识，这里的调解是在信访这一途径中运用的方法，并可以以调解这一方式结案。

总体而言，《信访工作条例》将新时期信访工作定位于党的群众工作，回归其联系群众的性质，淡化纠纷解决机制功能，其改革方向无疑是正确的。

可以进一步探讨的是，历史上看，信访受理的事项虽然广泛，但其有效解决的事项主要是行政机关及其其他公立机构工作人员的失当、失职行政行为，这正是我国现有行政复议和行政诉讼救济制度所难以覆盖到的救济对象。由于长期以来在信访工作机构工作过程中，公众已经形成一种对其投诉的倾向和习惯，信访机构也具有层级化普遍设置的特点，如果借鉴当今世界很多国家实行的申诉专员制度①，有可能将信访改造成为对不当行政行为尤其是行政过程中的不当行为实施救济和进行监控的法律制度。从整个纠纷解决制度的设置上构想，信访工作机构应当在对失当、失职行为实施救济中发挥更大的作用。

7. 重视律师参与，提高服务质量

相较于民事案件、刑事案件，行政案件的办理不仅涉及诉讼法知识的运用，也需要掌握行政管理各个领域的部门行政法，涉及面广，专业性强。在行政纠纷发生以后，律师的参与可以帮助当事人更理性地选择纠纷解决途径。如果要考虑纠纷解决机制启动时，面对当事人的选择，制度上是否需要作出引导和干预，恐怕律师发挥作用是重要一环。而行政案件办理过程中，具有专业知识的律师参与，不仅有助于庭审的顺利推进，防止因当事人专业知识的匮乏导致诉讼进程的拖沓，且能帮助当事人理解并接受行政判决，消除不合理的申诉及信访，有助于行政争议的实质性化解。但是，目前的状况是行政诉讼当事人难以聘请到合适的律师，专业的行政法律师数量极少，律师群体对于代理行政诉讼的意愿普遍较低，律师在行政案件办理中的效果有待提高等问题。这些问题的出现可能有多方面的原因，但在行政纠纷当事人对律师服务具有强烈意愿的情况下，我们仍然希望重视律师在行政纠纷中的参与。

具体而言，这方面可以做的工作包括但不限于以下几项。第一，在立法层面探索行政法律援助制度以及律师强制代理制度。第二，培养和提升律师在行政纠纷中的服务意识、参与意识，并通过行政法知识培训提高律师的专业能力。第三，保护律师执业的合法权益以及保证诉讼中、复议程序中的各项程序权利，消除律师代理行政诉讼案件的担忧。目前，最高人民法院及司法部出台了《关于为律师提供一站式诉讼服务的意见》，② 在便利律师参与诉讼、进一步发挥律师作用的同时，也有助于保障律师执业的正当权利。

---

① 对现代申诉专员制度的全面介绍和分析，可参见林莉红：《现代申诉专员制度与失当行政行为救济》，载《行政法论丛》第 5 卷，法律出版社 2002 年版。

② 《最高人民法院、司法部关于为律师提供一站式诉讼服务的意见》（法发〔2021〕3 号）。

8. 发挥舆论和媒体的积极作用，避免消极影响

目前，舆论和媒体导向对行政纠纷的解决有催化剂的作用，兼具积极作用与消极影响。就积极作用而言，作为一种监督机制，新闻媒体通过广泛报道和社会舆论的传播，有助于排除案外因素的不当干扰，与纠纷解决机制具有目标上的同一性，皆以纠纷公正解决为依归。同时，作为一种宣传渠道，媒体对相关案件与法律知识的报道是公众增强法律意识、提升司法公正感的重要途径。其消极影响在于，由于外部制约与监管手段的欠缺，在"新闻商业化"模式下，媒体为追求轰动性效应，引起"舆论爆点"，控制舆论走向，可能会故意对相关事实进行"加工"，作出并非以法律为标准的"媒体判决"。在媒体舆论的压力下，行政机关出于减小行政纠纷的社会影响力，维护政府权威等原因，产生较大舆论反响的案件一般会很快得到解决；司法机关由于舆论的影响，出于司法判决的社会可接受性以及公众的司法信任感的考量，可能会认定其所审理的案件社会危害较大，进而加重相应的审理结果，从而对司法独立审判造成影响。可见，发挥舆论及媒体的积极作用，实现媒体舆论与司法的良性互动防止其产生负面导向，是当下工作的一大重点。

首先，完善相关法律规范，加强对媒体舆论的监督和制约。新闻自由权来源于公民言论自由权，但是这一权利的行使应当具有法定的边界。因此，为避免媒体在利益驱动下的肆意性，对司法审判造成不当干扰，有必要在立法层面明确媒体的行为界限，使得媒体舆论监督步入制度化、法治化的轨道。规制内容可以根据审前程序阶段、庭审过程阶段、审后程序阶段的要求，制定具体的媒体报道规范。[①]

其次，建立健全媒体行业自律制度。第一，媒体报道应遵循中立性及真实性原则。媒体报道要尽量避免职业隔离和利益驱动的影响，积极引导舆论客观看待问题。不全面的信息是导致公众看待问题有失偏颇的重要原因。[②] 作为媒体，其应当保持理性、克制与严谨，对于案件的报道应当从客观角度出发，以事实为依

---

① 参见侯大明：《舆论监督与司法独立的关系》，载《青年记者》2017 年第 18 期。
② 参见刘一笑：《媒体活动与司法独立关系探析》，载《新闻爱好者》2020 年第 2 期。

归,避免出现引导性的、煽动性的文字或评论,充分尊重司法权威。第二,加强对媒体从业人员的职业道德和法制意识的培养。同时,对于故意制造虚假新闻、引导舆论的媒体人员或机构,应加以惩戒,从违法成本上督促其谨遵职业道德。

再次,推进司法公开,正面回应公众的知情权。对于重大案件,公众往往希望能够及时了解案件事实、处理进程以及处理结果,而媒体的报道是公众获取信息的主要渠道。因此,除了依靠传统的商业媒体外,人民法院应建立健全相应的信息发布机制,加强对社会关注度高的行政纠纷案件的解释工作。相关部门的官方媒体可对在网络上产生影响力的案件予以回应,虚心接受公众监督的同时对相关工作进行解释说明,以帮助公众了解事情始末。除了目前已实施的网站宣传、判决书上网、公开审判等传统途径外,应进一步适应互联网时代的要求,充分利用微博、微信等其他公众更易接触到的、更"接地气"的宣传方式和途径,真正实现"阳光司法"。

最后,官方要重视利用和发挥新媒体的影响力。当今是全媒体和自媒体盛行的时代,各种新兴媒体和信息平台在互联网上竞相登场,其中一些受到公众接受和欢迎,一些则逐渐淘汰。新媒体的发展使非专业的社会大众成为提供社会信息的重要力量,这一变化促使个人情绪得以放大甚至社会化。有学者提出,人类传播活动是一种社会心理过程,"社会讨论"不可能是完全理性的、充分的,而且,公众对于负面情绪的传播更为敏感。[①] 因此,社会管理应注意应对公众负面情绪的累积,[②] 引导网络舆论回归理性。官方媒体要重视采取公众接受和欢迎的方式,占据舆论宣传的主流,发挥正面的积极作用,引导公众树立正确的法律意识、诉讼意识。

---

① 参见隋岩、李燕:《论群体传播时代个人情绪的社会化传播》,载《现代传播》2012年第12期。

② 有学者指出,中国民众的维权在很大程度上属于价值导向型,民众由于政策原因利益被损害而产生的怨恨不满,由于地位下降而产生的相对剥夺感,由于公民权利被剥夺的抱怨情绪,共享的族群观念和身份认同,被认为是起到动员或维系激进维权运动的作用。因此,社会管理应注重回应这些负面情绪。参见张晶:《正式纠纷解决制度失效、牟利激励与情感触发——多重面相中的"医闹"事件及其治理》,载《公共管理学报》2014年第1期。

9. 加强法治宣传，重视行政法知识普及

法治宣传的重要性不言而喻。在本次调查中，我们已经证成，当事人的选择与其对行政纠纷解决途径的了解情况相关，且其诉讼意识、权利意识状况与纠纷解决途径的运行效果亦存在关联性。法治宣传和教育在行政纠纷解决机制的发展中具有重要作用，应当大力推进。由此，需要对目前相关部门的法治宣传工作中存在的问题予以总结并进行调整。

首先，更新认识，明确责任主体。目前，我国实施"谁执法谁普法"的普法责任制，[①] 强调国家机关不仅是司法执法主体，亦是普法主体，并进一步加强对普法工作的考核评估。也就是说，普法宣传不再仅是司法行政机关的工作，而是各个主管部门的职责。故相关部门应转变对普法工作的态度，对其给予足够的重视。

其次，转变观念，重视宣传内容。法制宣传的目的不仅在于教育民众如何守法，更要引导其树立正确的公民意识、权利意识，了解如何通过法律途径维护自己的合法权益。因此，未来的法制宣传，要重视对行政纠纷解决途径的介绍，引导当事人依法依规依程序寻求纠纷解决。

最后，与时俱进，创新普法方式。在普法方式上，传统"摆摊式"等宣传方式已明显满足不了民众对法律知识的需求，需要考虑发展和创新方式以覆盖更广泛的群体。可能但不限于的方式，如利用微博、微信公众号等新兴网络平台和软件进行宣传；以回答咨询的方式进行普法，具有针对性强的优势，宜开发方便适用的手机应用软件并予以推广；结合互联网、大数据等技术向不同群体精准地投送法律知识等。人民法院审理的真实案件更能让当事人和社会公众对此有深刻印象，因此应加强以案释法、审判公开的工作，采取灵活的方式如鼓励旁听庭审活动等开展普法宣传。

[①] 参见中共中央办公厅、国务院办公厅印发的《关于实行国家机关"谁执法谁普法"普法责任制的意见》。

调 查 问 卷

实地调查行政诉讼卷

问卷编号：　　　　　　　　　　　　　　调查时间：

调 查 员：　　　　　　　　　　　　　　调查地点：

您好！

首先请原谅占用您一些宝贵的时间。

为了解当事人在解决行政纠纷过程中的困难和要求，反映行政诉讼法和相关法律法规的实施情况，探讨更优化的行政纠纷解决方案，给立法、司法以及理论研究提供第一手的实证资料，武汉大学法学院组织了这次对正在寻求行政纠纷解决的当事人的调查，希望能够得到您的支持和协助。谢谢！

本次调查的结果，仅用作研究。各个选项没有正确和错误之分，请您如实填答。您所填答的意见，绝不会给您带来任何麻烦，请放心。您的回答将为国家进一步完善相关法律制度提供帮助。

再次感谢您的支持和协助。

祝您工作顺利、生活愉快！

注 意 事 项

＊请您按照问卷的提问顺序逐一填答，以免漏答。

＊每个项目下都列出了若干供您选择的情况，请您选出与您的实际情况最相符的一项，在相应的序号或位置上画"✓"。

＊没有给出选项的，请您在空白处填写。

＊除特别说明外，每个题目均请选择一个答案。

＊问卷中竖线右边的编码框是计算机处理用的，请您不要填写。

＊有不理解或不清楚之处，请向调查员询问。

您的姓名：＿＿＿＿＿＿＿＿＿＿＿＿＿＿＿

联系方式：＿＿＿＿＿＿＿＿＿＿＿＿＿＿＿

家庭或工作单位地址：＿＿＿＿＿＿＿＿＿（此处信息自愿填写）

1. 请问您选择行政诉讼时考虑的首要因素是什么？

(1)处理结果比较公正

(2)程序比较中立

(3)费用少

(4)实在没有别的办法了，只能来法院打官司

(5)其他

(6)说不清楚

2. 您认为行政诉讼能保护老百姓的合法权益吗？

(1)能　　　　　　　(2)作用有限　　　　　　(3)不能

(4)"赢一阵子，输一辈子"　　　　　　(5)不清楚

3. 您感觉在行政诉讼中法院对老百姓与对行政机关的态度有差别吗？

(1)对老百姓态度好些

(2)对行政机关态度好些

(3)对老百姓与对行政机关态度一样

(4)说不清楚

4. 请问您去办理立案的时候是否顺利？

(1)很顺利　　　　　　　　　(2)还行，按规矩办

(3)很麻烦，很不顺利，刁难人　　　(4)不好说

5. 复议机关维持原来的行政决定后，法律规定将原决定机关和复议机关共同作为被告，您认为合理吗？

(1)合理，复议机关是上级，希望上级机关参加诉讼，解决问题。

（2）不合理，只有一个机关作被告就够了，我不想对付两个机关。

（3）说不清楚

6. 在提起行政诉讼之前，您有没有主动跟对方交涉过（含沟通、协调、反映、申辩等方式寻求解决）？

（1）有　　　　　　　　（2）没有　　　　　　　　（3）不想说

7. 您如何评价现有的诉讼收费规定？

（1）挺好　　　　　　　（2）太高　　　　　　　　（3）太低

（4）不应该收费　　　　（5）不了解

8. 您是否愿意只由一个法官而不是由合议庭来审理您的案件？

（1）愿意　　　　　　　　　　　（2）不愿意，我希望由合议庭来审理

（3）无所谓，都可以　　　　　　（4）说不清楚

9. 您是否介意合议庭组成人员中有人民陪审员？

（1）不介意　　　　　　　　　　（2）介意，我希望全部由法官来审理

（3）无所谓，都可以　　　　　　（4）说不清楚

10. 您对我国行政诉讼制度的了解程度？

（1）很了解　　　　　　　　　　（2）一般了解

（3）不太了解　　　　　　　　　（4）完全不了解

11. 2014 年修订的《行政诉讼法》规定了以下新的制度，请问您是否知道？

	知道	了解一些	不知道
立案登记制			
行政首长出庭应诉制			
复议机关作共同被告			
可以适用调解			
一并解决民事争议制度			
简易程序			
变更判决适用范围扩大			
对行政机关拒不履行法院判决增设公告措施			

12. 行政诉讼法规定对被诉行政行为的合法性应由哪一方负责举证？

（1）提起诉讼的公民一方

（2）被告的行政机关一方

（3）谁主张谁举证（提出要求的一方）

（4）法院负责收集证据

（5）说不上来，不知道

13. 凭您的感觉，行政诉讼中哪一方胜诉多些？

（1）公民一方胜诉多　　　　　　（2）行政机关一方胜诉多

（3）都差不多　　　　　　　　　（4）说不清楚

14. 在老百姓有理的前提下，想要告赢政府，您认为最重要的是什么？

（1）有理就行了　　　　（2）公正的法官　　　　（3）有名的律师

（4）要有关系　　　　　（5）要有舆论和媒体支持　（6）其他

15. 整体来说，"我国法院能够独立审判，不受行政机关、社会团体和个人的干涉"，请问您是否同意这种说法？

（1）非常同意　　　　　（2）还算同意　　　　　（3）不太同意

（4）完全不同意　　　　（5）说不清楚

16. 整体来说，"上法院是解决争议最公平的方式"，请问您是否同意这种说法？

（1）非常同意　　　　　（2）还算同意　　　　　（3）不太同意

（4）完全不同意　　　　（5）说不清楚

17. 有人说："司法会受到媒体报道的影响"，请问您是否同意这种说法？

（1）非常不同意　　　　（2）不同意　　　　　　（3）同意

（4）非常同意　　　　　（5）看情况　　　　　　（6）说不清楚

18. 目前，社会中许多纠纷通过"网络发酵"引起公众注意而得以解决。假如纠纷不能顺利解决，请问您是否会采取这种方式？

（1）一定会　　　　　　　　　　（2）可能会

（3）一定不会　　　　　　　　　（4）不知道，看情况

19. 您之前是否尝试过拨打市长热线（市长公开电话）来解决您的纠纷？

（1）打过电话，没解决问题

（2）没有打过电话，我的问题不属于市长热线解决的范围

（3）没有打过电话，不相信打市长热线可以解决

（4）不知道有市长热线

20. 您之前是否尝试过网上的"都市留言板""市长留言板"等网络留言形式来解决您的纠纷？

（1）试过，没解决问题

（2）没有试过，我的问题不属于这种方式解决的范围

（3）没有试过，不相信这种方式可以解决

（4）不知道有这种方式

21. 如果您的纠纷不能通过诉讼解决，您是否会采取上街、静坐、拉横幅、进京上访等方式争取使您的问题得到解决？

（1）一定会　　　　　　　　（2）可能会

（3）一定不会　　　　　　　（4）不知道，看情况

22. 您的案件是否经过了复议？

（1）经过了复议，对复议结果不满意

（2）经过了复议，复议机关没有答复

（3）申请了复议，在复议的同时来法院咨询

（4）没有经过复议，直接来了法院

23. 您的案件是否进行过信访？

（1）正在进行信访中　　　　（2）之前进行过信访，没解决问题

（3）没有信访　　　　　　　（4）不知道信访

24. 在行政纠纷解决过程中，请问您有没有请律师（含法律服务工作者）从法律知识方面帮助您？

（1）请了律师，律师帮助很大

（2）请了律师，没用

（3）没有请律师，因为不想花钱请律师

（4）没有请律师，请律师的费用还是有的，但是觉得请律师没用

（5）没有请律师，我属于经济困难人员，想申请法律援助，不知道如何申请

（6）没有请律师，我属于经济困难人员，想申请法律援助，没有申请到

（7）没有请律师，但是请了亲朋好友帮助

（8）没有请律师，其他原因

25. 您觉得请到合适的律师（含法律服务工作者）困难吗？

（1）非常顺利　　　　　（2）费尽周折才找到　　　　（3）没有找到

（4）我没请律师　　　　（5）不清楚

26. 整体而言，您认为律师会不会尽力地保护当事人的权益？

（1）一定会　　　　　　（2）大概会　　　　　　　　（3）大概不会

（4）一定不会　　　　　（5）不知道　　　　　　　　（6）说不清楚

27. 有人认为，"无论通过什么解决途径，只要能够公正解决自己的问题就可以"，请问您是否认同这种看法？

（1）非常同意　　　　　（2）同意　　　　　　　　　（3）不同意

（4）非常不同意　　　　（5）看情形，不知道　　　　（6）说不清楚

28. 有人认为，"无论通过什么解决途径，只要能够简便快速地解决自己的问题就可以"，请问您是否认同这种看法？

（1）非常同意　　　　　（2）同意　　　　　　　　　（3）不同意

（4）非常不同意　　　　（5）看情形，不知道　　　　（6）说不清楚

29. 您对我国现阶段法官队伍的总体评价是：

（1）很好　　　　　　　（2）较好　　　　　　　　　（3）一般

（4）不好　　　　　　　（5）很差　　　　　　　　　（6）说不清楚

30. 您对法院网站提供的资讯与服务是否满意？

（1）非常满意　　　　　（2）还算满意　　　　　　　（3）不太满意

（4）非常不满意　　　　（5）没用过，不知道　　　　（6）说不清楚

31. 当事人中存在一种心理："我要是遇到包青天就好了"，请问您是否有同感？

（1）有　　　　　　　　（2）没有　　　　　　　　　（3）说不清楚

32. 您觉得在现实中遇到"包青天"的可能性有多大？

（1）可能性很大，法官都应该是包青天

（2）可能性不大，遇到包青天是运气

（3）不可能遇到，都是官官相护

(4)说不清楚

33. 有人说："司法只保障有钱有势人的权利"，请问您是否同意这种说法？

(1)非常不同意　　　　　(2)不同意　　　　　　　(3)同意

(4)非常同意　　　　　　(5)说不清楚

34. 您跟行政机关打交道(如办事、办证等非私人间交往)的情况如何？

(1)经常打交道　　　　　(2)偶尔打交道　　　　　(3)没打过交道

35. 经历寻求行政纠纷解决的过程到现在，您对相关部门(法院、复议机关等)的总体印象与过去相比，有没有变化？

(1)更好　　　　　　　　(2)相同　　　　　　　　(3)更差

(4)有的印象更好了，有的更差了　　　　　　　　(5)说不清楚

36. 您这一方目前是以何种身份参与行政纠纷解决过程的？

(1)自然人　　　　　　　(2)法人　　　　　　　　(3)其他组织

37. 您的行政纠纷中，您这一方的人数情况？

(1)就我单独一个案子

(2)还有和我同类型纠纷的人在法院打官司

(3)还有和我同类型纠纷的人在观望

(4)不知道

38. 您的行政纠纷中，作为对方当事人的行政机关有几个？

(1)1个　　　　　　　　(2)2个

(3)3个及以上　　　　　(4)不清楚

39. 您作为原告，提起过几次行政诉讼？

(1)1次　　　　　　　　(2)2次　　　　　　　　(3)3次及以上

40. 就您目前到相关部门处理争议的经历而言，您总体上觉得满意不满意？

(1)非常满意　　　　　　(2)还算满意　　　　　　(3)不太满意

(4)非常不满意　　　　　(5)说不清楚

41. 您的性别：

(1)男　　　　　　　　　(2)女

42. 您的年龄：＿＿＿＿＿＿

43. 您的学历：

（1）初中及以下　　　　　（2）高中、中专

（3）大专　　　　　　　　（4）本科

（5）研究生及以上

44. 您现在的从业状况：

（1）党、政、司法等机关　　（2）企、事业单位

（3）个体工商户　　　　　　（4）务农

（5）在读学生　　　　　　　（6）未就业

（7）其他＿＿＿＿＿＿

45. 关于本次调查，以及您寻求行政纠纷解决的经历，您想告诉我们的任何想法：

_____

_____

_____

_____

_____

_____

_____

_____

实地调查行政复议卷

问卷编号：   调查时间：

调查员：   调查地点：

您好！

首先请原谅占用您一些宝贵的时间。

为了解当事人在解决行政纠纷过程中的困难和要求，反映行政诉讼法和相关法律法规的实施情况，探讨更优化的行政纠纷解决方案，给立法、司法以及理论研究提供第一手的实证资料，武汉大学法学院组织了这次对正在寻求行政纠纷解决的当事人的调查，希望能够得到您的支持和协助。谢谢！

本次调查的结果，仅用作研究。各个选项没有正确和错误之分，请您如实填答。您所填答的意见，绝不会给您带来任何麻烦，请放心。您的回答将为国家进一步完善相关法律制度提供帮助。

再次感谢您的支持和协助。

祝您工作顺利、生活愉快！

注 意 事 项

＊请您按照问卷的提问顺序逐一填答，以免漏答。

＊每个项目下都列出了若干供您选择的情况，请您选出与您的实际情况最相符的一项，在相应的序号或位置上画"√"。

＊没有给出选项的，请您在空白处填写。

＊除特别说明外，每个题目均请选择一个答案。

＊问卷中竖线右边的编码框是计算机处理用的，请您不要填写。

＊有不理解或不清楚之处，请向调查员询问。

您的姓名：＿＿＿＿＿＿＿＿＿＿＿＿＿

联系方式：＿＿＿＿＿＿＿＿＿＿＿＿＿

家庭或工作单位地址：＿＿＿＿＿＿＿＿＿＿（此处信息自愿填写）

1. 请问您选择行政复议时考虑的首要因素是什么？

（1）在行政机关内部解决，专业性强

（2）程序简便，效率高

（3）结果比较公正

（4）费用少

（5）先通过复议程序，不行再想其他办法

（6）其他

（7）说不清楚

2. 在申请行政复议时，你会选择哪一个机关作为复议机关？

（1）与自己发生纠纷的行政机关的上一级行政机关

（2）与自己发生纠纷的行政机关所属的人民政府

（3）无所谓，都可以

3. 你在乎行政复议机构是人民政府的法制部门还是司法局吗？

（1）在乎　　　　　　（2）不在乎　　　　　　（3）说不清楚

4. 请问您去办理立案的时候顺利吗？

（1）很顺利　　　　　　　　　　（2）还行，按规矩办

（3）很麻烦，很不顺利，刁难人　　（4）不好说

5. 在申请行政复议之前，您有没有主动跟对方交涉过（含沟通、协调、反映、申辩等方式寻求解决）？

（1）有　　　　　　（2）没有　　　　　　（3）不想说

6. 您对我国行政复议制度的了解程度？

（1）很了解　　　　　　　　　　（2）一般了解

（3）不太了解　　　　　　　　　　（4）完全不了解

7. 您怎样看待行政复议解决行政纠纷的效果？

（1）很好　　　　（2）一般　　　　（3）没有作用

（4）阻碍了行政纠纷的解决　　　　　（5）说不清楚

8. 您觉得行政复议制度是否能够帮助您公正地解决行政纠纷?

(1)能 (2)不能

(3)很难说,碰运气 (4)说不清楚

9. 请问您是否会考虑将行政复议制度作为解决自身纠纷的第一选择?

(1)会 (2)不会 (3)不知道,还要考虑其他情况

10. 凭您感觉,通过行政复议成功解决纠纷的可能性大不大?

(1)可能性挺大的 (2)还行

(3)可能性不大 (4)基本上没有成功的

(5)说不清楚

11. 假如您对行政复议决定不服,您是否会向法院提起行政诉讼?

(1)一定会 (2)可能会

(3)一定不会 (4)不知道,看情况

12. 目前,社会中许多纠纷通过"网络发酵"引起公众注意而得以解决。假如纠纷不能顺利解决,请问您是否会采取这种方式?

(1)一定会 (2)可能会

(3)一定不会 (4)不知道,看情况

13. 您之前是否尝试过拨打市长热线(市长公开电话)来解决您的纠纷?

(1)打过电话,没解决问题

(2)没有打过电话,我的问题不属于市长热线解决的范围

(3)没有打过电话,不相信打市长热线可以解决

(4)不知道有市长热线

14. 您之前是否尝试过网上的"都市留言板""市长留言板"等网络留言形式来解决您的纠纷?

(1)试过,没解决问题

(2)没有试过,我的问题不属于这种方式解决的范围

(3)没有试过,不相信这种方式可以解决

(4)不知道有这种方式

15. 如果您的纠纷不能通过诉讼解决,您是否会采取上街、静坐、拉横幅、进京上访等方式争取使您的问题得到解决?

(1)一定会 　　　　　　　　　　(2)可能会

(3)一定不会 　　　　　　　　　(4)不知道，看情况

16. 您的案件是否进行过信访？

(1)正在进行信访中 　　　　　　(2)之前进行过信访，没解决问题

(3)没有信访 　　　　　　　　　(4)不知道信访

17. 在行政纠纷解决过程中，请问您有没有请律师(含法律服务工作者)从法律知识方面帮助您？

(1)请了律师，律师帮助很大

(2)请了律师，没用

(3)没有请律师，因为不想花钱请律师

(4)没有请律师，请律师的费用还是有的，但是觉得请律师没用

(5)没有请律师，我属于经济困难人员，想申请法律援助，不知道如何申请

(6)没有请律师，我属于经济困难人员，想申请法律援助，没有申请到

(7)没有请律师，但是请了亲朋好友帮助

(8)没有请律师，其他原因

18. 您觉得请到合适的律师(含法律服务工作者)困难吗？

(1)非常顺利 　　　　(2)费尽周折才找到 　　　(3)没有找到

(4)我没请律师 　　　(5)不清楚

19. 整体而言，您认为律师会不会尽力地保护当事人的权益？

(1)一定会 　　　　　(2)大概会 　　　　　　　(3)大概不会

(4)一定不会 　　　　(5)不知道 　　　　　　　(6)说不清楚

20. 有人认为，"无论通过什么解决途径，只要能够公正解决自己的问题就可以"，请问您是否认同这种看法？

(1)非常同意 　　　　(2)同意 　　　　　　　　(3)不同意

(4)非常不同意 　　　(5)看情形，不知道 　　　(6)说不清楚

21. 有人认为，"无论通过什么解决途径，只要能够简便快速地解决自己的问题就可以"，请问您是否认同这种看法？

(1)非常同意 　　　　(2)同意 　　　　　　　　(3)不同意

(4)非常不同意 　　　(5)看情形，不知道 　　　(6)说不清楚

22. 您对我国现阶段复议机关工作人员的总体评价是：

(1)很好 　　　　　(2)较好 　　　　　(3)一般

(4)不好 　　　　　(5)很差 　　　　　(6)说不清楚

23. 您对行政机关网站提供的资讯与服务是否满意？

(1)非常满意 　　　(2)还算满意 　　　(3)不太满意

(4)非常不满意 　　(5)没用过，不知道 　(6)说不清楚

24. 当事人中存在一种心理："我要是遇到包青天就好了"，请问您是否有同感？

(1)有 　　　　　　(2)没有 　　　　　(3)说不清楚

25. 您觉得在现实中遇到"包青天"的可能性有多大？

(1)可能性很大，复议机关工作人员都应该是包青天

(2)可能性不大，遇到包青天是运气

(3)不可能遇到，都是官官相护

(4)说不清楚

26. 有人说："司法只保障有钱有势人的权利"，请问您是否同意这种说法？

(1)非常不同意 　　(2)不同意 　　　　(3)同意

(4)非常同意 　　　(5)说不清楚

27. 您跟行政机关打交道(如办事、办证等非私人间交往)的情况如何？

(1)经常打交道 　　(2)偶尔打交道 　　(3)没打过交道

28. 经历寻求行政纠纷解决的过程到现在，您对相关部门(法院、复议机关等)的总体印象与过去相比，有没有变化？

(1)更好 　　　　　(2)相同 　　　　　(3)更差

(4)有的印象更好了，有的更差了 　　　(5)说不清楚

29. 凭您感觉，行政复议中哪一方赢得多些？

(1)公民一方赢得多 　　　　(2)行政机关一方赢得多

(3)都差不多 　　　　　　　(4)说不清楚

30. 您这一方目前是以何种身份参与行政纠纷解决过程的？

(1)自然人 　　　　(2)法人 　　　　　(3)其他组织

31. 您的行政纠纷中，您这一方的人数情况？

（1）就我单独一个案子

（2）还有和我同类型纠纷的人在申请复议

（3）还有和我同类型纠纷的人在观望

（4）不知道

32. 您的行政纠纷中，作为对方当事人的行政机关有几个？

（1）1 个 　　　　　　　　　　（2）2 个

（3）3 个及以上 　　　　　　　　（4）不清楚

33. 就您目前到相关部门处理争议的经历而言，您总体上觉得满意不满意？

（1）非常满意 　　　（2）还算满意 　　　（3）不太满意

（4）非常不满意 　　　（5）说不清楚

34. 您作为申请人，申请过几次行政复议？

（1）1 次 　　　　　（2）2 次 　　　　　（3）3 次及以上

35. 您的性别：

（1）男 　　　　　　　　　　（2）女

36. 您的年龄：_____

37. 您的学历：

（1）初中及以下 　　　　　　　（2）高中、中专

（3）大专 　　　　　　　　　　（4）本科

（5）研究生及以上

38. 您现在的从业状况：

（1）党、政、司法等机关 　　　（2）企、事业单位

（3）个体工商户 　　　　　　　（4）务农

（5）在读学生 　　　　　　　　（6）未就业

（7）其他_____

39. 关于本次调查，以及您寻求行政纠纷解决的经历，您想告诉我们的任何想法：

_____

_____

_____

调查问卷

网络调查行政诉讼卷

您好!

首先请原谅占用您一些宝贵的时间。

为了解公众对行政纠纷解决途径的看法,反映行政诉讼法和相关法律法规的实施情况,探讨更优化的行政纠纷解决方案,给立法、司法以及理论研究提供第一手资料,我们组织了这次网络调查,希望能够得到您的支持和协助。谢谢!

本次调查的结果,仅用作研究。各个选项没有正确和错误之分,请您如实填答。您所填答的意见,绝不会给您带来任何麻烦,请放心。您的回答将为国家进一步完善相关法律制度提供帮助。

再次感谢您的支持和协助。

祝您工作顺利、生活愉快!

武汉大学法学院国家社科基金项目
"当事人选择行政纠纷解决途径的
影响因素之实证研究"课题组
2019 年 11 月

当事人背景

1. 您的性别:

(1)男　　　　　　　　(2)女

2. 您的年龄:＿＿＿＿＿＿＿

3. 您的学历:

(1)初中及以下　　　(2)高中、中专　　　(3)大专

(4)本科　　　　　　(5)研究生及以上

4. 您现在的从业状况:

(1)党、政、司法等机关　(2)企、事业单位　　　(3)个体工商户

(4)务农　　　　　　　　(5)在读学生　　　　　　(6)未就业

(7)其他_____

5. 您跟行政机关打交道(如办事、办证等非私人间交往)的情况如何？

(1)经常打交道　　　　　(2)偶尔打交道　　　　　(3)没打过交道

6. 请问您是否有寻求解决行政纠纷的经历？

(1)没有

(2)申请过行政复议(含正在进行)

(3)提起过行政诉讼(含正在进行)

(4)跟行政机关发生过纠纷，正在想怎么办

7. 请问您选择行政诉讼时考虑的首要因素是什么？

(1)处理结果比较公正

(2)程序比较中立

(3)费用少

(4)实在没有别的办法了，只能来法院打官司

(5)其他

(6)说不清楚

8. 您认为行政诉讼能保护老百姓的合法权益吗？

(1)能　　　　　　　　　(2)作用有限　　　　　　(3)不能

(4)"赢一阵子，输一辈子"　　　　　　　　　　(5)不清楚

9. 您感觉在行政诉讼中法院对老百姓与对行政机关的态度有差别吗？

(1)对老百姓态度好些

(2)对行政机关态度好些

(3)对老百姓与对行政机关态度一样

(4)说不清楚

10. 请问您去办理立案的时候是否顺利？

(1)很顺利　　　　　　　　　　　　(2)还行，按规矩办

(3)很麻烦，很不顺利，刁难人　　　(4)不好说

11. 复议机关维持原来的行政决定后，法律规定将原决定机关和复议机关共同作为被告，您认为合理吗？

（1）合理，复议机关是上级，希望上级机关参加诉讼，解决问题。

（2）不合理，只有一个机关作被告就够了，我不想对付两个机关。

（3）说不清楚

12. 在提起行政诉讼之前，您有没有主动跟对方交涉过（含沟通、协调、反映、申辩等方式寻求解决）？

（1）有　　　　　　　（2）没有　　　　　　　（3）不想说

13. 您如何评价现有的诉讼收费规定？

（1）挺好　　　　　　（2）太高　　　　　　　（3）太低

（4）不应该收费　　　（5）不了解

14. 您是否愿意只由一个法官而不是由合议庭来审理您的案件？

（1）愿意　　　　　　　　　（2）不愿意，我希望由合议庭来审理

（3）无所谓，都可以　　　　（4）说不清楚

15. 您是否介意合议庭组成人员中有人民陪审员？

（1）不介意　　　　　　　　（2）介意，我希望全部由法官来审理

（3）无所谓，都可以　　　　（4）说不清楚

16. 您对我国行政诉讼制度的了解程度？

（1）很了解　　　　　　　　（2）一般了解

（3）不太了解　　　　　　　（4）完全不了解

17. 2014 年修订的《行政诉讼法》规定了以下新的制度，请问您是否知道？

	知道	了解一些	不知道
立案登记制			
行政首长出庭应诉制			
复议机关作共同被告			
可以适用调解			
一并解决民事争议制度			
简易程序			
变更判决适用范围扩大			
对行政机关拒不履行法院判决增设公告措施			

18. 行政诉讼法规定对被诉行政行为的合法性应由哪一方负责举证？

(1)提起诉讼的公民一方

(2)被告的行政机关一方

(3)谁主张谁举证(提出要求的一方)

(4)法院负责收集证据

(5)说不上来，不知道

19. 凭您的感觉，行政诉讼中哪一方胜诉多些？

(1)公民一方胜诉多　　　　(2)行政机关一方胜诉多

(3)都差不多　　　　　　　(4)说不清楚

20. 在老百姓有理的前提下，想要告赢政府，您认为最重要的是什么？

(1)有理就行了　　　(2)公正的法官　　　(3)有名的律师

(4)要有关系　　　(5)要有舆论和媒体支持　　　(6)其他

21. 目前，社会中许多纠纷通过"网络发酵"引起公众注意而得以解决。假如纠纷不能顺利解决，请问您是否会采取这种方式？

(1)一定会　　　　　　(2)可能会

(3)一定不会　　　　　(4)不知道，看情况

22. 您之前是否尝试过拨打市长热线(市长公开电话)来解决您的纠纷？

(1)打过电话，没解决问题

(2)没有打过电话，我的问题不属于市长热线解决的范围

(3)没有打过电话，不相信打市长热线可以解决

(4)不知道有市长热线

23. 您之前是否尝试过网上的"都市留言板""市长留言板"等网络留言形式来解决您的纠纷？

(1)试过，没解决问题

(2)没有试过，我的问题不属于这种方式解决的范围

(3)没有试过，不相信这种方式可以解决

(4)不知道有这种方式

24. 如果您的纠纷不能通过诉讼解决，您是否会采取上街、静坐、拉横幅、进京上访等方式争取使您的问题得到解决？

（1）一定会　　　　　　　　　（2）可能会

（3）一定不会　　　　　　　　（4）不知道，看情况

25. 您的案件是否经过了复议？

（1）经过了复议，对复议结果不满意

（2）经过了复议，复议机关没有答复

（3）申请了复议，在复议的同时来法院咨询

（4）没有经过复议，直接来了法院

26. 您的案件是否进行过信访？

（1）正在进行信访中　　　　　（2）之前进行过信访，没解决问题

（3）没有信访　　　　　　　　（4）不知道信访

27. 您觉得请到合适的律师（含法律服务工作者）困难吗？

（1）非常顺利　　　　（2）费尽周折才找到　　　（3）没有找到

（4）我没请律师　　　（5）不清楚

28. 有人认为，"无论通过什么解决途径，只要能够公正解决自己的问题就可以"，请问您是否认同这种看法？

（1）非常同意　　　　（2）同意　　　　　　（3）不同意

（4）非常不同意　　　（5）看情形，不知道　（6）说不清楚

29. 有人认为，"无论通过什么解决途径，只要能够简便快速地解决自己的问题就可以"，请问您是否认同这种看法？

（1）非常同意　　　　（2）同意　　　　　　（3）不同意

（4）非常不同意　　　（5）看情形，不知道　（6）说不清楚

30. 您对我国现阶段法官队伍的总体评价是：

（1）很好　　　　　　（2）较好　　　　　　（3）一般

（4）不好　　　　　　（5）很差　　　　　　（6）说不清楚

31. 您对法院网站提供的资讯与服务是否满意？

（1）非常满意　　　　（2）还算满意　　　　（3）不太满意

（4）非常不满意　　　（5）没用过，不知道　（6）说不清楚

32. 当事人中存在一种心理："我要是遇到包青天就好了"，请问您是否有同感？

(1)有 　　　　　　(2)没有 　　　　　　(3)说不清楚

33. 您觉得在现实中遇到"包青天"的可能性有多大？

(1)可能性很大，法官都应该是包青天

(2)可能性不大，遇到包青天是运气

(3)不可能遇到，都是官官相护

(4)说不清楚

34. 经历寻求行政纠纷解决的过程到现在，您对相关部门(法院、复议机关等)的总体印象与过去相比，有没有变化？

(1)更好 　　　　　　(2)相同 　　　　　　(3)更差

(4)有的印象更好了，有的更差了 　　　　(5)说不清楚

35. 您这一方是以何种身份参与行政纠纷解决过程的？

(1)自然人 　　　　　　(2)法人 　　　　　　(3)其他组织

36. 您的行政纠纷中，您这一方的人数情况？

(1)就我单独一个案子

(2)还有和我同类型纠纷的人在法院打官司

(3)还有和我同类型纠纷的人在观望

(4)不知道

37. 您的行政纠纷中，作为对方当事人的行政机关有几个？

(1)1 个 　　　　　　　　(2)2 个

(3)3 个及以上 　　　　　(4)不清楚

38. 您作为原告，提起过几次行政诉讼？

(1)1 次 　　　　　　(2)2 次 　　　　　　(3)3 次及以上

39. 就您目前到相关部门处理争议的经历而言，您总体上觉得满意不满意？

(1)非常满意 　　　　(2)还算满意 　　　　(3)不太满意

(4)非常不满意 　　　(5)说不清楚

40. 整体来说，"上法院是解决争议最公平的方式"，请问您是否同意这种说法？

(1)非常同意 　　　　(2)还算同意 　　　　(3)不太同意

(4)完全不同意 　　　(5)说不清楚

41. 有人说："司法只保障有钱有势人的权利"，请问您是否同意这种说法？

（1）非常不同意　　　　（2）不同意　　　　　　（3）同意

（4）非常同意　　　　　（5）说不清楚

42. 整体来说，"我国法院能够独立审判，不受行政机关、社会团体和个人的干涉"，请问您是否同意这种说法？

（1）非常同意　　　　　（2）还算同意　　　　　（3）不太同意

（4）完全不同意　　　　（5）说不清楚

43. 有人说："司法会受到媒体报道的影响"，请问您是否同意这种说法？

（1）非常不同意　　　　（2）不同意　　　　　　（3）同意

（4）非常同意　　　　　（5）看情况　　　　　　（6）说不清楚

44. 在行政纠纷解决过程中，请问您有没有请律师（含法律服务工作者）从法律知识方面帮助您？

（1）请了律师，律师帮助很大

（2）请了律师，没用

（3）没有请律师，因为不想花钱请律师

（4）没有请律师，请律师的费用还是有的，但是觉得请律师没用

（5）没有请律师，我属于经济困难人员，想申请法律援助，不知道如何申请

（6）没有请律师，我属于经济困难人员，想申请法律援助，没有申请到

（7）没有请律师，但是请了亲朋好友帮助

（8）没有请律师，其他原因

45. 整体而言，您认为律师会不会尽力地保护当事人的权益？

（1）一定会　　　　　　（2）大概会　　　　　　（3）大概不会

（1）一定不会　　　　　（5）不知道　　　　　　（6）说不清楚

46. 关于本次调查以及行政纠纷解决途径调研课题，您想告诉我们的任何想法：

_____

_____

_____

_____

调查问卷

网络调查行政复议卷

您好!

首先请原谅占用您一些宝贵的时间。

为了解公众对行政纠纷解决途径的看法,反映行政诉讼法和相关法律法规的实施情况,探讨更优化的行政纠纷解决方案,给立法、司法以及理论研究提供第一手资料,我们组织了这次网络调查,希望能够得到您的支持和协助。谢谢!

本次调查的结果,仅用作研究。各个选项没有正确和错误之分,请您如实填答。您所填答的意见,绝不会给您带来任何麻烦,请放心。您的回答将为国家进一步完善相关法律制度提供帮助。

再次感谢您的支持和协助。

祝您工作顺利、生活愉快!

武汉大学法学院国家社科基金项目
"当事人选择行政纠纷解决途径的
影响因素之实证研究"课题组
2019 年 11 月

当事人背景

1. 您的性别:

(1)男 (2)女

2. 您的年龄:＿＿＿＿＿＿

3. 您的学历:

(1)初中及以下 (2)高中、中专

(3)大专 (4)本科

(5)研究生及以上

4. 您现在的从业状况:

(1)党、政、司法等机关　　　　(2)企、事业单位

(3)个体工商户　　　　　　　　(4)务农

(5)在读学生　　　　　　　　　(6)未就业

(7)其他_____

5. 您跟行政机关打交道(如办事、办证等非私人间交往)的情况如何?

(1)经常打交道　　　　　(2)偶尔打交道　　　　　(3)没打过交道

6. 请问您是否有寻求解决行政纠纷的经历?

(1)没有

(2)申请过行政复议(含正在进行)

(3)提起过行政诉讼(含正在进行)

(4)跟行政机关发生过纠纷,正在想怎么办

7. 请问您选择行政复议时考虑的首要因素是什么?

(1)在行政机关内部解决,专业性强

(2)程序简便,效率高

(3)结果比较公正

(4)费用少

(5)先通过复议程序,不行再想其他办法

(6)其他

(7)说不清楚

8. 在申请行政复议时,您会选择哪一个机关作为复议机关?

(1)与自己发生纠纷的行政机关的上一级行政机关

(2)与自己发生纠纷的行政机关所属的人民政府

(3)无所谓,都可以

9. 您在乎行政复议机构是人民政府的法制部门还是司法局吗?

(1)在乎　　　　　　　(2)不在乎　　　　　　　(3)说不清楚

10. 请问您去办理立案的时候顺利吗?

(1)很顺利　　　　　　　　　　(2)还行,按规矩办

(3)很麻烦,很不顺利,刁难人　(4)不好说

11. 在申请行政复议之前,您有没有主动跟对方交涉过(含沟通、协调、反

映、申辩等方式寻求解决)?

(1)有　　　　　　(2)没有　　　　　(3)不想说

12. 您对我国行政复议制度的了解程度?

(1)很了解　　　　　　　　　　(2)一般了解

(3)不太了解　　　　　　　　　(4)完全不了解

13. 您怎样看待行政复议解决行政纠纷的效果?

(1)很好　　　　　(2)一般　　　　(3)没有作用

(4)阻碍了行政纠纷的解决　　　　(5)说不清楚

14. 您觉得行政复议制度是否能够帮助您公正地解决行政纠纷?

(1)能　　　　　　　　　　　　(2)不能

(3)很难说,碰运气　　　　　　　(4)说不清楚

15. 请问您是否会考虑将行政复议制度作为解决自身纠纷的第一选择?

(1)会　　　　　(2)不会　　　　(3)不知道,还要考虑其他情况

16. 您感觉,通过行政复议成功解决纠纷的可能性大不大?

(1)可能性挺大的　　　　　　　(2)还行

(3)可能性不大　　　　　　　　(4)基本上没有成功的

(5)说不清楚

17. 假如您对行政复议决定不服,您是否会向法院提起行政诉讼?

(1)一定会　　　　　　　　　　(2)可能会

(3)一定不会　　　　　　　　　(4)不知道,看情况

18. 目前,社会中许多纠纷通过"网络发酵"引起公众注意而得以解决。假如纠纷不能顺利解决,请问您是否会采取这种方式?

(1)一定会　　　　　　　　　　(2)可能会

(3)一定不会　　　　　　　　　(4)不知道,看情况

19. 您之前是否尝试过拨打市长热线(市长公开电话)来解决您的纠纷?

(1)打过电话,没解决问题

(2)没有打过电话,我的问题不属于市长热线解决的范围

(3)没有打过电话,不相信打市长热线可以解决

(4)不知道有市长热线

20. 您之前是否尝试过网上的"都市留言板""市长留言板"等网络留言形式来解决您的纠纷?

(1)试过,没解决问题

(2)没有试过,我的问题不属于这种方式解决的范围

(3)没有试过,不相信这种方式可以解决

(4)不知道有这种方式

21. 如果您的纠纷不能通过诉讼解决,您是否会采取上街、静坐、拉横幅、进京上访等方式争取使您的问题得到解决?

(1)一定会 　　　　　　　　(2)可能会

(3)一定不会 　　　　　　　(4)不知道,看情况

22. 您的案件是否进行过信访?

(1)正在进行信访中 　　　　(2)之前进行过信访,没解决问题

(3)没有信访 　　　　　　　(4)不知道信访

23. 您觉得请到合适的律师(含法律服务工作者)困难吗?

(1)非常顺利 　　　(2)费尽周折才找到 　　　(3)没有找到

(4)我没请律师 　　(5)不清楚

24. 有人认为,"无论通过什么解决途径,只要能够公正解决自己的问题就可以",请问您是否认同这种看法?

(1)非常同意 　　　(2)同意 　　　　　　(3)不同意

(4)非常不同意 　　(5)看情形,不知道 　(6)说不清楚

25. 有人认为,"无论通过什么解决途径,只要能够简便快速地解决自己的问题就可以",请问您是否认同这种看法?

(1)非常同意 　　　(2)同意 　　　　　　(3)不同意

(4)非常不同意 　　(5)看情形,不知道 　(6)说不清楚

26. 您对我国现阶段复议机关工作人员的总体评价是:

(1)很好 　　　　　(2)较好 　　　　　　(3)一般

(4)不好 　　　　　(5)很差 　　　　　　(6)说不清楚

27. 您对行政机关网站提供的资讯与服务是否满意?

(1)非常满意 　　　(2)还算满意 　　　　(3)不太满意

(4)非常不满意　　　　　(5)没用过，不知道　　　(6)说不清楚

28. 当事人中存在一种心理："我要是遇到包青天就好了"，请问您是否有同感？

（1）有　　　　　　　　　（2）没有　　　　　　　　（3）说不清楚

29. 您觉得在现实中遇到"包青天"的可能性有多大？

（1）可能性很大，复议机关工作人员都应该是包青天

（2）可能性不大，遇到包青天是运气

（3）不可能遇到，都是官官相护

（4）说不清楚

30. 经历寻求行政纠纷解决的过程到现在，您对相关部门(法院、复议机关等)的总体印象与过去相比，有没有变化？

（1）更好　　　　　　　　（2）相同　　　　　　　　（3）更差

（4）有的印象更好了，有的更差了　　　　（5）说不清楚

31. 凭您感觉，行政复议中哪一方赢得多些？

（1）公民一方赢得多　　　　　　　（2）行政机关一方赢得多

（3）都差不多　　　　　　　　　　（4）说不清楚

32. 您这一方是以何种身份参与行政纠纷解决过程的？

（1）自然人　　　　　　　（2）法人　　　　　　　　（3）其他组织

33. 您的行政纠纷中，您这一方的人数情况？

（1）就我单独一个案子

（2）还有和我同类型纠纷的人在申请复议

（3）还有和我同类型纠纷的人在观望

（4）不知道

34. 您的行政纠纷中，作为对方当事人的行政机关有几个？

（1）1个　　　　　　　　（2）2个　　　　　　　　（3）3个及以上

（4）不清楚

35. 就您目前到相关部门处理争议的经历而言，您总体上觉得满意不满意？

（1）非常满意　　　　　　（2）还算满意　　　　　　（3）不太满意

（4）非常不满意　　　　　（5）说不清楚

36. 您作为申请人，申请过几次行政复议？

(1)1 次　　　　　　　　(2)2 次　　　　　　　　(3)3 次及以上

37. 整体来说，"上法院是解决争议最公平的方式"，请问您是否同意这种说法？

(1)非常同意　　　　　　(2)还算同意　　　　　　(3)不太同意

(4)完全不同意　　　　　(5)说不清楚

38. 有人说："司法只保障有钱有势人的权利"，请问您是否同意这种说法？

(1)非常不同意　　　　　(2)不同意　　　　　　　(3)同意

(4)非常同意　　　　　　(5)说不清楚

39. 整体来说，"我国法院能够独立审判，不受行政机关、社会团体和个人的干涉"，请问您是否同意这种说法？

(1)非常同意　　　　　　(2)还算同意　　　　　　(3)不太同意

(4)完全不同意　　　　　(5)说不清楚

40. 有人说："司法会受到媒体报道的影响"，请问您是否同意这种说法？

(1)非常不同意　　　　　(2)不同意　　　　　　　(3)同意

(4)非常同意　　　　　　(5)看情况　　　　　　　(6)说不清楚

41. 在行政纠纷解决过程中，请问您有没有请律师(含法律服务工作者)从法律知识方面帮助您？

(1)请了律师，律师帮助很大

(2)请了律师，没用

(3)没有请律师，因为不想花钱请律师

(4)没有请律师，请律师的费用还是有的，但是觉得请律师没用

(5)没有请律师，我属于经济困难人员，想申请法律援助，不知道如何申请

(6)没有请律师，我属于经济困难人员，想申请法律援助，没有申请到

(7)没有请律师，但是请了亲朋好友帮助

(8)没有请律师，其他原因

42. 整体而言，您认为律师会不会尽力地保护当事人的权益？

(1)一定会　　　　　　　(2)大概会　　　　　　　(3)大概不会

(4)一定不会　　　　　　(5)不知道　　　　　　　(6)说不清楚

43. 关于本次调查以及行政纠纷解决途径调研课题，您想告诉我们的任何想法：

网络调查民众卷

您好！

首先请原谅占用您一些宝贵的时间。

为了解公众对行政纠纷解决途径的看法，反映行政诉讼法和相关法律法规的实施情况，探讨更优化的行政纠纷解决方案，给立法、司法以及理论研究提供第一手资料，我们组织了这次网络调查，希望能够得到您的支持和协助。谢谢！

本次调查的结果，仅用作研究。各个选项没有正确和错误之分，请您如实填答。您所填答的意见，绝不会给您带来任何麻烦，请放心。您的回答将为国家进一步完善相关法律制度提供帮助。

再次感谢您的支持和协助。

祝您工作顺利、生活愉快！

武汉大学法学院国家社科基金项目
"当事人选择行政纠纷解决途径的
影响因素之实证研究"课题组
2019 年 11 月

当事人背景

1. 您的性别：

（1）男 　　　　　　　　　　（2）女

2. 您的年龄：＿＿＿＿＿＿＿

3. 您的学历：

（1）初中及以下 　　　　　　　（2）高中、中专

（3）大专 　　　　　　　　　　（4）本科

（5）研究生及以上

4. 您现在的从业状况：

（1）党、政、司法等机关 （2）企、事业单位

（3）个体工商户 （4）务农

（5）在读学生 （6）未就业

（7）其他_____

5. 您跟行政机关打交道（如办事、办证等非私人间交往）的情况如何？

（1）经常打交道 （2）偶尔打交道 （3）没打过交道

6. 请问您是否有寻求解决行政纠纷的经历？

（1）没有

（2）申请过行政复议（含正在进行）

（3）提起过行政诉讼（含正在进行）

（4）跟行政机关发生过纠纷，正在想怎么办

7. 如果您不服行政机关的处罚，请问您首先会怎么办？

（1）忍了算了 （2）与该行政机关沟通

（3）找关系"私了" （4）申请行政复议

（5）到法院打官司 （6）去信访

（7）找媒体曝光 （8）其他

8. 假如您需要选择解决行政纠纷的途径，请问您会考虑的首要因素是什么？

（1）程序简便，效率高 （2）程序比较中立

（3）处理结果比较公正 （4）费用少

（5）对解决途径的熟悉程度 （6）有熟人推荐或者帮忙

（7）其他 （8）说不清楚

9. 有人认为，"无论通过什么解决途径，只要能够公正解决自己的问题就可以"，请问您是否认同这种看法？

（1）非常同意 （2）同意

（3）不同意 （4）非常不同意

（5）看情形，不知道 （6）说不清楚

10. 有人认为，"无论通过什么解决途径，只要能够简便快速地解决自己的问题就可以"，请问您是否认同这种看法？

（1）非常同意 （2）同意

（3）不同意　　　　　　　　　（4）非常不同意

（5）看情形，不知道　　　　　（6）说不清楚

11. 您对我国行政诉讼或行政复议制度是否有所了解？

（1）有一定的了解

（2）不了解——选择此项的，跳转至本问卷 22 题

12. 您对我国行政诉讼制度的了解程度？

（1）很了解　　　　　　　　　（2）一般了解

（3）不太了解　　　　　　　　（4）完全不了解

13. 2014 年修订的《行政诉讼法》规定了以下新的制度，请问您是否知道？

	知道	了解一些	不知道
立案登记制			
行政首长出庭应诉制			
复议机关作共同被告			
可以适用调解			
一并解决民事争议制度			
简易程序			
变更判决适用范围扩大			
对行政机关拒不履行法院判决增设公告措施			

14. 行政诉讼法规定对被诉行政行为的合法性应由哪一方负责举证？

（1）提起诉讼的公民一方

（2）被告的行政机关一方

（3）谁主张谁举证（提出要求的一方）

（4）法院负责收集证据

（5）说不上来，不知道

15. 凭您的感觉，行政诉讼中哪一方胜诉多些？

（1）公民一方胜诉多　　　　　（2）行政机关一方胜诉多

（3）都差不多　　　　　　　　（4）说不清楚

16. 在老百姓有理的前提下，想要告赢政府，您认为最重要的是什么？

(1)有理就行了　　　　　(2)公正的法官　　　　　(3)有名的律师

(4)要有关系　　　　　　(5)要有舆论和媒体支持　(6)其他

17. 您认为行政诉讼能保护老百姓的合法权益吗？

(1)能　　　　　　　　　(2)作用有限　　　　　　(3)不能

(4)"赢一阵子，输一辈子"　　　(5)不清楚

18. 您感觉在行政诉讼中法院对老百姓与对行政机关的态度有差别吗？

(1)对老百姓态度好些

(2)对行政机关态度好些

(3)对老百姓与对行政机关态度一样

(4)说不清楚

19. 您觉得当事人选择行政复议时考虑的首要因素是什么？

(1)在行政机关内部解决，专业性强

(2)程序简便，效率高

(3)结果比较公正

(4)费用少

(5)先通过复议程序，不行再想其他办法

(6)其他

(7)说不清楚

20. 如果您是当事人，在申请行政复议时，您会选择哪一个机关作为复议机关？

(1)与自己发生纠纷的行政机关的上一级行政机关

(2)与自己发生纠纷的行政机关所属的人民政府

(3)无所谓，都可以

21. 如果您是当事人，您在乎行政复议机构是人民政府的法制部门还是司法局吗？

(1)在乎　　　　　　　　(2)不在乎　　　　　　　(3)说不清楚

22. 整体来说，"上法院是解决争议最公平的方式"，请问您是否同意这种说法？

（1）非常同意 （2）还算同意 （3）不太同意

（4）完全不同意 （5）说不清楚

23. 有人说："司法只保障有钱有势人的权利"，请问您是否同意这种说法？

（1）非常不同意 （2）不同意 （3）同意

（4）非常同意 （5）说不清楚

24. 整体来说，"我国法院能够独立审判，不受行政机关、社会团体和个人的干涉"，请问您是否同意这种说法？

（1）非常同意 （2）还算同意 （3）不太同意

（4）完全不同意 （5）说不清楚

25. 有人说："司法会受到媒体报道的影响"，请问您是否同意这种说法？

（1）非常不同意 （2）不同意 （3）同意

（4）非常同意 （5）看情况 （6）说不清楚

26. 假如您需要通过某种途径解决自身纠纷，请问您是否会请律师（含法律服务工作者）从法律知识方面帮助您？

（1）会请，律师帮助很大

（2）会请，但估计没用

（3）不会请律师

27. 整体而言，您认为律师会不会尽力地保护当事人的权益？

（1）一定会 （2）大概会 （3）大概不会

（4）一定不会 （5）不知道 （6）说不清楚

28. 关于本次调查以及行政纠纷解决途径调研课题，您想告诉我们的任何想法：

_____

_____

_____

_____

_____

_____

后　记

　　早在 18 世纪，思想家卢梭就说过，"一切法律中最重要的法律，既不是刻在大理石上，也不是刻在铜表上，而是铭刻在公民的内心里"。当代法律学人德·伯尔曼也同样认为："法律需要被信仰，否则它将形同虚设。"司法系统运作的效果与公众的认知、评价、法治意识密切相关。对公众法律意识的理解和尊重应当伴随一个国家立法与制度设计以及实施的始终。客观地描述和分析公众的法律意识，是法学研究的重要内容之一。

　　我一直在做这个工作，或者开展专题的认知状况调查，或者在我承担的相关课题中加入对公众法律意识调查这一"私货"。从最早的城市居民最低生活保障制度实施状况调查开始，到对社会公众、警察群体、监狱服刑人员刑讯逼供的社会认知状况调查，再到中国行政诉讼制度改革的理论与实践课题中对行政审判法官、行政诉讼原告、社会公众、行政机关工作人员、律师的实证研究，都有法律意识的内容。本书的课题，则是得到国家社科基金支持的专门针对行政纠纷当事人法律意识的调查。

　　我们的这项调查聚焦当事人选择行政纠纷解决途径的影响因素，这是一项直接属于法律意识内容的实证研究课题。了解影响当事人选择行政纠纷解决途径的因素，对于行政纠纷解决机制无疑是重要而必要的。但是否真实、全面、客观地描述和分析了现状，则取决于课题设计的科学性、调研计划的可行性与课题实施的充分性。我本人虽然开展实证研究已有多年，本次调查也尽量按照科学方法，认真对待每一个步骤，但这项研究在方法上没有突破，仍然是抽样调查，样本的代表性也仍然存疑。这是这类调查的先天不足之处。

　　大数据时代，传统实证研究角度的全样调查已经具有可行性。马云在表达网络数据功能时调侃说他知道全中国女性的胸罩大小情况。当然，他还知道更多。

全民网购时代，一网独大的淘宝网得出的数据就是总体的情况，或者说是与总体情况相差不多的大样本情况。同理，政府官方的统计也可以做到这一点。不过，从研究的角度来看，对官方统计数据的利用则可能并不总是能够如愿。原因在于，第一，统计的开展与视角的选择可能不同。从什么角度进行数据采集和统计体现数据提取者的主观倾向。商品必须以其内在的某种特性来标识，对其进行统计是一种客观的表达，大数据调出即可。而对政府活动（包括司法活动）统计哪些数据则是由统计者主观判断和决定的。第二，统计数据的公开与共享存在一定的困难，这种困难体现在主观和客观多个方面。第三，认知事项由官方进行采集的可靠性存疑。感受、评价由利益相关方采集，其真实性必然会受到质疑。从某种角度上说，在司法以及其他纠纷解决机制中，当事人是服务对象，而由服务提供者开展的向服务对象采集的服务评价总是不那么令人信服。所以，官方以外的研究者的调查仍然是有意义的。当然，我们也还是期待在大数据时代国家可以在这方面做得更多。

"理论是灰色的，而生命之树常青。"于法学而言，实证研究成果是为我们国家民主与法制建设的漫漫历史长河留下一点可供观察的印记，可谓永不过时。我们水平有限，只能尽力而为，详细交代样本情况并严谨实施调查各个环节，从而得出我们的结论。能够留下一点东西，也是令人欣慰的。

感谢国家社科基金提供此项支持，也希望以后能够更多地支持实证研究课题。感谢对我们的调查提供帮助的"关系户"朋友，完善我国的行政纠纷解决机制是我们的共同期望。感谢先后参与本课题的我的博士研究生蒋文峰、任沫蓉、谷骞、邓嘉咏、滕甜甜、侯韦锋，硕士研究生黄梦玲、陈逸、杨琼。同学们都已经毕业，在各自的岗位从事教学科研和法律实务工作，希望他们在往后的工作中还能够用到实证研究方法，并作出超出我的研究水平的成果。

这本书大概率是我学术生涯的收官之作了。研习法律42年，亲身经历中国改革开放与民主法制建设进程，亲眼见识行政诉讼制度由无到有而日益完善，深感幸运。岁月长河，波浪前进，相信未来会更加美好。

林莉红

2023 年 8 月 16 日